AF501826

L'AUNIS & LA SAINTONGE

MARITIMES

PAR

B. GIRARD

Officier supérieur du Commissariat de la Marine Nationale, en retraite
Officier de la Légion d'Honneur et de l'Instruction publique
Grand-Officier du Nichan-Iftikhar,
Commandeur et Officier de plusieurs Ordres étrangers
Consul de Grèce pour la Charente-Inférieure et la Vendée
Vice-Président de la Société de Géographie de La Rochelle
Membre de la Société de Géographie de Rochefort
de celle des Archives historiques de Saintonge et d'Aunis
et de diverses autres Sociétés savantes

NIORT
IMPRIMERIE NIORTAISE
9, rue Victor Hugo, 9

1901

L'AUNIS & LA SAINTONGE

MARITIMES

PAR

B. GIRARD

Officier supérieur du Commissariat de la Marine Nationale, en retraite
Officier de la Légion d'Honneur et de l'Instruction publique
Grand-Officier du Nichan-Iftikhar,
Commandeur et Officier de plusieurs Ordres étrangers
Consul de Grèce pour la Charente-Inférieure et la Vendée
Vice-Président de la Société de Géographie de La Rochelle
Membre de la Société de Géographie de Rochefort
de celle des Archives historiques de Saintonge et d'Aunis
et de diverses autres Sociétés savantes

NIORT
IMPRIMERIE NIORTAISE
9, rue Victor Hugo, 9

1901

IMPRIMERIE NIORTAISE
Société Anonyme
NIORT
9 rue Victor Hugo

L'AUNIS & LA SAINTONGE

MARITIMES

1481

8° Lk2
7107

L'AUNIS & LA SAINTONGE

MARITIMES

ACQUISITION
N° 263647

PAR

B. GIRARD

OFFICIER SUPÉRIEUR DU COMMISSARIAT DE LA MARINE NATIONALE
EN RETRAITE
OFFICIER DE LA LÉGION D'HONNEUR ET DE L'INSTRUCTION PUBLIQUE
COMMANDEUR ET OFFICIER DE PLUSIEURS ORDRES ÉTRANGERS
CONSUL DE GRÈCE POUR LA CHARENTE-INFÉRIEURE ET LA VENDÉE
VICE-PRÉSIDENT DE LA SOCIÉTÉ DE GÉOGRAPHIE DE LA ROCHELLE
MEMBRE DE LA SOCIÉTÉ DE GÉOGRAPHIE DE ROCHEFORT
DE CELLE DES ARCHIVES HISTORIQUES DE SAINTONGE ET D'AUNIS
ET DE DIVERSES AUTRES SOCIÉTÉS SAVANTES

NIORT
IMPRIMERIE NIORTAISE
9, rue Victor Hugo, 9

—

1901

A

SA MAJESTÉ GEORGES Ier

ROI DES HELLÈNES

TRÈS HUMBLE HOMMAGE DE PROFOND RESPECT

B. GIRARD

CONSUL DE GRÈCE

pour les départements de la Charente-Inférieure
et de la Vendée

L'AUNIS & LA SAINTONGE

MARITIMES

R.F.

Tel est le titre que j'ai donné à une étude s'appliquant aux communes du littoral de l'ancienne province d'Aunis et de Saintonge, devenue, depuis 1790, le département de la Charente-Inférieure, c'est-à-dire à celles qui sont considérées comme maritimes, et figurent au livret publié, en 1883, par le Ministère de la Marine.

Cette étude est la suite de trois autres qui ont déjà paru avec les titres de : *La Bretagne, la Normandie* et *la Vendée maritime,* les deux dernières à la fin de 1899.

En présence de l'accueil bienveillant que le public a fait à ces trois ouvrages, j'ose espérer qu'il s'intéressera également au nouveau livre que j'ai l'honneur de lui offrir aujourd'hui, et dans lequel, à côté d'une notice spéciale, consacrée à chacune des 157 communes maritimes décrites, il trouvera des chapitres spéciaux, concernant la géographie historique, la géographie physique, l'hydrographie fluviale, l'hydrographie maritime, y compris les îles, la géographie commerciale et enfin la géographie administrative et maritime de l'Aunis et de la Saintonge, ou plutôt de la Charente-Inférieure.

L'AUNIS & LA SAINTONGE

MARITIMES

GÉOGRAPHIE HISTORIQUE

La véritable étymologie du nom d'Aunis n'est pas bien connue ; les géographes n'ont rien négligé pour en découvrir l'origine ; mais tous leurs efforts se sont réduits à des conjectures vagues. La moins dénuée de fondement est que, vers le ve siècle, les Alains ayant été battus par Childéric, vinrent se réfugier dans l'Aquitaine, dont les Visigoths occupaient alors une grande partie. Ces fugitifs auront donné leur nom à leur nouvelle demeure appelée *Pagus Alanensis*, et, dans la suite, *Alniensis*, d'où *Alnisium*, *Aunisium*.

Quant aux Santones, ils formaient une tribu puissante, au temps de César, et leur histoire antérieure serait difficile à établir.

L'Aquitaine était une des grandes divisions de la Gaule chevelue. Les Santons et les Alains couvraient les terres qui ont plus tard constitué la Saintonge et l'Aunis. Au ve siècle, l'Aquitaine fut une des sept provinces établies dans la Gaule. Le Poitou, l'Aunis et la Saintonge firent partie de la IIme Aquitaine; mais, alors, les Visigoths s'emparèrent des deux Aquitaines, et, plus tard, furent repoussés par les Francs, qui conquirent les Aquitains.

Sous la domination romaine, la Saintonge partagea la tranquillité et les progrès de la civilisation des Gaules, et le Christianisme y pénétra de bonne heure, car son premier évêque fut saint Eutrope.

En l'an 507, la bataille de Vouillé et la mort d'Alaric II, tué dans l'action, ouvrirent l'Aquitaine à Clovis. En 770, Charlemagne hérita de l'Aquitaine, qu'il érigea en royaume, en faveur de son fils Louis, encore enfant; sous son règne, les Aquitains prirent part aux expéditions de Charlemagne contre les Sarrasins d'Espagne. Louis, devenu Empereur, pensa, comme son père, qu'il fallait un Roi aux Aquitains, et il leur donna son fils Pépin, qui ayant, d'après de très anciennes chroniques, reçu en présent, de l'Empereur de Constantinople, la tête de saint Jean-Baptiste, en confia la garde aux moines de l'abbaye qu'il fonda auprès de l'ancien château d'*Angeriacum*, laquelle est l'origine de la ville de Saint-Jean-d'Angély, qui, dans la suite, put, quelque temps, se regarder comme la première de la Saintonge.

En 840, un fléau affligea l'Aquitaine et désola, en particulier, la Saintonge : une bande de Normands, désignés par d'anciens auteurs sous le nom de Danois, brûlèrent Saintes, qu'il fallut rebâtir. Alors cette ville abandonna la place de l'antique *Mediolanum Santonum*, et fut reconstruite sur les bords de la Charente.

En 863, d'autres bandes de Normands renouvelèrent les ravages des premières, et c'est sur la frontière de la Saintonge qu'un comte d'Angoulême, nommé Turpion, fut tué en les combattant.

En 866, la Saintonge fit partie du duché de Guienne, et reconnut l'autorité des Comtes de Poitou, ducs d'Aquitaine. Plus tard, elle devint un objet de discorde entre les Comtes d'Anjou et ceux de Poitiers. Au commencement du XIe siècle, Saintes appartenait à la maison d'Anjou.

Après divers évènements, dont elle fut le sujet plutôt que le théâtre, la Saintonge fut soumise à l'autorité des Comtes de Poitou, puis elle passa sous la domination anglaise.

En 1214, lors de l'avènement de Louis VIII, Henri III, roi d'Angleterre, ayant osé braver ce souverain, celui-ci s'empara de Saint-Jean-d'Angély. En 1242, les insultes faites à Alphonse, comte de Poitiers, et à son frère Louis IX, roi de France, amenèrent une guerre où ce monarque se signala à la bataille de Taillebourg qui remit Saintes entre ses mains ; mais, peu après, les Anglais reprirent tout ce qui leur avait appartenu au S. de la Charente, et une partie de la Saintonge rentra sous leur puissance.

En 1328, l'avènement de Philippe VI fut marqué par de nouvelles dissensions. Les Anglais faisaient déjà des préparatifs de guerre, lorsque le comte d'Alençon, frère du Roi, les prévint et prit Saintes, dont il rasa les murailles.

Après le grand revers de Crécy, qui obligea le prince Jean, fils de Philippe VI, à remonter au N., le comte de Derby qui commandait pour les Anglais, en Guienne, profita de cette retraite pour s'emparer de plusieurs villes de la Saintonge, dont Mirambeau et Surgères, qui furent prises d'assaut ou se rendirent ; mais les Anglais échouèrent devant Marans ; ils remontèrent alors dans le Poitou, puis vinrent reprendre Taillebourg et Saint-Jean-d'Angély, qui se rendit.

Lorsque Jean arriva au trône en 1350, une trève ralentit un peu la guerre; mais, elle fut de courte durée, et la défaite de Poitiers, survenue quelques années après, amena, en 1360, le honteux traité de Brétigny, qui livra, de nouveau, l'Aunis et la Saintonge aux Anglais. L'année 1373 vit s'accomplir la séparation des deux parties de cette province, séparation qui donna une individualité à la dernière.

En 1388, une flotte anglaise vint répandre l'alarme sur les côtes de l'Aunis; quatre cents hommes environ s'étant jetés dans des barques, remontèrent la Sèvre, avec l'intention de surprendre Marans, dont les habitants, avertis à temps, se réfugièrent dans le château ; les ennemis, après avoir pillé le bourg, regagnèrent leurs vaisseaux, et allèrent, dans les Iles de Ré et d'Oléron, commettre d'autres déprédations.

En 1433, les Anglais inquiétèrent encore la Saintonge et l'Aunis par des tentatives qui n'aboutirent qu'à faire ravager l'Ile de Ré ; mais, en 1460, sous Charles VII, l'unité française s'étant accomplie, ils furent vaincus et repoussés de toutes parts.

Sous le règne de Louis XI, qui commença l'année suivante, ce souverain donna en apanage à son frère, Charles de Guienne, qui était le plus redou. ble de ses ennemis, et à titre de réconciliation, la Guienne, la Saintonge et l'Aunis. Cette réconciliation dura peu, et, d'ailleurs, la mort de Charles vint, en 1472, tout terminer.

Plusieurs années s'écoulèrent ensuite sans amener d'évènements importants; mais, en 1495, l'application des droits de la gabelle à toute la Saintonge et à tout l'Aunis, y causa un soulèvement général; La Rochelle prit part à cette résistance armée, qui fut promptement apaisée. Sous Henri II, éclata, pour les mêmes causes, une nouvelle sédition, plus grave que la première et à laquelle prirent part toutes les campagnes de la Saintonge; des châteaux furent pillés, des agents de la gabelle mis en pièces. Un grand nombre de séditieux de plusieurs localités vint à Saintes briser les prisons; l'armée royale finit par avoir raison de cette insurrection; toutefois, il fallut que le Roi, par de nouvelles ordonnances, modifiât le mode de perception de l'impôt sur le sel.

En 1562, apparurent, dans la Saintonge et l'Aunis, les premiers symptômes des événements fâcheux qui précédèrent les malheureuses guerres de religion. Saintes, Saint-Jean-d'Angely, Pons, Marans, Marennes et bien d'autres localités encore, furent, tour à tour, en 1570, le théâtre de combats sanglants et de massacres, entre catholiques et protestants; la paix de 1572 sembla amener une réconciliation, mais elle finit par la Saint-Barthélemy!

L'année suivante, La Rochelle, devenue le boulevard du protestantisme, fut attaquée par les troupes royales, commandées par le duc d'Anjou, qui, après un siège de six mois et demi, conclut un traité de paix, tout à l'avantage des calvinistes que contenait la ville. Cette paix ne fut pas de longue durée, car il y avait méfiance entre les deux partis; aussi, les hostilités se déclarèrent-elles bientôt et il y eut une nouvelle levée de boucliers, au cours de laquelle les calvinistes s'emparèrent de Pons, Royan, Tonnay-Charente, Talmont et du château de Rochefort.

Cette même année, mourut Charles IX. Sous Henri III, qui avait abandonné le trône de Pologne pour lui succéder, la guerre se continua, et la Saintonge et l'Aunis revirent des combats quotidiens, comme avant le massacre de la Saint-Barthélemy. Les catholiques furent cependant repoussés en 1575, dans une tentative contre l'Ile de Ré, mais ils enlevèrent alors Brouage, après une longue et honorable résistance.

La paix de 1577 suspendit les hostilités que les deux partis recommencèrent bientôt en s'accusant mutuellement de trahison. En 1585, le mariage du prince de Condé fit passer Taillebourg aux protestants, qui prirent Fouras et essayèrent de s'emparer de Brouage; en 1586, ils prirent Soubise et assiégèrent Saintes où ils eurent encore la victoire. La même année, d'Aubigné s'emparait de l'Ile d'Oleron, qu'il prit sans beaucoup de peine.

Les derniers temps de la lutte entre catholiques et protestants n'occasionnèrent aucun dommage ni en Saintonge, ni en Aunis. Sous le règne de Henri IV, ces deux provinces furent calmes, et l'Edit de Nantes y causa des mécontentements et non des troubles sanglants; mais, en 1610, l'avènement de Louis XIII et la retraite du protestant Sully vinrent rallumer un feu mal éteint, et les guerres de religion recommencèrent en partie. Les dispositions hostiles de l'Assemblée des protestants de La Rochelle amenèrent de nouvelles collisions avec l'autorité royale; on se battit, sur terre et sur mer, où Jean Guiton, amiral de la flotte rochelaise, attaqua avec avantage la flotte royale qui, en 1625, fut elle-même battue par Soubise, à la tête des Rochelais. Une courte trève suivit ces dernières hostilités qui reprirent plus que jamais, en 1627, à l'occasion de la rupture de la France avec l'Angleterre, qui expédia, sur les côtes de l'Aunis, une escadre considérable que commandait Buckingham. Après un débarquement à l'Ile de Ré, qui permit aux forces ennemies d'investir et d'occuper la ville de Saint-Martin, moins la citadelle, les soldats et les marins anglais furent défaits par Thoiras, gouverneur de l'île, qui se couvrit de gloire en les repoussant.

A la même époque, le cardinal de Richelieu, qui, sans inquiéter les protestants dans la liberté de leur culte, ne voulait pas tolérer une organisation qu'il considérait comme dangereuse pour l'unité nationale, vint assiéger La Rochelle, avec Louis XIII, son souverain.

Afin d'intercepter toute espèce de communication entre la mer et la ville, Richelieu fit construire la fameuse digue portant son nom, que les Anglais n'osèrent attaquer pendant la durée du siège; cet immense ouvrage fut commencé le 30 novembre 1627; une tempête en détruisit une partie; mais Richelieu, tenace, fit reconstruire aussitôt les endroits endommagés. Après un long et mémorable siège d'une année, les Rochelais, vaincus par la famine, se rendirent le

28 octobre 1628. Là finit le rôle politique de La Rochelle qui eut, comme Saintes, ses fortifications rasées, et dont les habitants cherchèrent à se relever de leur ruine dans des entreprises commerciales qui prirent rapidement un grand développement.

En 1652, alors que la guerre avait éclaté entre la France et l'Espagne, une flotte de cette dernière nation se montra sur les côtes d'Aunis, mais elle fut combattue avec avantage, en face de Brouage, par la flotte française.

La révocation de l'Edit de Nantes porta, en 1685, un grand coup à la prospérité que La Rochelle avait acquise depuis 1628; cette nouvelle loi fit naître bien des maux dans la Saintonge et dans l'Aunis où beaucoup de protestants, pour échapper au nouvel état de choses, abandonnèrent leur terre natale et allèrent chercher une autre patrie à l'étranger. Au cours de cette triste émigration, dont elle se ressentit particulièrement, La Rochelle perdit, en deux années, plus de trois mille de ses habitants.

Dix ans plus tard, une flotte anglo-hollandaise menaça l'Ile de Ré et la pointe des Minimes, à l'entrée de la baie de La Rochelle; mais, en présence des préparatifs de défense qu'il trouva, l'ennemi eut peur et se retira, après avoir lancé quelques bombes. En 1757, les Anglais, violant les traités et pillant les navires rochelais avant toute déclaration de guerre, vinrent canonner l'Ile d'Aix, puis ils descendirent à Fouras.

La Révolution de 1789 et la perte de nos colonies mirent fin à la prospérité commerciale qui commençait à se produire dans tout le pays, et, en 1790, l'Aunis et la Saintonge qui, après la séparation de 1373, avaient été de nouveau réunies, puis séparées une seconde fois en 1648, furent encore une fois réunies par suite de la translation de l'évêché de Maillezais à La Rochelle, dans un seul département, ayant Saintes pour chef-lieu.

Pendant les guerres de la Vendée, le département de la Charente-Inférieure, malgré sa proximité, resta étranger aux combats qui ensanglantèrent le sol vendéen. Sous l'Empire, il fut loin du théâtre des guerres; mais il eut le spectacle d'un grand désastre maritime, l'incendie de la flotte française, commandée par l'amiral Lallemand. En 1810, le siège de la Préfecture de la Charente-Inférieure fut transféré à La Rochelle.

La paix de 1814, qui succéda à une longue guerre continentale, dont le commerce souffrit beaucoup, fut accueillie avec enthousiasme par les populations du département qui, l'année suivante, vit la dernière scène de ce grand drame : l'exil de Napoléon Ier, qui se livra aux Anglais et quitta Rochefort, pour aller s'embarquer, en rade des Trousses, sur le *Bellérophon*, qui le conduisit à Sainte-Hélène.

De 1815 à l'époque actuelle, il ne s'est produit aucun fait important dans la Charente-Inférieure, si ce n'est l'affaire des Quatre Sergents de La Rochelle, c'est-à-dire la conspiration ourdie, sous la Restauration, par quatre sous-officiers du 45e régiment d'infanterie, qui, prévenus d'association secrète, furent condamnés à mort et exécutés le 21 septembre 1822.

GÉOGRAPHIE PHYSIQUE

L'ancienne province, connue jadis sous le nom d'Aunis et Saintonge, exista jusqu'en 1790, où elle devint le département de la Charente-Inférieure, que l'on constitua au moyen de quelques milliers d'hectares pris aux deux provinces du Poitou et de l'Angoumois, et des territoires importants que formaient l'Aunis et la Saintonge, lesquels représentaient près de 700,000 hectares.

Le département de la Charente-Inférieure, dont la superficie totale est de 723,000 hectares, est situé dans la région occidentale de la France, par 3° de longitude O. et 46° de latitude N.; il est borné au N. par celui de la Vendée, au N.-E. par les Deux-Sèvres, à l'E. par la Charente, au S.-E. par la Dordogne, au S.-O. par la Gironde, et à l'O. par l'Océan. Sa plus grande longueur, de la pointe N.-O. de l'Ile de Ré au pont de la Dronne, à Saint-Aigulin, est de 168 kilomètres, et sa plus grande largeur, de Royan au N.-E. de Matha, est de 80 kilomètres; son pourtour est de 475 kilomètres, en négligeant une foule de sinuosités secondaires; ses contours sont irréguliers, et il n'a ni montagnes élevées, ni lacs, ni cascades, ni torrents; le point le plus culminant est un coteau, de 172^{m} d'altitude, qui avoisine les frontières des Deux-Sèvres; les huit dixièmes environ du territoire sont composés de petites collines calcaires, entremêlées de plateaux et de plaines; le reste est formé de marais et de dunes, dont la plupart avoisinent le littoral. Depuis longtemps, ses forêts d'autrefois ont à peu près disparu, et il ne reste plus que celles d'Aulnay, de Benon et de Pons. Le sol, très fertile et composé sur un grand nombre de points de terres dites de groies, convient à la culture de la vigne dont les produits sont l'une des principales richesses du pays.

On donne les noms de Bocage, de Double, de Champagne et de Pays-Bas aux terres qui, suivant leur nature, couvrent l'étendue du département et en occupent les 17/20 ; le surplus est pris par les marais, les dunes et les îles.

Le sol de la Charente-Inférieure est composé de calcaire jurassique ou oolithique, de terrain de craie, de terrain tertiaire, et d'une argile marine, appelée Bri.

Les collines ont, en général, leur direction du S.-E. au N.-O. ; cette direction est aussi celle des Iles de Ré et d'Oléron, de la vallée occupée par l'extrémité de la Gironde, celles de la Seudre et de la Charente, et des Pertuis d'Antioche et Breton.

Les terres arables sont de six espèces : les varannes et les groies, qui sont les plus nombreuses ; les terres du fond des vallées, les sables et argiles des landes, le bri des laisses de mer et les sables des côtes.

Les marais, qui occupent une superficie de 70,000 hectares environ, c'est-à-dire le dixième du département, sont divisés en marais mouillés, marais desséchés, marais salants et marais gâts ; on voit les premiers sur les rives du fleuve la Charente et sur plusieurs rivières secondaires ; c'est aux environs de Rochefort et dans les cantons de Marans et de Courçon, qu'il y a le plus grand nombre de marais desséchés ; les marais salants existent principalement dans les Iles de Ré et d'Oleron ; quant aux marais gâts, ils se trouvent dans les cantons de Marennes et de Saint-Agnant. Les marais desséchés se forment et s'agrandissent, tous les jours, à l'aide des alluvions marines et fluviales, composées, en partie, des vases de l'embouchure des fleuves, que la mer et les courants déposent dans quelques-unes de nos anses et baies, ainsi que dans toutes les anfractuosités des côtes, qui sont latérales aux courants, et où ces dépôts, auxquels on donne le nom de relais de mer, deviennent de véritables terrains, dont, par un dessèchement et un assainissement bien compris, on arrive à faire d'excellentes prairies.

Les dunes ont, dans la Charente-Inférieure, et en y comprenant celles des îles de Ré et d'Oleron, une superficie de 35.000 hectares environ ; elles recouvrent la plus grande partie de la péninsule de La Tremblade et Arvert, comprise entre la mer, le Pertuis de Maumusson, l'estuaire de la Seudre et de la Gironde.

Sur le continent, comme dans les îles, elles ensevelissaient jadis des villages entiers ; mais, depuis une cinquantaine d'années, on est parvenu, par la plantation de forêts de pins, à fixer en quelque sorte les sables, et à arrêter leur envahissement désastreux.

Les richesses minérales de l'ancienne province d'Aunis et de Saintonge consistent dans l'exploitation de vastes marais salants et dans celles de la marne, du plâtre et de la tourbe ; on y trouve aussi des carrières de pierres à chaux, de pierres meulières et de pierres de taille, qui sont en pleine activité, et dont les produits estimés donnent lieu à des transactions commerciales importantes.

Au département de la Charente-Inférieure appartiennent les cinq îles de Ré, d'Oleron, d'Aix, Madame et d'Enet. Les deux premières sont grandes, importantes, et ont une population considérable. Des trois autres, situées près de l'entrée de la Charente, celle d'Aix est la principale, quoique d'une importance bien moindre que les deux précédentes ; quand aux îles Madame et d'Enet, elles sont simplement à mentionner, en raison de leur peu d'étendue ; n'ayant, d'ailleurs, d'autres habitants que les militaires chargés de la garde et de l'entretien des batteries d'artillerie qu'on y a placées, on ne peut les considérer que comme des forts armés, et destinés à coopérer, avec l'île d'Aix, à la défense de l'embouchure du fleuve. L'île d'Enet paraît n'être que la continuation de la colline de Rochefort à Fouras. Les trois premières de ces îles feront l'objet d'une description spéciale dans les pages suivantes.

GÉOGRAPHIE FLUVIALE

Les eaux fluviales du département de la Charente-Inférieure se partagent en quatre bassins ; celui de la Charente, qui prend à lui seul les trois cinquièmes du département, et ceux de la Sèvre Niortaise, de la Seudre et de la Gironde.

Bassin de la Charente. — La Charente prend sa

source à Chéronnac (Vienne), entre des collines de 316m d'altitude ; le cours de ce fleuve se dirige d'abord au N.-O, jusqu'à Civray, d'où il se perd ensuite au S., et pénètre dans l'Angoumois, au-dessus de Verteuil ; puis il passe au bas du côteau sur lequel la ville d'Angoulême est assise, et commence à être navigable à un kilomètre au-dessus de cette ville ; de là, courant à l'O., il passe à Cognac, où il reçoit la Selloire, plus bas l'Antenne, et enfin le Né, un peu avant d'entrer dans la Saintonge, où il est joint par la Seugne ; arrose Saintes, où la navigation devient maritime, Taillebourg, Saint-Savinien ; reçoit à Candé la Boutonne, coule à Tonnay-Charente, où des navires de mer d'un tirant d'eau de 6m peuvent remonter, passe à Rochefort, où elle forme le port militaire, et va se perdre dans l'Océan, entre Fouras et l'Ile Madame, après un cours sinueux de 350 kilomètres, dont 200 environ dans le département de la Charente.

La Charente a plusieurs affluents importants qui sont : la Seugne, affluent de gauche, prenant naissance auprès de la colline de Montlieu, qui a 142m d'altitude ; cette rivière baigne Jonzac et Pons, et a un cours de 80 kilomètres. On songea, en 1827, à rendre la Seugne navigable depuis Pons jusqu'au port Tublé, point de la Charente où débouche l'un de ses bras, sur une longueur de 40 kilomètres ; mais les nombreuses usines qu'il aurait fallu détruire, et le peu d'importance qu'eût présenté cette navigation firent renoncer au projet.

La Boutonne, qui est l'un des plus grands affluents de la Charente, prend sa source à Chef-Boutonne ; après avoir reçu la Bridoire, qui passe à Aulnay de Saintonge, cette rivière baigne Saint-Jean-d'Angély et divers autres points, avant de se jeter dans la Charente, à Carillon, à quelques kilomètres de Tonnay-Charente. La Boutonne est navigable depuis Saint-Jean-d'Angély jusqu'à Carillon, au moyen d'écluses qui furent construites en 1806 ; sa longueur, entre ces deux points, a un développement de 32 kilomètres 500m ; on exporte, par cette rivière, en se servant de gabares de 30 tonneaux, dont le tirant d'eau n'excède pas 1m, des bois de chauffage, des merrains, des vins et eaux-de-vie provenant de Saint-Jean-d'Angély, on y apporte du sel, des résines et autres objets d'approvisionnement.

Bassin de la Sèvre Niortaise. — La Sèvre Niortaise qui, comme la Charente, est très sinueuse, prend sa source à Sepvret (Deux-Sèvres), près La Mothe-Saint-Héray, elle coule, de l'E. à l'O., sur une étendue de 165 kilomètres, passe à Saint-Maixent, Niort, Marans, et va se perdre dans l'anse de l'Aiguillon, à 19 kilomètres environ au-dessous de cette dernière ville ; elle est navigable depuis Niort jusqu'à la mer, et n'appartient à la Charente-Inférieure que pendant 50 kilomètres. Entre Niort et Marans la navigation est faite par des bateaux plats, qui tirent de 0 60c à 1m d'eau, et portent de 20 à 60 tonneaux ; mais, à partir de Marans, cette navigation devient maritime. La Sèvre reçoit plusieurs petites rivières et des canaux navigables, tels que les deux bras de l'Autise, et le canal de Marans ; elle reçoit aussi, comme affluent de gauche, le Mignon, qui prend sa source à Dœil, près de Saint-Jean-d'Angély, et dont le cours est de 45 kilomètres, et comme affluent de droite la Vendée, qui, après avoir borné la Charente-Inférieure, vient se perdre dans la Sèvre, à 5 kilomètres au-dessus de Marans.

Près de Maillé, la Sèvre est parsemée de beaucoup d'îlots; au-dessus de ce bourg, elle est très profonde, bornée par des marais, et sa largeur est de 60 à 75m; son lit se resserre au-dessous de Maillé, et elle n'a que 18m de largeur devant Marans; mais cette largeur augmente sensiblement devant le Braud, où elle reçoit les canaux de plusieurs marais desséchés.

Le cours de la Sèvre est doux et lent, en quelques endroits, mais, depuis le Braud jusqu'à la mer, il est si rapide qu'il perce les vases de l'anse de l'Aiguillon, et coule bien avant, sans mêler ses eaux, lorsque la marée est basse.

La navigation de la Sèvre est très utile aux trois départements que cette rivière arrose; c'est par elle que leur parviennent une grande partie des denrées dont ils ont besoin; c'est par elle aussi que s'exportent, avec facilité, une partie considérable de leurs productions; c'est elle enfin qui fait de la ville de Marans l'un des principaux greniers de la France et l'un de nos marchés régulateurs de céréales.

Bassin de la Seudre. — La rivière de ce nom naît au ruisseau de Borion, près de Plassac, dans le canton de Saint-Genis (Charente-Inférieure); sa longueur est de 80 kilomètres, depuis le point où elle prend sa source jusqu'à son embouchure; mais, ce n'est qu'à partir de l'écluse de Ribérou, à 1 kilomètre en aval de

Saujon, qu'elle commence à devenir navigable, sur un parcours de 23 kilomètres, jusqu'à la mer où elle se perd dans le Pertuis de Maumusson; sa largeur, depuis l'écluse de Ribérou, varie de 50 à 200 mètres sur les 10 premiers kilomètres et de 200 à 500 sur les 13 derniers.

La Seudre coule du S.-E. au N.-O. dans des terrains vaseux, et quelques-unes de ses rives sont couvertes d'huîtrières, dont l'exploitation devient, chaque année, plus active ; on n'y rencontre aucune traverse rocheuse jusqu'à l'Eguille, c'est-à-dire à 7 milles en amont, et comme elle débouche dans un golfe où la houle du large ne pénètre pas, les profondeurs vont en croissant régulièrement, à mesure que l'on s'approche de l'embouchure. La Seudre fournit donc un mouillage excellent, dans tout son parcours inférieur ; on y trouve de 6 à 8 mètres d'eau, et aucun coup de vent n'y peut faire chasser les navires sur les ancres; la navigation dans cette rivière est, du reste, exceptionnellement facile; il suffit de se tenir au milieu pour avoir le maximum de brassiage, et on louvoie facilement aussi en utilisant le flot ou le jusant, à moins qu'il ne s'agisse d'un très long navire.

Il se jette, dans la Seudre, un grand nombre de chenaux, vulgairement appelés Etiers, dont quelques-uns alimentent des marais salants, et où les caboteurs vont prendre des chargements de sels; huit de ces chenaux sont sur la rive droite et sept sur la rive gauche. Plusieurs sont classés comme ports de commerce.

En hiver, lorsqu'une grande marée coïncide avec des

vents du large, et qu'il y a du doucin, la plaine de la Seudre est inondée des deux côtés de la rivière, et offre l'aspect d'un vaste lac.

La Seudre est reliée à la Charente par un canal qui part de l'écluse de la Bridoire, à 3 kilomètres en aval de Tonnay-Charente, et aboutit dans le canal de Marennes, à une centaine de mètres en amont de l'écluse de navigation; ce canal communique, par des embranchements, avec les chenaux de Brouage et de Mérignac.

Bassin de la Gironde. — La Gironde, navigable pour les grands bâtiments de mer, est un vaste estuaire où débouchent, au lieu dit le Bec-d'Ambès, deux grandes rivières, la Garonne et la Dordogne, qui ne baignent aucun territoire de la Charente-Inférieure; ce n'est que dans sa partie voisine de la mer que ce fleuve appartient au département, qu'il baigne pendant 42 kilomètres, des Portes de Vitrezay à Royan; sa largeur, au premier de ces points, est de 5 kilomètres, de 8 à Port-Maubert, de 10 1/2 vis-à-vis de Mortagne, et de plus de 5 à l'embouchure, entre la pointe de Grave et Royan. A partir de Mortagne, des collines de 20 à 60 mètres dominent le fleuve, qui s'y est creusé un grand nombre d'anses. La Gironde ne reçoit, dans la Charente-Inférieure, que des cours d'eau peu importants.

HYDROGRAPHIE MARITIME

Les côtes de l'ancienne province d'Aunis et de Saintonge, y compris celles des îles de Ré et d'Oleron, sont très étendues et généralement basses; elles présentent plusieurs baies dont les principales sont celles de La Rochelle, de Fouras, du Fier d'Ars, de Brouage et de Loix; quelques petits caps ou promontoires, parmi lesquels on peut citer ceux de La Baleine, à l'Ile de Ré, de Chef de Baie au N. de La Rochelle, vers le S. celles du Rocher, de Piédemont, du Chapus, de Chassiron, d'Arvert; sur la Gironde, celui de Meschers; on y trouve aussi quelques falaises peu élevées, qui sont celles de Saint-Clément, près d'Esnandes, de la Repentie et des Minimes, au N. et au S. de la baie de La Rochelle, du Chay et de Chatelaillon de l'autre côté de cette baie, et enfin celles qui bordent la partie du littoral des îles de Ré et d'Oleron, portant le nom de Côte sauvage.

Sur le littoral de cette ancienne province s'ouvrent un grand nombre de ports, dont quelques-uns ont une réelle importance, et sont précédés de rades commodes et sûres où les navires peuvent se réfugier, lors des tempêtes si fréquentes, l'hiver, dans ces parages. Les ports, avec rades, sont : à l'Ile de Ré, ceux de Saint-Martin, La Flotte, Ars, Loix et Rivedoux; à l'Ile d'Oleron, ceux du Château et de La Perrotine; à l'Ile d'Aix, le port et la rade de ce nom, y compris les deux belles rades des Trousses et des Basques; et sur le continent, La Rochelle, La Pallice et Royan. Les ports sans rades sont les suivants : A l'Ile d'Oleron, La Cotinière, Saint-Denis, Le Douhet, Ors, Saint-Trojan ; et au continent : Marans, Le Plomb, La Repentie, Fouras, Port-des-Barques, Brouage, Le Chapus, Marennes, Recoulaine, Chalons, Ribéron-Saujon, l'Eguille, Mornac, Chaillevette, Chatressac, l'Aiguillate, La Tremblade, Saint-Georges de Didonne, Meschers, Talmont, Les Monards, Saint-Seurin d'Uzet, Mortagne-sur-Gironde, Maubert et Saint-Bonnet.

De dangereux écueils marquent les abords des pertuis Breton et d'Antioche, par lesquels les navires pénètrent sur les points principaux du littoral qui sont situés entre les Iles de Ré et d'Oleron. C'est ainsi qu'en arrivant du large, pour chercher l'entrée de ces deux passages, ils trouvent et ont à éviter le redoutable plateau ou banc de Rochebonne, placé à 36 milles environ du phare des Baleines, à 43 milles de celui de Chassiron et à 65 milles du phare de Cordouan. Ce plateau, qui est très probablement le dernier reste d'un cap de la Gaule antique, a une longueur de 6 milles, dans la direction du N.-O. au S.-E. Du côté du large, le relèvement du fond y est brusque et la mer s'y lève affreusement, menaçant d'engloutir ou tout au moins de désemparer les navires qui en franchissent la crête, par mauvais temps.

Jusqu'à présent, ces parages dangereux avaient été signalés à l'attention des navigateurs par un ponton-feu, entretenu par le service des ponts et chaussées, et dont La Rochelle était le port d'attache et de ravitaillement. Ce ponton peint en rouge, ce qui permettait de l'apercevoir distinctement le jour, était mouillé à 3 milles dans l'O. de la Congrée, nom sous lequel est connue l'une des principales têtes de Rochebonne, qui en a trois; il avait deux mâts, surmontés de boules en cerceaux, hissées au-dessus de deux feux fixes, et situées à des hauteurs de 14 et de 10m; ce ponton portait l'inscription Rochebonne en très gros caractères. Il y avait toujours, dans le vieux bassin de La Rochelle, un second ponton, dit de remplacement; mais on a renoncé récemment aux services de ce ponton-feu, dont l'emploi n'avait pourtant donné que de bons résultats, à part les fatigues auxquelles était soumis son équipage par la grande fréquence des roulis, résultant de la force des courants et d'une mer généralement très courte, et l'Administration s'occupe de la construction, sur l'un des dangers de Rochebonne, d'une tour en maçonnerie, qui recevra un appareil d'éclairage puissant. Des bouées lumineuses, et à cloche, ont remplacé les pontons-feux, en attendant l'édification du phare projeté, dont les fondations sont achevées.

Indépendamment de la Congrée, la plus haute tête du banc, et sur laquelle il ne reste que 4m 70c d'eau à basse mer, les deux autres principales têtes du plateau sont : Pierre-Levée, qui est située à 950m dans le S.-E. de la Congrée; Pierre-Levée a deux têtes, l'une de 9m, l'autre de 8m 70. Les Roches-Semées, situées dans la partie S.-E. du plateau; Les Roches-Semées ont quatre têtes, sur le sommet desquelles on trouve, à mer basse, des fonds de 11, 10, 9 et 8 mètres. Entre ces sommets, de même que sur toute l'étendue du banc de Rochebonne, les fonds varient de 20 à 40m.

Le Pertuis Breton, moins profond que celui d'Antioche, mais plus abrité par les terres du continent et celles de l'Ile de Ré, est le passage ordinaire des navires d'un tonnage et d'un tirant d'eau moyens, qui se rendent dans la Sèvre Niortaise (Marans) à La Pallice, à La Rochelle et dans les ports voisins.

Le flot entre dans le Pertuis Breton et dans le Pertuis d'Antioche, parallèlement aux côtes de l'Ile de Ré; le courant venu d'Antioche contourne la pointe de Sablanceaux, traverse la rade de La Pallice du S. au N. et vient se rencontrer dans le N.-E. de la pointe des Barres, près de La Flotte, avec le courant contraire qui a parcouru le Pertuis Breton. Le courant de mi-flot a une vitesse de 1 nœud dans la rade de La Pallice. Les courants de jusant ont des directions sensiblement inverses de ceux de flot.

Depuis la pointe des Baleines, qui forme l'extrémité O. de l'Ile de Ré et près de laquelle est l'entrée du Pertuis Breton jusqu'au fier d'Ars, la côte de l'île est très basse. Les dangers des Baleines s'étendent à plus de 1 mille au large du phare du même nom, édifié sur la dite pointe et qui consiste en une tour octogonale, d'une construction soignée, haute de 50 mètres. Ce phare, l'un des plus beaux du littoral de la France, a été allumé en 1854; il est éclairé, depuis le 1er octobre 1882, par un feu électrique, à groupes de quatre éclats blancs; sa portée lumineuse moyenne est de 46 milles; 272 marches conduisent à ce magnifique appareil d'éclairage. A côté de ce beau phare de premier ordre, on remarque la vieille tour à feu, bâtie en 1679, et qui sert actuellement de magasin pour le service des ponts et chaussées.

A 1 mille 1/2 au N. 43° O. de ce phare et sur le Haut

Banc du N. ou Baleineaux, il existe, à 29m au-dessus des hautes mers, une autre tour, de forme cylindrique, surmontée d'un feu fixe blanc, d'une portée lumineuse de 13 milles ; sa base, construite en béton sur une carcasse en fer, ne découvre qu'une ou deux fois par an, lors des plus grandes marées d'équinoxe et pendant quelques minutes seulement. Dans les tempêtes de l'hiver, la mer couvre la tour, qu'elle enveloppe de flots d'écume.

Dans l'E. de la pointe des Baleines, les petits navires trouvent, par des fonds de plus de 5 mètres, un mouillage où ils sont abrités, à mer basse, contre les vents du S. et du S.-O. ; mais, à mer haute, la houle, qui passe par-dessus les rochers de la pointe, rend ce mouillage peu commode. Le rivage extérieur de la partie O. de l'île est, d'ailleurs, entouré de rochers qui s'étendent à 2 milles 1/2 au large de la pointe des Baleines et de celle de Chanchardon. Jusqu'à une distance de 4 milles, on trouve des roches couvertes seulement de 7 à 8m d'eau à mer basse, et sur lesquelles la houle du large brise fortement.

A 1 mille 1/2 au large, dans le N.-N.-O. de la Redoute des Portes, s'étend un banc rocheux où il ne reste que 2m d'eau aux basses mers ; à ce banc succède une autre roche, qui se dresse à pic à une hauteur de 6m50, dans la partie S. de la fosse de la Chevarache ; on l'appelle Roche du Fief.

La fosse de Chevarache, qui est située dans la partie N. de l'Ile de Ré, s'étend sur une longueur de 10 milles environ et une largeur moyenne de 1 mille 1/2; elle pourrait être utilisée comme mouillage si le seuil extérieur du Pertuis Breton la garantissait suffisamment de la houle de l'O. et du S.-O. qui y est très dure. On trouve, dans cette fosse, des profondeurs de 60m devant le bourg des Portes, près de la pointe N. de l'île; le bord S. de la fosse est rocheux et remonte presque à pic; à l'O. les fonds sont seulement de 22 à 30m et le sable domine.

D'Ars au mouillage de Saint-Martin, la côte est assez saine, mais aux abords du port de cette dernière localité il existe deux écueils; l'un, le Rocha, est un grand banc rocheux qui s'avance jusqu'à 2 milles 1/2 dans l'E.-N.-E. de la pointe de Loix; il est couvert de 1m 50 d'eau, sauf à son extrémité O. où l'un de ses sommets, appelé les Islattes, assèche à mer basse; l'autre, le banc du Preau, formé de sable et de vase, est situé à l'E. du précédent; il conserve, à mer basse, 3m 50 d'eau, sauf sur un sommet de vase dure et accore où il n'y a que 2m 60. On trouve, dans le S. de ce dernier banc, une fosse appelée Trou des Sept-Brasses, qui a été autrefois très fréquentée; la profondeur y est supérieure à 10m et les fonds de vase molle y donnent une assez bonne tenue; mais cette fosse, dont la longueur est de 1.200m environ dans la direction E. et O., n'a généralement que 200m de largeur, et si un navire venait à chasser avec de grands vents du S. il se briserait probablement sur l'accore du banc du Preau.

La côte est bonne ensuite depuis La Flotte jusqu'à Sablanceaux où est le banc dit Peu Breton, qui va, dans la direction du N., rejoindre les petits fonds de la pointe de l'Aiguillon (Vendée). C'est au Peu Breton que commence le coureau de l'Ile de Ré.

Aux abords, et dans la partie S. de cette île sont les chaînes de rochers de Chauveau et de Lavardin, deux écueils dangereux pour les navigateurs. Une tour, en maçonnerie, de forme ronde, ayant 24m de hauteur, et surmontée d'un feu de 3e ordre, avec faisceau de rayons rouges, couvrant toutes les roches du littoral S. de l'île, jusqu'à la pointe de Chanchardon, a été construite sur le banc de Chauveau, et sert à faire éviter les roches très dangereuses de cette pointe. Une tourelle, également en maçonnerie, a été édifiée sur le plateau de Lavardin, qui est formé de rochers plats, brisant par grosse mer sur toute leur étendue; cette tourelle est surmontée d'un feu permanent blanc, à occultations régulières, dont la portée lumineuse moyenne est de 8 milles. Au S. du plateau de Chauveau est un autre plateau, celui de Clône, couvert de 16m d'eau, à basse mer; il ne brise jamais, mais dans les coups de vent de S.-O., très fréquents l'hiver, la mer s'y lève beaucoup. En dehors du plateau de Lavardin, on trouve encore la roche du S. qui brise rarement, et sur laquelle il y a environ 6m d'eau.

Entre le continent et la pointe de Sablanceaux, qui forme l'extrémité E. de l'Ile de Ré, s'étend la rade de La Pallice, avec des fonds de plus de 10m sur une longueur de 3 kilomètres, et une largeur de 1 kilomètre; les navires y trouvent une mer calme, abritée par les terres de l'île et les rochers de la pointe de Chauveau; les ancres y ont une bonne tenue, sur fond de vase.

Bien différente de la côte N. qui offre des rades sûres et profondes et de bons mouillages, la côte S. de l'Ile de Ré, dite Côte-Sauvage, comprise entre Sainte-Marie,

La Couarde et Ars, est dénuée de tout abri contre la grosse mer du S. et du S.-O., des roches plates s'étendent au large de cette côte, qui est bordée de dunes basses dans presque tout son développement; près de la pointe de Chanchardon, ces roches s'avancent jusqu'à 2 milles. La pointe de ce nom, qui se prolonge très au large, est elle-même un écueil des plus dangereux. Nombreux furent les navires qui y échouèrent ou s'y perdirent corps et biens, avant que l'éclairage de nos côtes n'eût atteint le degré de perfection qu'il a actuellement. C'est sur cette côte, et à partir de Sainte-Marie, que les riverains possèdent des écluses ou pêcheries, faveur qui leur fut accordée, il y a plusieurs siècles, par une ordonnance royale toujours en vigueur. Ces écluses, construites en pierres sèches, c'est-à-dire sans chaux ni maçonnerie, et à peu de distance du rivage, ne peuvent avoir réglementairement plus de 1m 33 de hauteur; leur forme est celle d'un demi cercle, et elles ont dans le fond, du côté de la mer, une ouverture de 0m 66 de largeur. fermée au moyen d'un grillage en bois, ayant des trous, en forme de mailles, par lesquels s'écoule, au moment et jusqu'à la fin du jusant, l'eau apportée par le flot. Quand la mer s'est retirée et a laissé à sec l'intérieur de l'écluse, les riverains s'emparent alors facilement des poissons qui s'y trouvent captifs, et parmi lesquels il y en a quelquefois de très gros.

Les écluses à poissons sont un danger permanent pour la navigation, en ce sens que, dans les tempêtes si fréquentes l'hiver, un navire ou bateau de pêche, poussé par la force du vent, peut venir, comme on l'a vu, se briser sur les murs de ces écluses, qu'il lui arrive quelquefois de franchir, quand son tirant d'eau est faible ou au moment de la haute mer; mais il n'a pas toujours cette chance, et dans les autres cas, l'écueil est là qui l'attend.

Ces pêcheries forment un cordon, presque continu, sur une grande partie des côtes de l'arrondissement géographique de La Rochelle. L'Ile d'Oleron en contient aussi un certain nombre. On évalue à plus de 200,000 francs la valeur moyenne des produits que donnent annuellement les écluses du littoral de la Charente-Inférieure.

A partir de la côte de Saint-Clément, sur le continent près de laquelle est le chenal d'Esnandes, il n'y a, jusqu'à la pointe de Chef-de-Baie, située à l'ouvert de La Rochelle, que des falaises escarpées, au bas desquelles il existe quelques plages, dont la seule importante est celle de l'anse du Plomb. Dans l'anse de ce nom, qui est à 6 kilomètres au N. de La Rochelle, on trouve un petit havre, formé par l'embouchure d'un chenal d'alimentation de marais salants; cette embouchure est protégée au N. par une jetée en maçonnerie, et au S. par un épi en charpente. Ce havre n'est fréquenté que par des bateaux de pêche et quelques borneurs ou caboteurs qui viennnent y charger, à destination de Marennes, des huîtres provenant des parcs voisins; ils ne peuvent y entrer ou en sortir qu'à la pleine mer et s'échouent, à basse mer, sur les vases du chenal, où il y a 3ᵐ 30 en vives eaux ordinaires, et 2ᵐ 16 en mortes eaux.

Le port du Plomb, qui, pendant les guerres que la

France eut à soutenir avec l'Angleterre, fut un point militaire important, était encore assez fréquenté en 1608.

Près du Plomb et sur la côte E. du Pertuis Breton, est un autre petit port, celui de La Repentie, situé à 1,500ᵐ N. du port de La Pallice, et à 5 kilomètres de La Rochelle; il est constitué par une partie de l'estran, conservé dans son état naturel, et abrité par deux jetées, dont celle du N. a 120ᵐ de développement, et celle du S. 55ᵐ. Ce port, par lequel se firent jadis, avec Rivedoux, port et village de l'Ile de Ré, les communications et le service postal entre l'île et le continent, est en partie abandonné aujourd'hui, et il ne reçoit plus que quelques embarcations armées au bornage ou faisant la pêche.

Les falaises escarpées qui limitent la baie de La Rochelle, du côté N., sont bordées de roches, asséchant à mer basse, lesquelles s'éloignent de plus en plus du rivage, à mesure qu'on s'avance vers l'intérieur. C'est sur ces roches qu'a été bâtie la digue du cardinal de Richelieu, dont quelques points découvrent de plus d'un mètre, et au milieu de laquelle on a pratiqué une ouverture de 120ᵐ pour le passage des navires. L'extrémité S. de cette partie de la digue est signalée par une tourelle noire, portant le nom de Richelieu, et qui est munie d'une cloche, que le clapotis de la mer fait sonner.

La pointe des Minimes forme la côte S.-E. de l'entrée de la baie de La Rochelle; elle est entourée de roches, découvrant à mer basse et qui sont limitées dans l'O. par l'alignement de la pointe du Ché et par la jolie petite ville de Chatelaillon, devenue, depuis quelques années, une agréable station balnéaire. Jusqu'à un mille et demi environ au large de ces roches, le fond est assez élevé, la ligne des profondeurs de 5^m à mer basse, courant parallèlement à la côte, de Lavardin à la pointe E. de l'Ile d'Aix. Au N. de Chatelaillon, la côte est battue par la lame de l'O., et les anses qui se trouvent en dedans des récifs ont des fonds de sable, tandis qu'au S. de Chatelaillon, on ne voit plus que de la vase molle.

Entre la pointe de Chatelaillon et celle de l'Epée, on trouve une anse servant de lieu d'échouage, pendant l'été, à des bateaux de pêche qui s'y amarrent sur des corps morts; on les hâle au sec, à l'approche du mauvais temps de N.-O. Les fonds sont entièrement vaseux et montent graduellement, à mesure qu'on s'avance vers l'E. jusqu'à découvrir de 3 à 4^m à mer basse.

La côte entre La Rochelle et l'Ile d'Aix est peu élevée; ses escarpements ont une hauteur comprise entre 2 et 10^m; Chatelaillon seul forme une colline de 15^m d'élévation sur laquelle on voit encore les restes d'une vieille tour. Le pied des falaises est garni de galets calcaires, provenant des roches du large.

Aux approches du fort Boyard et avant d'arriver à l'Ile d'Aix, on trouve un banc rocheux nommé la Traverse et sur le sommet duquel il ne reste que 2^m d'eau à marée basse. Ce banc limite dans le S. la rade des Trousses, à laquelle donne accès, par le N.-O., un chenal large d'environ un mille, formé par un autre banc, celui de Boyard, et la pointe des Saumonards, située au N.-O. de l'Ile d'Oleron.

La rade des Trousses, la plus grande, la plus abritée et la plus profonde de la région, est le mouillage préféré des escadres et des bâtiments de l'Etat à grand tirant d'eau; elle s'étend du N.-O. au S.-E. entre le banc de sable appelé Longe-de-Boyard et la côte, sur une longueur de 10 kilomètres et une largeur variant de 1.100 à 1.800m; elle est abritée par la Longe, la pointe des Saumonards et la côte de Boyardville (Ile d'Oléron). Les fonds y sont de 10 à 18m au-dessous des plus basses mers; deux chenaux réunissent cette belle rade à celle de l'Ile d'Aix. L'Administration du port de Rochefort a fait placer à ce mouillage des coffres d'amarrage ou corps morts, dont se servent les navires de guerre qui viennent au dit mouillage pour régler leurs compas.

L'Ile d'Aix est entourée d'un plateau vaseux qui avance jusqu'à 1 mille dans le N. Des rochers, asséchant à mer basse, s'étendent à un demi mille au large de la côte O. Dans le S.-E. de l'île, des plateaux vaseux découvrent à marée basse jusqu'à 3/4 de mille du rivage; ils laissent percer, en leur milieu, deux bancs de roches nommées le Petit-Boucard et le Grand-Fauchon. C'est dans la rade de l'Ile d'Aix que le fleuve la Charente, après un parcours sinueux de 22 kilomètres à partir du port militaire, vient déboucher. Cette rade, à laquelle donnent accès les trois passes de Maumusson, de Boyard et d'Enet, n'est ouverte qu'aux vents de N.-O. et la tenue y est excellente; elle est enveloppée par les deux grandes rades des Basques et des Trousses, que circonscrivent l'Ile de Ré, l'Ile d'Oleron et diverses parties de la côte.

La rade des Basques est non moins renommée que

celle des Trousses, décrite ci-dessus, et dont elle est peu éloignée. Elle s'étend dans le N.-O., entre l'Ile d'Aix et le Pertuis d'Antioche, et sert aux évolutions des escadres; les grands navires viennent seuls y mouiller, parce qu'étant à l'ouvert de ce Pertuis, la mer y est souvent agitée. On y trouve des fonds de 15 à 30m sur vase molle, la tenue y est très bonne.

La rade de l'Ile d'Aix est la continuation dans le S. de celle des Basques avec laquelle elle communique par une passe de 2 milles environ, comprise entre l'Ile et le fort Boyard; c'est le mouillage ordinaire des bâtiments de l'Etat qui descendent la Charente ou s'apprêtent à remonter à Rochefort; elle offre aussi un abri sûr aux navires qui entrent, par coup de vent, dans le Pertuis et a, à tous les points de vue, une importance considérable.

Les deux rades des Basques et des Trousses sont d'un accès trop facile pour que les escadres qui y seraient mouillées fussent à l'abri d'une attaque; mais elles présentent toutefois un grand intérêt et la multiplicité de leurs issues permettrait d'autant moins d'y établir un blocus un peu étroit, qu'il n'est pas possible de se maintenir aux abords du Pertuis de Maumusson, situé entre les parages assez dangereux appelés la Côte-Sauvage et la Côte-d'Arvert.

Avant d'arriver à l'embouchure de la Charente on passe devant Fouras, où se trouve un banc ou seuil, que franchissent, à marée haute seulement, les plus grands navires, et qu'il serait facile de faire disparaître. De ce point, on aperçoit, au large, la masse noire du fort Boyard, puis, à une plus petite distance, l'Ile

Madame et le fort d'Enet, relié à la pointe de l'Aiguille par une chaussée rocheuse, au moyen de laquelle ont lieu, à marée basse et pendant très peu de temps, les communications avec Fouras. Aux abords de ce fort, on trouve une fosse dont la longueur est de 1200m et la largeur moyenne d'une encâblure ; c'est un bon mouillage.

Les navires entrant dans la Charente ou en sortant doivent éviter le plateau des Palles, rochers plats, ayant environ 4 kilomètres de longueur, qui partent des bords de l'Ile Madame et s'avancent vers l'Ile d'Aix ; un passage, nommé la Passe-aux-Bœufs, sépare l'Ile Madame de la falaise de Piédemont, qui tient au continent, et où l'on a établi, depuis quelques années, un champ de tir pour les batteries d'artillerie stationnées à Rochefort.

De l'entrée de la Charente à celle de la Seudre, tout le côté E. des coureaux est couvert de grandes vasières, asséchant à mer basse, et d'où émergent quelques plateaux rocheux qui sont, au N. les Longées et l'Estrée, dont les rochers de Tonneau forment l'extrémité O. ; au Centre le rocher d'Herr, et dans le S. les Meules et l'Ilôt du Nole.

L'estuaire de la Seudre a deux ouvertures tournées: celle de Maumusson à l'O., l'autre, celle du Chapus, au N. Deux chenaux permettent d'accéder à cette rivière, en passant entre les bancs de l'embouchure; l'un, appelé chenal de la Soumaille, longe l'accore S. du banc Bourgeois ; l'autre, nommé chenal de la Garrigue, longe l'accore du banc qui borde la côte S. du Pertuis de Maumusson. En 1875, une maison-phare a été construite sur la rive gauche et à l'embouchure de la Seudre, au lieu dit la Pointe-de-Mus-de-Loup.

Le célèbre Pas des Santons dont Ptolémée, roi d'Egypte, parla le premier, devait se trouver dans la Seudre, d'après M. Massiou qui pense que le cap Chassiron, de l'Ile d'Oleron, en était le promontoire. D'anciens titres, au contraire, attribuent ce promontoire historique à Chatelaillon, qui était connu sous le nom de *Xantonum promontorium*.

Les côtes de l'Ile d'Oleron sont plus étendues que celles de l'Ile de Ré, sa voisine ; mais elles n'offrent pas autant d'abris pour les navigateurs ; les trois ports, dépourvus de rades, existant sur la côte dite Sauvage, y sont peu commodes ; quant à ceux situés dans les parties E. et S., comme La Perrotine et le Château, ce sont des ports de petit cabotage, accessibles seulement aux navires de 100 à 150 tonneaux.

Le Pertuis d'Antioche, qui a environ 12 kilomètres de largeur, sépare les deux îles ; la profondeur de ses eaux permet d'y recevoir, dans tous les temps, les plus grands navires ; il conduit aux mouillages de l'Ile d'Aix, des Basques, des Trousses et à celui de la Pallice. Un autre Pertuis, nommé Maumusson, qui a de 2 à 3 kilomètres de largeur, sépare, à son extrémité S., l'Ile d'Oleron de la terre ferme ; peu profond et très resserré, il forme une passe dangereuse ; des courants violents, des bancs de sable mobiles, la grosse mer du large qui y pénètre, le rendent redoutable pour les navigateurs.

Dans la partie N.-O. de l'île sont les Antiochats, rochers s'étendant dans la direction de ceux des

Baleines, de l'Ile de Ré. Les chroniques s'accordent à dire que c'est là où se trouvait jadis la ville d'Antioche, disparue au milieu des eaux.

Sur la côte O. de l'Ile d'Oleron est le port de refuge de la Cotinière, fréquenté seulement par des bateaux de pêche et par ceux des pilotes de la Gironde qui viennent s'y abriter contre les vents et la mer du N.-O. ; les rochers qui l'entourent en rendent l'accès difficile et dangereux ; les deux plus mauvais de ces rochers sont : le Bochardon, qui ne découvre que dans les grandes marées, et le Grand-Rocher, ne découvrant jamais ; outre ces deux rochers, il y a un canal étroit, servant de passe, et où il existe 8m d'eau, aux plus basses mers.

Une jetée insubmersible, ayant 245m de longueur, protège le port au S.-O. ; cette jetée a été prolongée de 60m en 1898, et sur son musoir on a construit une tour à feu de 10m.

Bien que, depuis le prolongement de la jetée, l'abri soit suffisant à la Cotinière, avec des vents entre l'O., et l'E. N.-E., les vents du S. amènent une forte levée dans ce port, dont le fond de roche est recouvert d'une faible couche de sable.

Il existe à la Cotinière deux canots de sauvetage qui y rendent de grands services, par les secours qu'ils portent aux navires et aux équipages en perdition.

Des bancs de sardines se montrent fréquemment dans ces parages, où la pêche de cet excellent poisson se pratique par des embarcations du quartier et de ceux voisins.

Au S. et à 1 mille 1/2 de la Cotinière, on trouve l'anse ou coupure de la Perroche, qui sert quelquefois d'abri aux caboteurs et aux chaloupes de pêche ; c'est une fosse qui s'étend assez au large, et a du sable dans toute sa longueur ; elle est abritée de la mer de l'O. par des rochers détachés, sur lesquels il reste peu d'eau, et où les vagues brisent avec force.

L'onde marine qui vient frapper la côte d'Oleron se divise, vers le milieu de cette île, en deux branches courant parallèlement à cette côte ; l'une vers le Pertuis d'Antioche, l'autre vers le Pertuis de Maumusson, qui conduit aux Coureaux d'Oleron, nom sous lequel on désigne le bras de mer mettant en communication ces deux Pertuis, en passant entre les grandes vasières qui s'étendent, à droite et à gauche, bien au large du littoral, et en contournant un certain nombre de platins rocheux, dernières traces des terres qui reliaient autrefois l'Ile d'Oleron au continent.

La pointe de Chassiron, qui forme l'extrémité N.-O. de l'île, est basse et entourée de récifs dangereux, près desquels la mer lève presque constamment. Sur cette pointe s'élève le phare de Chassiron, à 50m au-dessus de la haute mer, et qui montre un feu à éclats blancs réguliers, de 10 en 10 secondes, dont la portée lumineuse moyenne est de 32 milles. A 60m dans le N.-O. de ce phare il existe un sémaphore, dont l'altitude est de 28m. La bordure de rochers qui s'étend à l'E. de la dite pointe présente un enfoncement utilisé, comme mouillage, par les bateaux pilotes et de pêche du pays.

Depuis la pointe de Chassiron jusqu'à celle de l'Epinette, qui est à 3 milles 1/2 de l'entrée du Pertuis de Maumusson, la côte O. de l'Ile d'Oleron est bordée de roches presque continues, ayant une largeur de 1 mille environ; ces roches sont prolongées par de hauts fonds qui, dans les mauvais temps du large, forment une nappe de brisants s'étendant jusqu'à cinq milles à l'O. de la pointe de Chardonnière, et à 4 milles de la partie S. de l'île. Pendant 1 heure 30 environ, le flot se précipite avec force dans le Pertuis de Maumusson; aux environs de la pointe de Chassiron, il entre dans le Pertuis d'Antioche, en contournant cette pointe; le jusant s'écoule en masse vers l'O.-N.-O., dans la direction même du Pertuis.

La pointe Gatzeau, qui est à l'extrémité S. de l'Ile d'Oleron, et où il existe un banc de sable découvrant à marée basse, forme la côte N. de l'entrée du Pertuis de Maumusson, lequel est borné au S. par la pointe et les Mattes d'Arvert, grand banc de sable asséchant de 2m à marée basse. En grande marée, les courants ont, à la pointe de Gatzeau, une vitesse de 3 nœuds en flot et de 4 nœuds en jusant.

Une station de canot de sauvetage a été établie sur le bord du chenal de Bry, à un mille dans le N.-E. de cette pointe.

LES ILES DE L'ANCIENNE PROVINCE D'AUNIS & SAINTONGE

L'ILE-DE-RÉ

L'Ile de Ré est située par 46° 12' 20" de latitude N. et 3° 42' 6" de longitude O.; elle s'étend, de l'E.-S.-E. à l'O.-N.-O., sur une longueur de 29 kilomètres, et une largeur maxima de 5 à 6 kilomètres; elle est séparée de l'Ile d'Oleron par le Pertuis d'Antioche, et du continent par le Pertuis Breton, qui baigne sa côte N., ainsi que l'espace compris entre cette côte et la terre ferme, dans l'E. de la pointe du Grouin du Cou, laquelle est formée de falaises à pic, que des rochers débordent jusqu'à 3 milles dans l'O.-S.-O. Ces deux Pertuis communiquent entre eux à l'extrémité E. de l'île par un passage de 1 mille de largeur appelé Coureau de la Pallice; la superficie de l'île est de 10,000 hectares environ.

De la pointe des Baleines à la côte de la Tranche, le Pertuis Breton a une ouverture de 15 kilomètres, et se prolonge, par une vaste échancrure, jusqu'aux rives Rochelaises, dont l'île est séparée par un étroit bras de mer. Les couches géologiques des falaises démontrent que la séparation n'a été qu'un écartement accidentel; les rochers, les falaises, les terrains des côtes rhétaises et vendéennes, quoique séparées par ce large passage, semblent n'avoir fait jadis qu'un seul tout; une pointe qui s'avance regarde une anse qui recule. Le Pertuis d'Antioche a la même nature tourmentée que la Côte-

Sauvage de l'Ile d'Oleron ; les deux îles sœurs sont séparées par une déchirure considérable, conséquence du grand cataclysme qui se produisit il y a plus de vingt siècles, et où les flots de l'Océan en fureur, pénétrant profondément dans les terres voisines, ont séparé pour toujours les îles de Ré et d'Oleron du continent, auquel elles appartenaient originairement.

Les plus anciens géographes ont fait mention de l'Ile de Ré sous le nom de Radis, dérivé de Ryde, mot celtique signifiant ancrage. La position des lieux semble justifier cette étymologie, et il paraît probable que les rades voisines de l'Aiguillon, Loix et la Pallice auront donné à cette île le nom d'Ile des Rades.

Sous les Santons, la terre de Ré n'était qu'un rocher de protection qui couvrait les parties habitées du littoral contre les envahissements de l'Océan ; mais quand les perturbations des eaux taillèrent une île dans le bloc détaché du continent, l'importance de cette île se fit jour.

L'histoire fournit peu d'indications sur l'antiquité de l'Ile de Ré ; on sait toutefois que, dans les premiers siècles, elle était couverte de bois, et plus grande qu'elle ne l'est aujourd'hui ; elle mentionne que vers l'an 735, un duc d'Aquitaine, nommé Eudes, y fonda un monastère, où il fut inhumé. Au XIIe siècle, les moines de Cîteaux y bâtirent, sous le vocable de Notre-Dame, un autre monastère, qui fut détruit durant les guerres de religion ; on en voit encore les restes près du fort La Prée. En 1152, le mariage d'Eléonore, duchesse d'Aquitaine, fit passer l'Ile de Ré dans les Etats du prince qui devait les réunir quelques années plus tard au royaume d'Angleterre, dont il fit partie jusqu'à la trêve conclue le 7 avril 1243 entre Louis IX et Henri III. Le funeste traité de Brétigny, de 1360, la remit aux mains des Anglais, qui la conservèrent jusqu'en 1373, où elle revint à la France, dont elle ne devait plus être séparée.

Pendant que les Anglais la possédaient, toutes les vieilles archives du pays furent transportées à la Cour de Londres; de là vient la rareté des documents qui auraient pu servir à faire complètement son histoire.

L'Ile de Ré avait obtenu, le 28 juin 1242, des lettres patentes par lesquelles fut conféré aux habitants le droit de nommer un maire et des jurés, faveur dont ils n'avaient pas encore joui. Des Mauléons, à qui elle appartint pendant un certain nombre d'années, la Seigneurie de Ré passa dans la maison de Thouars, et, par un mariage, dans celle de Sancerre de Beuil. En 1408, Pierre d'Amboise, vicomte de Thouars, en fit hommage au roi Charles VI, qui accorda à l'Ile de grands privilèges, et, par des lettres données à Paris le 20 mai de la même année, déclara ses habitants « francs et quittes de tous aides, tailles et subsides, « qui étaient et seraient à l'avenir ordonnés pour le « fait de guerre seulement. »

En 1432, après la mort de Charles VI et l'avènement de son fils Charles VII, une série d'événements étrangers à l'histoire éclata en Saintonge. Louis d'Amboise, vicomte de Thouars, seigneur de l'Ile de Ré, venait, à l'instigation du duc de La Trémoille et par arrêt du Parlement de Poitiers, d'être dépouillé de tous ses biens, sous prétexte d'un prétendu crime de haute trahison. La Trémoille, maître de tous les domaines du vicomte de Thouars, mit des garnisons dans les forts de l'Ile de Ré ; plus tard, ce duc ayant été sacrifié à la haine de Charles VII, le vicomte de Thouars recouvra sa liberté ; mais l'île et ses autres fiefs ne lui furent rendus que six ans après, en 1438.

Dans les guerres entre la France et l'Angleterre, qui suivirent cette dernière époque, les côtes de l'Ile de Ré furent plusieurs fois envahies ; en 1457, le bourg de La Flotte fut pillé et, en 1462, une partie de l'île fut rançonnée.

L'année 1537 fut marquée par un bien cruel désastre qui vint jeter la consternation dans l'île. Un ouragan terrible, et, comme on n'en avait jamais vu, fondit sur cette île ; les maisons furent renversées, les arbres déracinés, les campagnes balayées par d'épouvantables rafales ; soulevées à une prodigieuse hauteur, les vagues de l'Océan furent poussées contre le rivage avec tant de violence, que les falaises en furent ébranlées et que d'énormes quartiers s'en détachèrent ; battue violemment au N. et au S. par les flots mugissants des deux Pertuis, toute la pointe méridionale de l'île fut submergée, et la mer, faisant irruption dans les terres, y causa de très nombreux ravages en occasionnant aux habitants des pertes considérables. La fin du XVe siècle et le commencement du XVIe ne virent s'accomplir rien d'extraordinaire dans l'Ile de Ré ; mais les guerres de religion allaient troubler ce calme de quelques années, et le voisinage de La Rochelle devait mêler l'île à des luttes sanglantes qui y éclatèrent en 1568 et furent suivies de la prise, par les catholiques, de l'église fortifiée de Saint-Martin, défendue par les protestants, qui s'y étaient réfugiés.

En 1574, François de La Noue, qui était alors gouverneur de l'Aunis, fit fortifier l'Ile de Ré et en donna le commandement au sieur de La Nouraye. L'année suivante, le comte de Lude, gouverneur du Poitou, projeta de faire une descente dans l'île, de lever un impôt extraordinaire sur les habitants et d'en affecter le produit à l'entretien d'un corps de troupes qu'il attendait, ainsi qu'à l'équipement de quelques navires destinés à donner la chasse aux croiseurs rochelais; il chargea de cette entreprise le sieur de Landereau qui, à la tête de quelques centaines d'hommes, partit des Sables-d'Olonne et vint aborder à la pointe des Portes où il opéra sa descente, sans rencontrer d'obstacles; de là, il marcha sur Saint-Martin, dont la population, surprise par cette attaque inattendue, prit la fuite. A la nouvelle de cette invasion, on forma précipitamment à La Rochelle un petit corps de troupes qui, après avoir pris terre à la pointe de Sablanceaux, s'y retrancha pour y attendre l'arrivée de renforts plus considérables, lesquels sous le commandement de Fromentinière débarquèrent quelques jours plus tard à La Flotte. Cette troupe se dirigea aussitôt sur Saint-Martin où eurent lieu, entre catholiques et protestants, plusieurs combats à la suite desquels l'avantage fut à ces derniers, qui entrèrent dans la ville, pendant que Landereau s'enfuyait dans une barque et gagnait le rivage de La Tranche, sur la côte du Bas-Poitou.

La fin du règne de Henri III s'écoula sans amener de nouvelles hostilités; celui de Henri IV apporta le calme et une certaine prospérité ; mais le règne de Louis XIII fut marqué par des luttes décisives. En 1622, un important combat naval eut lieu dans les eaux de l'Ile de Ré, où le duc de Guise attaqua la flotte rochelaise dans la fosse de Loix. La paix de Montpellier, qui fut signée la même année, suspendit les hostilités ; mais, en 1625, Soubise vint, à la tête de plusieurs bâtiments, s'emparer de l'île ; sa conquête ne fut pas de longue durée, car le 15 septembre le duc de Montmorency, amiral de France, ayant pris le commandement d'une escadre forte de 65 navires, formée aux Sables-d'Olonne, vint combattre la flotte calviniste, mouillée à l'entrée de la fosse de Loix, et la refoula à coups de canon jusqu'au fond de cette anse, où elle se laissa échouer en ripostant de toute son artillerie au feu de l'ennemi.

Pendant que les vaisseaux protestants étaient ainsi bloqués, le comte de La Rochefoucauld, gouverneur du Poitou, et le marquis de Thoiras, entreprirent, sous la protection de l'escadre royale, une descente dans l'Ile de Ré. Le prince de Soubise, à la tête de 600 fantassins, 120 chevaux et 4 pièces d'artillerie, chercha à s'opposer au débarquement des royalistes ; mais ses efforts ne purent empêcher La Rochefoucauld, Thoiras et leurs gens de prendre terre. Repoussé dans l'intérieur de l'île, après un engagement sérieux, Soubise se retira au passage du Martray, près d'Ars, où il rallia toutes ses forces ; mais il fut bientôt attaqué dans cette position par les royalistes, qui le mirent complètement en déroute et lui tuèrent 800 hommes.

Acculée dans la fosse de Loix, la flotte protestante

était échouée si haut sur les grèves que le duc de Montmorency, se persuadant qu'elle ne pourrait de longtemps prendre la mer, alla mouiller en rade de Chef-de-Baie, afin d'intercepter les secours qui pourraient être expédiés de La Rochelle à la garnison de Saint-Martin ; il ne fut pas peu surpris le lendemain, au lever du jour, en voyant cette même flotte que la veille il avait quittée à sec, à Loix, doubler la pointe E. de l'Ile et s'avancer en bon ordre, poussée par un vent de N.-O. Guiton, qui la commandait, voyant l'Ile perdue pour lui, avait profité de la marée pour mettre ses vaisseaux à flot et cinglait, vers le port de La Rochelle, espérant se faire jour à travers l'escadre royale, qui lui barrait le passage ; mais son espoir fut trompé. Montmorency s'étant promptement mis en défense, sut, par une manœuvre habile, prendre l'avantage du vent ; la rencontre fut terrible ; on combattit tout le jour avec acharnement ; la nuit étant venue, les protestants, moins forts que leurs adversaires, en profitèrent pour battre en retraite, après avoir perdu plusieurs de leurs navires et furent poursuivis dans l'obscurité par l'ennemi. Le lendemain 16 septembre, Montmorency les trouva dispersés dans le Pertuis d'Antioche et leur prit encore huit vaisseaux ; le reste se réfugia dans les ports de l'Ile d'Oleron, à l'exception de deux d'entre eux qui échouèrent sur un banc de sable où ils furent attaqués par les royalistes ; le premier se rendit sans combat. A la veille de tomber au pouvoir de l'ennemi, l'équipage du second mit le feu aux poudres du vaisseau qui éclata soudainement avec fracas. L'incendie se communiqua rapidement aux quatre vaisseaux du Roi, de sorte que catholiques et protestants périrent dans les flammes. Guiton ayant eu son vaisseau criblé de coups de canon, se réfugia sur un frêle esquif à l'aide duquel il gagna La Rochelle. Montmorency se replia alors sur l'Ile de Ré et vint attaquer le fort de Saint-Martin, le seul qui fut encore au pouvoir des calvinistes. Dupare d'Archiac, qui y commandait, voyant le reste de l'Ile occupé par les gens du Roi, capitula le 17 septembre.

La paix de Paris, qui se signa le 5 février 1626, vint mettre un terme aux hostilités.

Après l'occupation de l'Ile de Ré par le duc de Montmorency, Louis XIII comprenant combien il lui importait de conserver cette île, aux portes de La Rochelle, avait expédié de Paris deux ingénieurs, dont l'un était M. d'Argenson, avec ordre de bâtir à Saint-Martin une citadelle dont le commandement fut donné au marquis de Thoiras, gouverneur de l'île. Avant de jeter les fondements de cette forteresse, on jugea à propos de construire à La Prée, entre La Flotte et la pointe de Sablanceaux, un fort dont l'artillerie put défendre toute cette partie de la côte, la plus favorable aux communications de l'île avec le continent. Sous la protection du fort La Prée, les travaux de la citadelle de Saint-Martin furent entrepris et continués sans interruption; ils n'étaient pas encore achevés, lorsque, le 20 juillet 1627, l'avant-garde de la flotte anglaise parut à la hauteur de l'Ile d'Yeu, et vint mouiller dans le Pertuis Breton. Ce fut de la rade de Saint-Martin que Buckingham, qui commandait cette force navale, publia le manifeste du roi d'Angleterre;

le jour même, une partie de l'escadre anglaise se présenta devant le fort La Prée qu'elle attaqua, mais dont elle ne put s'emparer; le surlendemain, à la marée du soir, les vaisseaux s'approchèrent de la pointe de Sablanceaux et le débarquement commença à s'opérer. Thoiras s'avança avec 800 fantassins et 200 cavaliers pour arrêter la marche de l'ennemi; après un combat meurtrier l'avantage demeura aux Anglais qui, le 23 juillet, achevèrent leur descente et le 28 s'emparèrent de Saint-Martin où Thoiras avait pu rentrer auparavant et s'était réfugié dans la citadelle.

Le but de l'amiral anglais en entrant dans Saint-Martin avec la plus grande partie de ses troupes, dont il avait réparti le reste entre les bourgs de La Flotte et de la Couarde, était d'affamer la garnison de Thoiras enfermée comme lui dans la citadelle et qui eût succombé si un envoi de vivres expédié le 8 août des Sables d'Olonne, par les ordres de Richelieu, sur douze pinasses qui purent traverser la flotte anglaise et vinrent s'échouer au pied d'un bastion de la citadelle, hors de la portée du canon ennemi, n'était arrivé aux assiégés, qui se trouvèrent ainsi ravitaillés pour plusieurs jours.

Entre temps, la Cour, qui suivait avec une anxieuse perplexité la série des événements s'accomplissant devant l'Ile de Ré, avait fait les préparatifs d'un nouveau et grand convoi de vivres qui fut expédié, comme le précédent, des Sables-d'Olonne; il était composé de 35 navires, dont 29 purent traverser les lignes ennemies, sous une pluie de boulets et arrivèrent, sains et saufs, dans le havre de la citadelle; 5 relâchèrent sur la côte d'Aunis, un seul fut pris par les Anglais, au moyen d'un stratagème.

Louis XIII ayant appris que le grand et dernier secours de vivres envoyé par ses ordres avait pénétré dans la citadelle, et voulant à tout prix conserver l'Ile de Ré, fit reprendre avec activité le projet de faire passer dans cette île, à la faveur du fort La Prée, un corps d'armée pour faire lever le blocus de Saint-Martin et en chasser les Anglais. Le maréchal Schomberg fut chargé de préparer cette entreprise, qu'il mena à bien, car, peu après, il débarquait la nuit à Sainte-Marie, à la tête de 4,000 hommes et 200 chevaux, marchait aussitôt en avant, ralliait en passant la garnison du fort La Prée et faisait sa jonction avec Thoiras sous les murs de la citadelle, dont les Anglais venaient de lever le siège. Buckingham, après avoir fait évacuer la place pendant la nuit, avait dirigé une partie de ses troupes sur le bourg de La Couarde et s'était retiré avec l'autre dans la fosse de Loix, pour s'y embarquer.

Instruit par Thoiras de la retraite des Anglais, le maréchal Schomberg s'était mis promptement à leur poursuite. Tant qu'ils purent se développer dans la plaine de La Couarde, il se contenta de les suivre de loin, en longeant les dunes de la Côte-Sauvage, mais, lorsqu'il les vit engagés sur le terrain étroit et marécageux qui s'étend de la Couarde à Loix, il tomba sur eux avec tant de force que la cavalerie anglaise, qui avait fait volte-face pour recevoir l'ennemi, fut culbutée dès le premier choc; l'infanterie voulut, à son tour, faire face à la cavalerie française, mais elle fut rompue.

L'infanterie de Schomberg étant survenue dans la mêlée, tomba sur les débris des bataillons anglais, qu'elle foudroya après les avoir poursuivis et s'être emparé de leur artillerie.

Dans la nuit qui suivit cette sanglante journée, Buckingham fit embarquer précipitamment ce qui lui restait d'hommes; il attendit quelques jours en mer un vent favorable et enfin, le 17 novembre, il fit route pour l'Angleterre, ramenant 1200 hommes qui lui restaient de 10,000.

En 1674, eut lieu une nouvelle tentative contre l'Ile de Ré par l'amiral hollandais Tromp qui, le 4 juillet, vint avec une forte escadre, pour essayer d'y faire une descente; mais, voyant qu'il lui serait impossible d'y débarquer, il se dirigea sur l'Ile de Noirmoutier, dont il rançonna les habitants.

Richelieu avait fait raser les fortifications de Saint-Martin comme celles de La Rochelle; Louis XIV les fit rétablir par Vauban et ordonna la construction de la citadelle actuelle, dont les travaux furent poussés avec activité. La première pierre des nouveaux remparts fut posée le 29 juin 1681.

En 1696, les flottes d'Angleterre et de Hollande, qui louvoyaient dans les parages de l'Ile de Ré, vinrent s'embosser devant Saint-Martin, pour bombarder la ville; mais elles durent se retirer devant le feu de la place, après avoir incendié quelques maisons. Ce fut la dernière tentative dirigée contre cette île, dont l'histoire n'eut plus aucun fait saillant à enregistrer.

Toutefois, en 1757, le port de Rochefort expédia

deux frégates : l'*Hermione* et l'*Opale*, en croisière, dans les Pertuis, alors infestés de croiseurs anglais, qui étaient l'épouvante des caboteurs. A cette époque, le service des côtes était fait régulièrement par les milices de l'Ile ; mais, lorsque les navires anglais louvoyaient autour, ce service devenait impossible ; aussi vit-on, maintes fois, les femmes des insulaires, armées de fourches et de bâtons, défiler derrière les dunes, et donner à l'ennemi l'idée d'une force armée, prête à repousser une descente dans l'Ile.

L'Ile de Ré comprenait autrefois deux seigneuries particulières, dont l'une, dite la Baronnie, renfermait les paroisses de La Flotte, Saint-Martin, Sainte-Marie et les annexes du Bois et de la Couarde ; la seconde seigneurie consistait dans les paroisses d'Ars, de Loix et des Portes. Cette seigneurie était de la dépendance du collège Mazarin.

D'anciens titres apprennent qu'il y avait des bois dans l'Ile ; il n'est pas douteux qu'à l'époque où les Romains habitaient le pays, ils n'y aient fait de nombreuses plantations ; la fougue des vents marins aura sans doute contribué à leur dépérissement.

Afin d'arrêter l'empiétement des dunes qui s'étendent au S. de l'Ile de Ré, et de mettre une barrière à ces amas de sables qui, chaque jour s'amoncelant, menaçaient d'envahir les terres avoisinantes, on a fait, depuis un demi-siècle, de nombreuses plantations de tamarix et de pins, qui ont très bien réussi ; ces arbustes, par l'entrelacement de leurs racines, empêchent l'éboulement des dunes que les vagues élèvent sur la côte.

L'Ile de Ré est un plateau généralement si bas que sans les dunes qui en entourent une grande partie, celle du S. principalement, chaque marée d'équinoxe y causerait de fortes inondations ; aussi fallut-il, de tout temps, opposer des digues à l'envahissement de la mer qui, plusieurs fois, pénétra dans les terres. La tradition rapporte que, dans les premiers siècles, les insulaires établirent de petites digues, en pierres et en bois, sur les points les plus menacés ; plus tard, ils devinrent d'habiles constructeurs pour ces travaux d'utilité publique. En 1733, une somme de 80,000 fr. fut votée par les habitants réunis, pour les réparations des digues d'Ars ; mais, en 1810, les travaux des digues de l'Ile furent mis à la charge de l'Etat, qui fit élever d'importantes constructions sur les points les plus vulnérables de la Côte-Sauvage. Les dunes de cette partie de l'Ile couvrent, à peu près, une étendue de 200 hectares, et ne s'élèvent que de 18 à 32m au-dessus du niveau de la mer ; elles ont 100m de largeur au Bois et au Martray, et près de 1000m à Ars et aux Portes. Cette fragile barrière est dévorée, tous les ans, sur certains points ; aussi s'est-on décidé, en 1846, à rendre les digues plus solides, plus résistantes à l'action de la mer, presque toujours mauvaise dans cette partie de la côte, en les construisant en pierres calcaires, réunies par un mortier hydraulique faisant corps, et en les surmontant d'un couronnement en pierres de taille.

En 1859, une tempête d'octobre renversa les digues du Boutillon, dont la réparation coûta 277,209 fr. La ceinture de mer du canton d'Ars est garantie par

9,010 mètres courants de digues, ayant 25 rampes en maçonnerie, donnant accès à la mer, et 42 épis d'ensablement. Des gares, destinées aux dépôts des varechs, dont les habitants viennent faire provision pour la fumure de leurs terres, ont été créés en 1850. Le Boutillon possède la plus vaste de ces gares.

Les digues de l'Ile de Ré présentent un développement total d'environ 10 kilomètres; leur entretien donne lieu à une dépense annuelle et moyenne de 25,000 fr.

L'Ile de Ré est assise sur un fond rocailleux, n'ayant ni collines, ni bois pouvant modérer la violence des vents; les pluies et les chaleurs y sont partagées; les premières durent d'ordinaire d'octobre à mai, et les chaleurs occupent le reste de l'année; les chaudes journées de l'été sont généralement rafraîchies par la brise de N.-O. qui se fait sentir le soir; néanmoins, dans les premiers mois du printemps, la température y subit de grandes variations, que l'on peut résumer comme suit : nuits froides, matinées fraîches, chaleur vive, de 11 à 3 h. de l'après-midi; les hivers sont presque toujours tempérés et la neige tombe rarement.

En 1583, une peste terrible se déclara dans l'Ile; il y eut 1,500 morts. En 1832, le choléra y fit de nombreuses victimes.

Les principaux produits du sol consistent en vins, sels et céréales; le vignoble y donne environ 400,000 hectolitres de vins rouges et blancs, dans les années d'abondance, près de 300,000, dans les années ordinaires, et moins de 200,000 dans les années les plus mauvaises; la plus grande partie s'exporte en nature;

le reste est converti en spiritueux ou employé à la fabrication des vinaigres, qui sont très estimés ; mais, depuis que le phylloxéra a fait son apparition dans l'île où il a attaqué les ceps de vignes plantés dans les terres, alors que ceux cultivés dans les sables étaient, à peu près, épargnés, la production s'en est ressentie et a diminué sur certains terrains d'où il a fallu arracher les ceps malades et transformer ces terrains en champs et prairies.

On ne récolte que peu de blé ; l'orge y supplée, ce qui oblige les habitants à s'approvisionner, au continent, de grains et de farines ; c'est également au continent qu'ils font leurs provisions de fourrages secs, dont l'île ne produit que d'insignifiantes quantités, de même que de bois de chauffage ; mais, on y récolte de beaux fruits ; les poires, dites de Saint-Jean et de Bon-Chrétien, les amandes, les abricots et les prunes y sont très prisés.

Un grand événement économique a marqué l'année 1898 à l'Ile de Ré, qui a maintenant son tramway à vapeur, desservant, plusieurs fois par jour, ses communes. C'est un avantage considérable qu'ont accueilli avec la plus vive satisfaction les habitants de cette île à qui le dit tramway était promis depuis longtemps. Des embranchements spéciaux conduisent sur les quais des ports de Saint-Martin, La Flotte et Ars, où ils facilitent les opérations commerciales qui s'y effectuent.

Les recettes de la ligne de ce tramway ont atteint, en 1899, le chiffre de 83,876 fr. 95 c.

Un service téléphonique relie l'île au continent, par Saint-Martin et La Rochelle.

Jusqu'en 1793, les communications avec cette dernière ville furent difficiles ; le gouvernement affermait alors le passage de l'île, qui se faisait, du port militaire du fort La Prée à La Repentie, au moyen de deux grandes barques, d'une trentaine de tonneaux chacune, et qui transportaient, l'une les passagers, l'autre les marchandises et les bestiaux d'une rive à l'autre, dans les conditions les plus défectueuses. Plus tard, on eut un service régulier et quotidien de bateaux à vapeur, entre La Rochelle et Saint-Martin, avec escale à La Flotte ; mais, après cette amélioration, le service postal continua à se faire longtemps encore, entre Rivedoux et La Repentie, par des yoles à voiles, qui prenaient aussi des passagers. Depuis l'ouverture du port de La Pallice, le service de la poste et des passagers s'est fait par un petit bateau à vapeur, qui, dans les premières années, partait du quai de Rivedoux et allait débarquer le courrier et les voyageurs à l'une des cales du port de La Pallice ; le retour s'effectuait de la même manière. Actuellement, et par suite de la difficulté qu'il y a à accoster la jetée de Rivedoux, même pour un bateau du plus faible échantillon lorsque la mer n'est pas haute, ce double service se fait entre la pointe de Sablanceaux, où l'on a établi dans ce but un débarcadère en charpente, et le port de La Pallice.

Toutefois, un projet a été mis récemment à l'étude, qui consiste dans la construction, à la dite pointe de Sablanceaux, d'une jetée en maçonnerie, en forme de T, permettant au bateau à vapeur qui embarque sur ce point les passagers et les marchandises, en même temps que le courrier, de faire son service avec une complète sécurité, assuré qu'il sera, grâce à la longueur de la jetée, de trouver, à tout moment, à son lieu d'accostage une profondeur d'eau minimum de 2m. Cette jetée remplacera avantageusement l'appontement actuel qui est trop court, manque de solidité, et n'offre aucun abri aux bateaux et embarcations qui l'accostent.

L'Ile de Ré, dont la population totale est de 14,200 habitants, forme deux cantons, dont l'un, celui de Saint-Martin, a 4 communes (Saint-Martin, capitale de l'Ile, La Flotte, Sainte-Marie et Le Bois), et dont l'autre, celui d'Ars, en a 5 (Ars, La Couarde, Saint-Clément-des-Baleines, Loix et Les Portes). Chacune de ces neuf communes fera l'objet d'une description complète dans les pages suivantes.

L'ILE D'OLERON

L'Ile d'Oleron, plus grande et surtout plus large que l'Ile de Ré, et dont les côtes N.-E. et E. forment le côté S. du Pertuis d'Antioche, s'étend sur une longueur de 31 kilomètres dans une direction générale N.-O. et S.-E.; elle est située par 3° 45' 13" de longitude O. et 46° 2' 50" de latitude N.; sa plus grande largeur de la pointe des Saumonards à La Cotinière est de 10 kilomètres; elle a une superficie de 15,000 hectares, dont un tiers environ est occupé par des salines et des dunes. Elle tient presque au continent, dont quelques kilomètres seulement la séparent, du côté du Chapus.

L'origine de cette île remonte à une haute antiquité;

son gisement suffit pour démontrer son ancienne jonction avec la terre ferme; elle eut sous les Romains une assez grande importance par sa position, qui en faisait la principale défense de la Saintonge, du côté de la mer.

On a assigné plusieurs étymologies à la dénomination d'Oleron; Pline l'a appelée *Uliarus;* quelques auteurs du Moyen-Age l'ont surnommée *Olorum* à cause des herbes odoriférantes et médicinales que son sol produit; d'autres enfin ont prétendu que c'était jadis un lieu d'exil pour les criminels, que l'on désignait vulgairement sous le nom de Lerrons ou Larrons, ce qui l'aurait fait appeler l'Ile des Lerrons, et, plus tard, par corruption, Ile d'Oleron.

Comme l'Ile de Ré, sa voisine, elle a sa côte sauvage, ses rochers dangereux, ses ports de refuge, des dunes, que l'on est parvenu à fixer par des plantations bien comprises, des salines considérables; mais son histoire militaire et politique est moins intéressante que celle de l'Ile de Ré, et elle n'eut pas à soutenir autant de sièges mémorables que celle-ci, qui, par sa situation et sa proximité de La Rochelle, fut très souvent attaquée.

Au Moyen-Age, l'Ile d'Oleron dépendait de l'Aquitaine dont elle partagea le sort. A partir de l'année 910, elle eut successivement pour seigneurs souverains: Guillaume Ier, duc de Guyenne, Geoffroy-Martel, comte d'Anjou, et Guy, comte de Poitou. Ces trois seigneurs accordèrent aux habitants divers privilèges, notamment celui de posséder des terres en toute propriété, de tester et disposer de leurs biens, de créer des marais salants, etc. Des chroniques de l'époque apprennent que l'île était alors couverte de bois et peuplée de sangliers, daims, chevreuils et autres bêtes fauves; elles ajoutent qu'en 1047, Geoffroy-Martel, comte d'Anjou, l'un des descendants du précédent seigneur de ce nom, et Agnès, son épouse, léguèrent aux Dames de l'Abbaye de Notre-Dame, de Saintes, dont ils étaient les fondateurs, la dixième partie des peaux de cerfs et de biches, qui seraient pris dans l'île, pour couvrir leurs missels.

Guy, duc de Guyenne, que mentionnent des actes de 1068 et 1079, et Guillaume VIII, son successeur, en 1086, firent aussi à l'Ile d'Oleron divers avantages et privilèges auxquels Othon, duc de Guyenne, ajouta, pour les habitants, les droits de communauté et jurande.

En 1160, Eléonore de Guyenne confirma ces privilèges, et en accorda de nouveaux. C'est cette même princesse qui fit rédiger les célèbres rôles d'Oleron ou règlements maritimes, qui ont servi de base à toutes les ordonnances et dispositions postérieures sur cette matière.

Les guerres qu'il y eut, vers cette époque, entre la France et l'Angleterre, firent passer alternativement l'Ile d'Oleron au pouvoir des rois des deux nations. Le traité de Brétigny de 1360 rendit cette île à la couronne d'Angleterre, mais elle fut réunie à la France sous Charles VI, qui, par lettres patentes du mois de février 1372, l'annexa définitivement au domaine de la Couronne.

En 1541, ses habitants prirent part au soulèvement auquel donna lieu dans le Poitou, la Saintonge et l'Aunis, l'établissement de la gabelle, par François Ier.

L'Ile d'Oleron ne put échapper aux désastres des guerres de religion ; en 1548, ses principaux habitants, qui avaient embrassé la religion réformée, se soulevèrent contre les catholiques ; les églises furent pillées et même détruites. L'édit de pacification qui autorisait l'exercice public de la religion protestante vint mettre un terme à ce regrettable état de choses ; mais, la guerre s'étant de nouveau rallumée peu après, entre les calvinistes et les catholiques, les Rochelais, commandés par d'Aubigné, s'emparèrent de l'Ile en 1584, et se fortifièrent dans la place du Château.

La destinée de l'Ile d'Oleron était d'être constamment l'objet des tentatives des deux partis ; en 1624, le duc de Guise s'en rendit maître une seconde fois et y fit construire trois forts. L'année suivante, le duc de Montmorency l'en chassa, bloqua le fort du Château et somma le commandant de se rendre.

La prise de La Rochelle ayant mis fin aux guerres de religion, et, postérieurement, la révocation de l'Edit de Nantes ayant fait cesser l'exercice public du culte réformé, la majeure partie de la population revint à la foi catholique.

Pierre Loti, de l'Académie française, le capitaine de frégate Julien Viaud, de son vrai nom, a écrit une pièce de théâtre intitulée : *Judith Renaudin*, extraite de ses archives de famille, et dont la scène se passe à l'Ile d'Oleron, après la révocation de l'Edit de Nantes.

Le sol de cette île est fertile ; il produit du vin et des céréales ; les marais salants donnent, dans les bonnes années, d'importantes récoltes de sels, d'excellente qualité ; malheureusement, la vente en est devenue difficile, comme à l'Ile de Ré, depuis que les armateurs pour la pêche de la morue, à Terre-Neuve et en Islande, ont préféré les sels étrangers aux nôtres.

L'Ile d'Oleron, qui a une population totale de 16.300 habitants, est divisée en deux cantons, dont les chefs-lieux sont : Le Château et Saint-Pierre. Le canton du Château est formé par trois communes (Le Château, Dolus et Saint-Trojan); celui de Saint-Pierre comprend également trois communes qui sont : Saint-Pierre, Saint-Georges et Saint-Denis. Elle a pour capitale la petite ville du Château, place de guerre; mais ce titre de capitale lui est quelquefois contesté en faveur de Saint-Pierre, qui par sa situation centrale, son importance et le chiffre plus élevé de sa population, serait fondé à y prétendre. Il y a depuis longtemps, à ce sujet, entre les habitants des deux localités, une sorte de rivalité de clocher assez marquée. La prétention de Saint-Pierre à être la capitale de l'île est, en partie, motivée par ce fait, qu'il possède le Tribunal de commerce, dont le ressort s'étend sur toute l'île. Il est vrai que le Château est le chef-lieu du quartier maritime, qui embrasse également toute l'île, mais ce n'est que depuis quelques années, car, autrefois l'Administrateur du quartier avait sa résidence officielle et ses bureaux à Saint-Pierre où réside d'ailleurs le capitaine des douanes. Enfin, comme Le Château, Saint-Pierre est plutôt une ville qu'un bourg.

Alors que dans l'Ile de Ré les neuf communes qui la composent et forment aussi deux cantons, ont leurs populations presque toutes agglomérées, les six communes d'Oleron comprennent, au contraire, un nombre considérable de villages, d'une certaine importance, c'est-à-dire ayant plus de 200 habitants. Le Château en a trois : La Chevalerie, la Gaconnière et Ors, Saint-Pierre en compte sept : Arceau, La Boirie, Bonnemie, Chef-Malière, La Cotinière, La Dresserie et La Sorine. Saint-Georges en a six : Chéray, Chaucre, Boyardville, Domineau, La Brée, Sauzelles. A Saint-Trojan appartient : le Grand-Village, et à Saint-Denis : Chassiron. (I

Les six communes de l'Ile d'Oleron seront successivement décrites dans les pages suivantes.

Les communications entre l'île et le continent ont lieu : 1° par le chemin de fer de l'Etat, de Nantes à Bordeaux, dont un embranchement part de Cabariot et va aboutir au Chapus, point terminus ; là, les voyageurs et les marchandises sont pris par des bateaux à vapeur qui, plusieurs fois chaque jour, les conduisent au Château, où l'Administration a une station-gare, dite Château-quai, laquelle délivre des billets et accepte des marchandises pour toutes destinations ; 2° par un paquebot à vapeur faisant un service quotidien entre Boyardville et La Rochelle et *vice-versâ*, et appartenant à une Compagnie privée, qui reçoit du Conseil général du département une subvention annuelle de 5,000 francs.

Il s'est fondé récemment une autre entreprise particulière, ayant pour objet de mettre Saint-Denis en communication directe avec La Rochelle, par bateau à vapeur.

Dans sa session d'août 1900, le Conseil général de la Charente-Inférieure a décidé que la concession demandée à l'Etat d'une ligne de tramways de Saint-

Denis à Saint-Trojan, avec embranchement sur Boyardville, sera faite pour une durée de soixante années, c'est-à-dire jusqu'en 1961, et rétrocédée, pour la même période, à la Compagnie des chemins de fer économiques des Charentes. Il a, en conséquence, autorisé la négociation d'un emprunt destiné à la construction de cette ligne, qui rendra de grands services aux populations de l'Ile d'Oleron.

L'ILE D'AIX

L'Ile d'Aix, qui est située à l'extrémité S. du Pertuis d'Antioche, et vis-à-vis de la côte de Fouras, a dû jadis faire partie du continent ; car, en l'an 1400, dit une chronique de l'époque, on y allait encore à pied sec, à marée basse ; elle a 2,300m de longueur, du N. au S., sur 1.800m de l'E. à l'O. ; elle est située à 10 kilomètres environ de l'embouchure de la Charente, et à 30 de Rochefort, par la même voie.

Jusqu'au Moyen-Age, l'histoire a été à peu près muette sur l'Ile d'Aix, dont le nom serait, dit-on, une corruption des mots saxons Aïa, Eïa, signifiant inondé ; elle mentionne qu'au commencement du IXe siècle, un seigneur de Chatelaillon y fonda, pour les moines de Cluny, un monastère que les Normands dévastèrent en l'an 830, lors de leurs premières incursions en Aunis, et qu'ils s'installèrent dans l'île, qui ne prit de l'importance qu'en 1666, époque de la création du port militaire de Rochefort, et en vue de la défense de ce port. C'est à la même époque que l'on commença à fortifier l'Ile d'Aix, d'après les plans de Vauban, et sous la direction de M. Ferry, ingénieur-directeur des fortifications de l'Aunis. Le 23 septembre 1757, les Anglais s'en emparèrent, mais ils l'abandonnèrent le 1er octobre suivant, après avoir rasé les fortifications qui, plus tard, furent reconstruites.

C'est devant l'Ile d'Aix, et dans la nuit du 11 avril 1809, que les Anglais incendièrent, au moyen de brûlots, la flotte de l'amiral Lallemand, qui se composait de 10 vaisseaux et 4 frégates, dont 5 de ces bâtiments furent complètement perdus. C'est de cette même île, qu'il habita du 8 au 15 juillet 1815, que l'empereur Napoléon Ier s'embarqua pour Sainte-Hélène.

L'île a deux forts principaux, l'un le fort Liédot, sur la côte N.; l'autre dans la partie S., sur la pointe Sainte-Catherine; en outre, plusieurs fortifications considérables sont échelonnées le long de la côte O., et notamment les batteries de Bois-Joli, Jamblet, Saint-Eulard, Coudepont et Fougères. D'autres forts et batteries, ayant une puissante artillerie, défendent encore l'Ile d'Aix et l'entrée de la Charente; ce sont le fort Boyard, situé en mer; les batteries des Saumonards, à la pointe N.-O. de l'Ile d'Oleron et de l'Ile Madame; le fort d'Enet, les forts de l'Eguille, la Pointe et de Lupin. Enfin, le fort du Chapus et les batteries du Château-d'Oleron qui, quoique plus éloignés, battent le Pertuis de Maumusson.

Le fort Boyard, qui tire son nom du banc de sable appelé Longe de Boyard, sur lequel il a été construit, à égale distance de l'Ile d'Oleron et de l'Ile d'Aix, est plus spécialement destiné à défendre l'accès de la rade de cette dernière île. Le système approuvé en 1803, par le Premier Consul, consistait à former sur le fond de sable, à 4m 50 au-dessous des plus basses mers, un enrochement à pierres perdues, à le recouvrir de trois assises générales, maçonnées, puis à bâtir, en maçonnerie régulière, sur la troisième assise, un anneau elliptique élevé jusqu'à 2m au-dessus des plus hautes mers, et donnant à ce niveau une surface horizontale de 80m sur 40, destinée à recevoir la construction du fort proprement dite.

L'exécution, commencée le 11 mai 1804, fut continuée pendant plusieurs années; durant l'hiver de 1807 à 1808, une partie des travaux fut détruite par de violentes tempêtes; en 1809, après l'affaire des brûlots, ils furent suspendus, et en quelque sorte abandonnés. Trente ans plus tard, sous le ministère de l'amiral de Rosamel, ils furent repris, avec quelques modifications, et terminés en 1850. Postérieurement, divers travaux complémentaires ont été jugés nécessaires, et on a construit en avant du musoir N. un massif ou éperon destiné à diviser les lames et à les faire circuler à droite et à gauche du fort, puis, dans la partie S., un havre d'abordage.

Il existe à l'Ile d'Aix un sémaphore dont la hauteur est de 34 mètres.

Les communications entre Rochefort et cette île, où il y a une petite garnison, se font quotidiennement par une canonnière de l'Etat.

L'ILE MADAME

L'Ile Madame est située au S.-O. de l'embouchure de la Charente; sa longueur, du N. au S., est de 900^{m}, et sa largeur de 600^{m} de l'E. à l'O.; la partie la plus avancée vers le N. est escarpée; le côté S. a une pente douce. Quand la mer est basse, on peut aller à pied sec du continent à l'Ile Madame, par une chaussée naturelle, sinueuse, formée de cailloux et d'un sable ferme.

En 1695, on fit dans cette île des retranchements et l'on dressa des batteries. En 1704, on construisit, dans la partie la plus élevée, une redoute revêtue de maçonnerie. Divers autres travaux ont été exécutés depuis, pour mettre l'île en bon état de défense.

COMMERCE & INDUSTRIE

Il faudrait remonter aux temps les plus reculés pour trouver, à son berceau, le commerce des peuples qui, sous le nom de *Santons*, ont habité le pays formant la circonscription actuelle du département de la Charente-Inférieure. La variété des produits du sol, leur nature, leur abondance, l'étendue du littoral, les baies, les havres, les embouchures de rivières qu'il renferme et les îles qui lui servent de ceinture, ont dû former, dès l'origine de la navigation, les éléments d'importantes transactions commerciales.

Aux établissements maritimes des Santons, depuis longtemps disparus, d'autres ont succédé, et parmi ceux-ci les ports de La Rochelle et de La Pallice tiennent la première place. Dès l'an 960, le premier de ces ports se révélait par les entreprises commerciales des Rochelais et leurs goûts pour la navigation. En 1160, le commerce maritime y avait pris un tel développement qu'Eléonore, duchesse de Guyenne, jugea nécessaire de déterminer les droits et les devoirs des capitaines marchands et des chargeurs, par des règlements connus sous le nom de Rôles d'Oleron, et qui sont encore invoqués aujourd'hui, par les jurisconsultes, comme une autorité respectable.

A partir de cette époque, le commerce de l'Aunis et de la Saintonge ne fit que s'étendre; mais la perte de Saint-Domingue, où beaucoup de maisons rochelaises avaient des établissements, et les malheurs d'une longue guerre maritime, vinrent porter une rude atteinte au commerce de cette province qui s'en ressentit pendant un grand nombre d'années.

Le commerce maritime de la Charente-Inférieure consiste principalement dans l'importation de bois du Nord, fournis par la Russie, la Suède et la Norvège, de bois de construction, de charbons anglais, de fers, suifs et chanvres; de vins du Midi, d'Algérie, d'Espagne et d'Italie, de merrains, pour la construction des futailles par lesquelles s'expédient les vins du pays, de pierres de taille et de granit, de morues salées, provenant de Terre-Neuve et de l'Islande. Les exportations consistent en vins blancs et rouges (1), eaux-de-vie

(1) La récolte des vins, dans la Charente-Inférieure, en 1899, a été évaluée à 1,038,919 hectolitres.

renommées, connues du monde entier sous le nom de Cognac, et qui s'expédient dans toute la France et surtout à l'étranger; en vinaigres estimés, en sels (1), que produisent une grande quantité de marais salants, en céréales, fèves de marais, briques, sardines à l'huile et conserves diverses, huîtres vertes, moules et coquillages de toute nature, poissons frais et salés, volailles, œufs, beurres, etc. Le marché au poisson frais de La Rochelle est sinon le plus important, du moins l'un des principaux du littoral de la France; il est approvisionné par une véritable flotte d'environ 700 bateaux de pêche, à voiles, appartenant à divers quartiers maritimes, et dont les équipages ont choisi La Rochelle comme centre de leurs opérations. Il s'est vendu, sur ce marché, en 1899, pour 3,428,842 francs de poisson. La vente de 1898 avait rapporté 3,692,346 francs.

C'est par le port de Marans que s'expédie la plus grande partie des céréales dont la culture a pris un développement considérable, par suite du dessèchement de nombreux marais provenant des alluvions déposées par la mer sur certains points du littoral.

La pêche côtière et l'exploitation des parcs à huîtres et à moules sont l'une des branches importantes du commerce et de l'industrie de la Charente-Inférieure. La pêche est une des plus grandes ressources des pays maritimes, non seulement par la quantité et la valeur des produits qu'elle fournit et fait entrer dans la consommation générale, mais encore parce qu'elle donne

(1) Pendant l'année 1899, le sel s'est vendu, à l'Ile d'Oleron, de 7 à 8 francs les mille kilogrammes, et de 6 à 7 francs à l'Ile de Ré.

à ceux qui l'exercent des gains ou profits qui sont, presque toujours, rémunérateurs; la pêche, dite à pied, procure aussi des moyens d'existence et une nourriture peu coûteuse aux classes indigentes du littoral.

La pêche maritime se divise en quatre catégories : 1° celle faite, en mer, avec des filets dénommés chaluts, sur des bateaux pontés, de 15 à 30 tonneaux, ou au moyen de lignes flottantes dont se servent, pendant l'été, les chaloupes armées pour la pêche du thon, et qui vont à la rencontre de ce poisson jusque sur les côtes d'Espagne; 2° celle qui se pratique sur les parties du rivage, découvrant à marée basse, avec des filets dits courtines; 3° celle des écluses, établissements dont j'ai donné la description et signalé les inconvénients pour la navigation, dans celui des chapitres ci-dessus qui a pour titre : *Hydrographie Maritime*; 4° la pêche dite à pied, à laquelle se livrent, sur les rivages, lorsque le flot s'est retiré, et sans avoir à justifier de la qualité d'inscrit maritime, de nombreuses personnes, de toutes classes, mais surtout de celle indigente, qui en rapportait quelquefois un butin abondant, consistant en crustacés, crevettes, palourdes, pétoncles, bigorneaux, sourdons, bernicles, etc.

Bien que l'industrie de la pêche maritime ait pris, depuis quelques années, un certain développement en France, il faut reconnaître que celle qui s'effectue sur divers points de nos côtes, notamment sur le littoral de l'ancienne province d'Aunis et de Saintonge, n'est pas toujours aussi fructueuse qu'autrefois. Nos pêcheurs se plaignent de l'appauvrissement des fonds, ce qui les oblige maintenant à aller très au large chercher les gros poissons qu'ils ne trouvent plus, comme jadis, dans le voisinage des côtes, ni dans les Pertuis d'Antioche et Breton. C'est jusque dans les parages dangereux de Rochebonne qu'il leur faut actuellement aller au devant du poisson, et jeter leurs filets, ce qui rend pénible l'exercice de cette profession, surtout l'hiver, où la mer est très dure dans les dits parages.

Parmi les causes qui ont amené progressivement ce dépeuplement des fonds de pêche, il convient de citer l'emploi abusif du chalut ou drague, dans des limites interdites par les règlements, c'est-à-dire à moins de trois milles du rivage ; on a, de la sorte, capturé des poissons de toutes tailles, même ceux des plus petites, et cela grâce à la maille, trop étroite, de certains filets, non réglementaires, maille qui ne laisse aucun passage au menu poisson, pour s'échapper ; grâce encore à l'habitude qu'ont généralement certains pêcheurs de ramasser tout ce que rapporte le filet, et de ne pas rejeter à la mer, les très petits poissons, dès qu'ils arrivent vivants, avec le filet, sur le pont du bateau.

Il serait temps de mettre fin à cet état de choses regrettable en édictant des mesures rigoureuses et répressives, destinées à assurer le repeuplement de nos fonds de pêche, sinon, on arrivera sûrement à la ruine de l'industrie de la pêche côtière.

L'élève des huîtres a acquis une importance considérable sur le littoral de l'ancienne province d'Aunis et de Saintonge. Les principaux établissements consacrés à cette industrie sont formés à Marennes, La Tremblade, Arvert, L'Eguille, sur les bords de la Seudre, dans les îles de Ré et d'Oleron, et dans les communes de Nieul-sur-Mer et Lhoumeau, près de La Rochelle.

Les réservoirs où les éleveurs de Marennes et de la Seudre déposent les huîtres, pour les faire verdir, portent le nom de claires. Ces claires diffèrent des viviers et des parcs ordinaires en ce qu'elles ne sont pas submergées comme ces derniers, à chaque marée, mais seulement aux époques des syzygies; elles ne sont pas, par conséquent, situées sur les bords immédiats du rivage. Les claires sont des espaces qui n'ont ni régularité dans le plan, ni uniformité dans les dimensions; leur grandeur varie, en moyenne, de 250 à 300 mètres carrés de superficie; une écluse permet de régler, à volonté, l'entrée et la sortie de l'eau de la mer, de la maintenir au niveau voulu, et de l'écouler quand il faut nettoyer le réservoir, pour y mettre les huîtres à verdir.

Ce sont les bancs naturels du voisinage qui alimentent les claires, c'est-à-dire qui fournissent les jeunes huîtres destinées à y être déposées, pour engraisser et verdir; mais, comme ces bancs ne suffisent pas aux besoins de l'industrie et de la consommation, les ostréiculteurs font acheter, chaque année, en Vendée, en Bretagne (à Auray surtout), à Arcachon et même en Normandie, de jeunes huîtres, qui reçoivent la même destination. L'éleveur peut en loger 5,000 environ par journal de claire, ou espace de 33 ares. Il faut deux ans de séjour dans les claires pour qu'une huître, âgée de 14 à 15 mois au moment où on l'y dépose, atteigne une grandeur convenable et soit, suivant l'expression employée, comestible. Les huîtres de

Marennes et de la Seudre ne verdissent pas en été, qui est l'époque du frai ; ce n'est qu'à partir du mois d'août qu'elles commencent à acquérir leur coloration, si appréciée de la plupart des consommateurs de cet excellent produit, dont les prix sont généralement élevés, quand il s'agit d'huîtres dépassant la grosseur ordinaire. Cette coloration est attribuée à une petite mousse qui tapisse le fond des claires.

L'huître a beaucoup d'importance, comme aliment et élément de commerce ; l'arrondissement géographique de Marennes lui doit sa prospérité. Il s'exporte chaque année, dans toutes les parties de la France, d'énormes quantités d'huîtres provenant des 23,000 claires, viviers et parcs où on les élève avec un soin tout particulier.

Depuis quelques années, on pratique avec beaucoup de succès, sur divers points du littoral de la Charente-Inférieure, l'élève de l'huître portugaise, qui y était jadis inconnue ; sa présence sur nos rivages est due à cette circonstance fortuite, qu'un navire, chargé d'huîtres de l'espèce, qu'il avait prises en Portugal, ayant fait naufrage entre l'Ile de Ré et La Rochelle, sa cargaison ne put être sauvée, et que ces mollusques se développèrent tellement au fond de la mer, qu'ils formèrent bientôt des bancs d'une étendue considérable, que l'on songea alors à exploiter, et dont, peu après, on commença à expédier les abondants produits dans les principales localités où il existe des parcs à huîtres indigènes, de sorte que, dans presque tous les quartiers du sous-arrondissement maritime de Rochefort, on élève maintenant l'huître portugaise, qui fait une concurrence sérieuse à celles de Marennes, de la Seudre et des îles. C'est ainsi que le quartier de La Rochelle possède 2.400 parcs ayant des huîtres de cette provenance, et dont il s'est fait, en 1899, de nombreuses expéditions.

Dans le quartier de Marennes, les expéditions d'huîtres portugaises ont même été supérieures, en 1899, à celles des huîtres vertes et blanches. car il s'est exporté seulement 157,350,000 de ces dernières, pour une somme de 4,772,000 francs, tandis que l'on a expédié 2,33051,000 huîtres portugaises, représentant, comme valeur, 1,777,000 francs.

Sans être aussi estimée que l'huître verte, dont elle n'a pas cette finesse de goût, si recherchée des gourmets, l'huître portugaise, qui est sans saveur, a néanmoins pris un bon rang parmi les produits alimentaires, livrés à la consommation, et elle le doit, non pas à ses qualités comestibles, mais à son prix peu élevé, qui en facilite l'achat aux plus petites bourses.

Un autre genre d'industrie qui, depuis de longues années, est une source de richesse pour plusieurs localités de l'arrondissement géographique de La Rochelle, consiste dans l'élève des moules, que pratiquent en grand, et avec succès, les habitants des communes d'Esnandes, de Charron et de Marsilly.

Le créateur de cette industrie si productive fut un marin irlandais, nommé Valton, qu'une tempête jeta, il y a environ neuf siècles, sur la côte qui avoisine la baie de l'Aiguillon. Pour récompenser les marins d'Esnandes qui l'avaient sauvé du naufrage, lui et les quelques moutons dont son bateau était chargé, il leur apprit l'art de cultiver et d'engraisser les moules, abondantes sur ces rivages, et inventa les *bouchots*, auxquels il donna la forme d'un V, première lettre de son nom, et qui ont fait et font encore la fortune du pays. De même, par des croisements intelligents, il créa, avec ses moutons, une bonne race de bêtes à laine, connue et appréciée sous le nom de moutons du marais. Il fut aussi le premier à établir l'usage des filets *d'alouret*, qui se placent sur les vasières, pour prendre, la nuit, des oiseaux de mer et de rivage, lorsque la lune n'éclaire pas l'horizon.

Les Bouchots, dont le nom, dérivé de l'irlandais, signifie clôture en bois, sont des parcs formés par des pieux de 3ᵐ de hauteur et de 0 20ᶜ de diamètre, que l'on enfonce dans la vase jusqu'à moitié, et à 2ᵐ de distance; on entrelace, dans ces pieux, des perches, qui forment une espèce de clayonnage, solide et capable de résister aux efforts de la mer. Ces parcs sont composés de deux rangs qui, en se réunissant, font un angle dont le sommet est toujours opposé à la mer, afin que les vagues ne les prennent jamais par le flanc; chaque rang a de 200 à 400ᵐ de longueur.

Les bouchots occupent tout l'espace compris entre la pointe de Saint-Clément et l'embouchure de la Sèvre, dans les cinq communes d'Esnandes, de Charron, de Marsilly, Nieul et Lhoumeau; il en existe aussi dans les deux communes d'Angoulins et de Chatelaillon, situées au fond de la baie de La Rochelle; ils représentent une étendue de plus de 12 kilomètres, et sont échelonnés sur quatre étages, auxquels sont assignés des usages différents, selon qu'ils sont plus rapprochés ou plus éloignés du rivage ; on les désigne sous les noms de : bouchots du bas ou d'aval, bouchots bâtards, bouchots milloins, bouchots d'amont, mots qui expriment la zône que chaque étage occupe sur le plan topographique de la baie.

Les bouchots du bas ou d'aval sont les plus éloignés du rivage, et ne découvrent qu'aux grandes marées; au lieu d'être palissadés, comme ceux des autres étages, ils ne sont formés que de simples pieux, espacés de 0m 33c environ ; ces pieux se trouvent dans la zone la plus favorable à la conservation du naissain des moules qui vient s'y attacher; partout ailleurs, ce naissain, composé de sujets excessivement délicats, serait trop souvent mis à sec, et pourrait difficilement résister à l'action prolongée du soleil, ou à celle des froids rigoureux. C'est donc sur ces points d'appui spéciaux qu'on laisse s'accumuler toute la semence destinée à garnir ensuite les palissades vides des étages que la mer découvre plus souvent. Vers le mois d'avril, cette semence, fixée en février et en mars, aux pieux solitaires des bouchots d'aval, égale à peine le volume d'un grain de lin, et prend le nom de naissain ; elle a, en mai, la grosseur d'une lentille ; en juillet, celle d'un haricot, et s'appelle alors renouvelain ; c'est le moment où les boucholeurs se rendent sur les points où sont plantés les pieux chargés de cette semence, qu'ils détachent et vont ensuite déposer dans les palissades destinées à les recevoir; et cela, après diverses opérations, qu'il serait trop long de décrire, et qui consistent à faire passer successivement la semence des bouchots bâtards dans les fascines vides des bouchots milloins qui découvrent pendant toutes les marées de mortes eaux, et où les moules se développent rapidement.

C'est ordinairement au bout d'un an de séjour sur ces bancs artificiels que les moules deviennent marchandes.

La pêche ou récolte des moules se fait au moyen de bateaux plats, d'une forme particulière, et dont la manœuvre est assez singulière; ces bateaux, nommés *acons*, ressemblent à une caisse ouverte; ils sont longs de 2m, larges et profonds de 0 50c; la planche du fond est ordinairement en bois de noyer, parce que ce bois est plus uni et plus propre à glisser sur la vase; celles des deux côtés sont généralement en sapin; la planche du fond se recourbe vers les deux tiers de sa longueur, en conservant toujours sa largeur, et forme un bec, qui tient lieu de proue; les planches des deux côtés sont coupées selon cette courbure; ces embarcations n'ont ni gouvernail, ni rames, ni voiles; pour y suppléer, celui qui la conduit se place à l'arrière, s'appuie, en dedans, sur le genou gauche, la jambe droite en dehors; il s'incline, vers l'avant, les deux mains sur les deux bords, la droite étant plus près du corps que la gauche; dans cette situation, qui le met en équilibre, il frappe la vase du pied droit; le bateau glisse avec autant de rapidité que de sûreté, et le conduit promptement où sa présence est nécessaire. Cette manœuvre est la même pour toutes les saisons; mais, pendant l'hiver, les pêcheurs chaussent une grosse botte, dite de mer.

Les moules se vendent, à peu près, pendant toute l'année; mais il y a une époque où la chair de ce mollusque est plus savoureuse, plus tendre qu'en toute autre saison ; cette période commence en juillet et se prolonge jusqu'en janvier ; c'est celle où il s'en expédie, pour la consommation, de très grandes quantités, notamment à Niort, La Roche-sur-Yon, Bordeaux, Tours, Orléans et Paris.

Un bouchot, bien peuplé, fournit, suivant la longueur de ses ailes, environ 90 charges de moules (la charge est de 50 kilog.). Un seul bouchot porte donc une récolte d'un poids de 4,500 kilog., et d'une valeur, en argent, de 630 fr., puisque chaque charge s'est vendue 7 fr., terme moyen, en 1899. A Charron, la charge s'est vendue 8 fr. 50.

Défalcation faite des frais divers auxquels donne lieu l'exploitation de cette industrie, et qui sont de 200 fr. en moyenne, par bouchot, il reste un bénéfice de 430 fr. pour chaque bouchot, soit, pour les 3,642 Etablissements de l'espèce exploités dans le quartier de La Rochelle, qui en compte le plus grand nombre, 1,566,000 francs ; mais ce chiffre considérable ne peut être considéré comme un bénéfice net, attendu qu'il faut en retrancher le prix de revient du bouchot, évalué à 500 fr., et dont il est nécessaire de faire le renouvellement au bout de 6 à 7 ans ; on peut par suite estimer à 300 fr. environ le produit net annuel d'un bouchot soit, pour la totalité, 1,092,600 fr. Ce chiffre considérable ne concerne que les bouchots du quartier maritime de La Rochelle, car dans le quartier de Rochefort, il existe 2,050 Etablissements de l'espèce, d'où il a été expédié, en 1899, 26,500 hectolitres de moules.

Valton, le pauvre marin irlandais, devenu le bienfaiteur et l'enrichisseur de la contrée qui le recueillit, devrait, comme le demandait, avec raison, l'an dernier, un journal de La Rochelle, avoir sa statue sur cette falaise d'Esnandes, qui vit son naufrage, et, d'où l'on découvre maintenant, depuis l'Aiguillon jusqu'à l'entrée de la rivière la Sèvre Niortaise, sur l'une et l'autre rive, vendéenne et charentaise, les innombrables bouchots dont il fut le créateur et l'initiateur de génie.

GÉOGRAPHIE ADMINISTRATIVE ET MARITIME

Comme on l'a vu, dans l'une des pages précédentes, le département maritime de la Charente-Inférieure a été constitué, en 1790, par la réunion de la plus grande partie de la Saintonge, de la presque totalité de l'Aunis et d'une petite partie du Poitou et de l'Angoumois ; il tire son nom du fleuve la Charente, qui le traverse dans toute sa largeur, du S.-E. au N.-O., avant de se jeter dans la mer, près de l'Ile d'Aix, et est formé par les six arrondissements géographiques de La Rochelle, Rochefort, Saintes, Saint-Jean-d'Angély, Jonzac et Marennes, lesquels comprennent 481 communes, dont 157 sont considérées comme maritimes, c'est-à-dire soumises au régime de l'inscription maritime. L'arrondissement de La Rochelle en a 28, celui de Rochefort 23, celui de Saintes 49, l'arrondissement de Saint-Jean-d'Angély 13, celui de Jonzac 10, et l'arrondissement de Marennes 34.

La France, on le sait, est divisée en cinq grands arrondissements maritimes, dans chacun desquels l'autorité supérieure est exercée par un vice-amiral, portant le titre de commandant en chef, préfet maritime, et qui est assimilé, pour les honneurs et préséances, au général de division, commandant un corps d'armée.

Chaque arrondissement comprend plusieurs sous-arrondissements.

A tout sous-arrondissement, autre que celui où réside le commandant en chef, est affecté un commissaire en chef de la marine (grade de capitaine de vaisseau ou colonel) qui en dirige les services, à l'exception de ceux de Marseille et du Havre, à la tête desquels est un contre-amiral. Le sous-arrondissement de la Corse est également placé sous l'autorité d'un capitaine de vaisseau, qui réside à Ajaccio.

Chaque sous-arrondissement est divisé, lui-même, en quartiers d'inscription maritime, qui sont subdivisés en préposats et syndicats.

Des officiers du commissariat de la marine, du grade de commissaire principal et de commissaire de 1re classe, suivant l'importance de leur service, ont la direction de chaque quartier ; ils prennent, pendant la durée de leurs fonctions temporaires, et quel que soit leur grade, le titre de commissaire de l'inscription maritime, et ont, sous leurs ordres immédiats, les agents qui, sous la dénomination de syndic des gens de mer, représentent l'autorité maritime, au chef-lieu du syndicat ; les syndics sont secondés par d'autres agents, portant le nom de garde maritime, et qui sont exclusivement chargés d'un service de surveillance et de police de la navigation, comme l'indique leur titre.

Les préposés à l'inscription maritime ne sont, par le fait, que des syndics auxquels on a laissé exceptionnellement une partie des attributions incombant aux commissaires de l'inscription maritime, qu'ils ont remplacés dans certaines localités.

Des agents spéciaux, dénommés inspecteurs des pêches, sont placés dans les quartiers où il existe un grand nombre de parcs à huîtres et d'établissements de pêche, sur le rivage maritime.

Il y a quelques années, un de nos ministres de la marine, voulant apporter des réductions dans le budget de son département, imagina de supprimer un certain nombre de quartiers maritimes, et d'en faire des préposats. L'économie obtenue, pour une vingtaine de suppressions de l'espèce, atteignit, à peine, le chiffre de 50,000 fr. ; mais, ces suppressions regrettables ont amené et amèneront, dans le service si complexe de l'inscription maritime, de nombreux inconvénients en présence desquels le département de la marine sera conduit, par la force des choses, à rapporter la mesure prise. Déjà, il est entré dans cette voie en rétablissant, au mois de mai 1900, le quartier de l'Ile-d'Yeu (Vendée) qui avait été transformé en préposat.

Il paraît que, dans le principe, quatre des quartiers maritimes de la Charente-Inférieure devaient être atteints par cette mesure : ceux de l'Ile de Ré, de l'Ile d'Oleron, de Saintes et de Marans. D'énergiques protestations et un examen plus approfondi de la question firent conserver les deux premiers, lesquels échappèrent ainsi au coup de sabre qui vint frapper Saintes et Marans où, depuis 1893, un simple préposat a remplacé le quartier d'autrefois.

C'est, d'ailleurs, dans les provinces de Saintonge, d'Aunis et de Poitou, que le système des classes ou de l'inscription maritime fut essayé, pour la première fois, par Colbert, en 1665.

Le littoral de la Charente-Inférieure appartient, en entier, au 4e arrondissement maritime, dont Rochefort est le chef-lieu, et qui a pour limites au N. l'étier de Beauvoir (Vendée), depuis son embouchure jusqu'au pont du Poirot ; au S. la frontière d'Espagne. Il est formé par deux sous-arrondissements, qui ont pour chefs-lieux Rochefort et Bordeaux. Le premier est composé de 156 communes, dont 37 appartiennent au département de la Vendée, et 119 à celui de la Charente-Inférieure.

Des 37 communes maritimes de la Vendée, et dont je n'aurai pas à m'occuper dans cette étude, 27 font partie des quatre quartiers d'inscription maritime de Noirmoutier, L'Ile-d'Yeu, Saint-Gilles et Les Sables-d'Olonne ; les 10 autres ont été rattachées au quartier de La Rochelle, lors de la suppression de celui de Marans, et de sa transformation en préposat.

Ces 119 communes, du département de la Charente-Inférieure, constituent cinq quartiers maritimes dont les chefs-lieux sont à l'Ile de Ré, La Rochelle, Rochefort, Marennes et l'Ile d'Oleron, deux préposats à Marans et Saintes; dix-sept syndicats : à Saint-

Martin, La Flotte, Ars et Loix, dans l'Ile de Ré, La Rochelle, La Pallice, Esnandes, l'Ile d'Aix, Fouras, Rochefort, Tonnay-Charente, Saint-Savinien, Marennes, La Tremblade, L'Eguille, Le Château et Saint-Pierre, ces deux derniers dans l'Ile d'Oleron, et vingt-deux stations de garde maritime, placées en diverses localités.

Le sous-arrondissement de Bordeaux qui, comme littoral, est plus étendu que celui de Rochefort, puisque ses limites vont jusqu'à la frontière d'Espagne, comprend six quartiers, dont celui de Royan appartient à la Charente-Inférieure, ainsi que les 32 communes qui le composent ; six autres communes, du même département, dépendent du préposat de Blaye, quartier de Pauillac (Gironde).

IVe ARRONDISSEMENT MARITIME

SOUS-ARRONDISSEMENT DE ROCHEFORT

Le sous-arrondissement de Rochefort a pour limites : au N. l'Etier de Beauvoir, dit de la Cahouette (Vendée), depuis son embouchure, jusqu'au pont du Poirot ; au S. le thalweg du canal du clapet de Bréjat, situé à 3 kilomètres dans le N.-O. du commencement de la commune de Saint-Palais.

Il est formé par les huit quartiers d'inscription maritime de l'Ile d'Yeu : Saint-Gilles-sur-Vie, Les

Sables-d'Olonne, l'Ile de Ré, La Rochelle, Rochefort, Marennes et l'Ile d'Oleron, et les deux préposats de Marans et Saintes.

Les trois premiers de ces quartiers maritimes appartenant au département de la Vendée, ne sont mentionnés ici que pour mémoire ; quant aux autres, on en trouvera la description dans les pages suivantes.

QUARTIER DE L'ILE DE RÉ

Ce quartier a pour limites tout le littoral de l'ile ; il se compose des quatre syndicats de Saint-Martin, La Flotte, Ars et Loix, lesquels comprennent 9 communes de l'arrondissement géographique de La Rochelle.

Au 1er janvier 1900, la population maritime de ce quartier se composait de 1,078 inscrits, classés comme suit : capitaines au long-cours : 11 ; maîtres au cabotage : 70 ; pilotes : 11 ; officiers-mariniers : 11 ; quartiers-maîtres : 31 ; matelots des trois classes : 395 ; novices : 77 ; mousses : 32 : impropres au service et hors de service (cinquantenaires) : 440

Les secours alloués, en 1899, aux nécessiteux du quartier, sur la Caisse des Invalides de la marine, se sont élevés à la somme de 1,350 francs, répartie entre 35 personnes.

Pendant la même année, 146 bateaux, jaugeant ensemble 1150 tonneaux, et montés par 471 hommes d'équipage, ont fait la pêche côtière, sur divers points du quartier. Cette pêche et celle à pied ont produit, en argent, 640,000 francs, somme dans laquelle les amendements marins figurent pour 120,000 francs.

Le quartier de l'Ile de Ré a fait, en 1899, 7 armements pour le cabotage, 63 pour le bornage, et 130 pour la pêche côtière.

Les paiements qu'il a effectués, en 1899, sur la Caisse des gens de mer, se sont élevés à 5,800 fr. 27 c. et ceux sur la Caisse des Invalides à 133,159 francs.

Sont attachés à ce quartier: 22 navires et 286 bateaux.

Au 1er janvier 1900, il existait, au quartier de l'Ile de Ré, 2,934 parcs à huîtres, dont quelques-uns sont abandonnés ou à peu près, pour diverses causes.

L'huître portugaise y réussit parfaitement, et donne lieu à d'importantes transactions commerciales.

A la date ci-dessus, il existait également, dans ce même quartier, 152 écluses ou réservoirs à poissons, en pleine exploitation, et dont les produits sont expédiés à La Rochelle et dans les localités voisines, pour y être vendus.

SYNDICAT DE SAINT-MARTIN

Ce syndicat est formé par les trois communes de Saint-Martin, Le Bois et la Couarde, dont les deux premières appartiennent au canton de Saint-Martin, et la dernière à celui d'Ars.

SAINT-MARTIN

Population : 2,025 habitants.

Superficie territoriale : 467 hectares.

L'origine de Saint-Martin est très ancienne ; elle paraît remonter au VIIe siècle, où Eudes, duc d'Aquitaine, jeta dans l'Ile de Ré les premiers fondements de cette localité qu'il consacra à Saint Martin ; ses accroissements furent lents, et ce n'est que vers le milieu du XVe siècle qu'elle devint place forte et commença à figurer dans l'histoire.

La place de Saint-Martin n'avait pas une importance considérable lorsqu'en 1627 elle fut défendue par le maréchal de Thoiras, gouverneur de l'Ile, qui y soutint le siège mémorable de 140 jours, qui l'a rendu célèbre : elle fut fortifiée en 1682, sur le plan qu'en donna Vauban ; en 1689, on perfectionna les ouvrages exécutés. Le front de ces fortifications, tourné vers la mer, est magnifique. La citadelle actuelle, qui a remplacé les cendres glorieuses de celle de Thoiras, forme un carré parfait, sur le contour duquel s'élèvent quatre bastions, trois demi-lunes et une contrescarpe ; un fossé profond l'entoure et est surmonté par un chemin couvert ; elle commande le port, la ville et la campagne ; c'est un monument ayant toute la sévérité de l'architecture militaire, et qui, depuis quelques années, a été mis à la disposition du Ministère de l'Intérieur, lequel en a fait un dépôt, pour les condamnés aux travaux forcés et les récidivistes, qui doivent subir la peine de la relégation au-delà des mers.

A l'extérieur de cette forteresse, et dans la partie

faisant face à la porte d'entrée, il existe un petit port qui servait jadis à débarquer les vivres et les munitions destinés à la garnison de Saint-Martin ; il est presque comblé et ne peut recevoir que les chalands et embarcations de l'Etat, qui viennent y prendre périodiquement les forçats et les relégués, détenus temporairement à la citadelle, pour les transborder, en rade de Saint-Martin, sur les bâtiments de servitude du port de Rochefort, qui les portent ensuite au navire affrété mouillé sous l'Ile d'Aix, et chargé de les conduire à la Guyane française ou à la Nouvelle-Calédonie.

La ville de Saint-Martin, dont Louis XIV fit le centre administratif et militaire de l'Ile, s'élève en amphithéâtre et s'étend, demi circulairement, dans un rayon de 500m environ; ses rues sont étroites, les quatre principales dirigées du S. au N. et les autres de l'E. à l'O. ; des souvenirs historiques se rattachent à plusieurs des maisons de cette ville, dont l'une appartint à Sully.

Le port de Saint-Martin est le plus important de l'Ile. Creusé en 1537, sur un fond de roches vives, ce ne fut qu'en 1685 que l'on revêtit ses quais de maçonnerie et que des cales de débarquement y furent disposées; la construction des maisons qui bordent les rives du port date de l'an 1600.

Cet établissement maritime se compose d'une rade, d'un avant-port, d'un port d'échouage et d'un bassin à flot.

La rade est située à 2 kilomètres de l'entrée entre la roche des Hattes, la balise du Couronneau et le banc du Preau ; son étendue est d'environ 2,000 mètres carrés, elle a des profondeurs de 12 à 5 mètres, et offre un abri assuré contre les coups de vent du S.-O. et de l'O.; le fond, qui se compose de vase, mêlée de sable et de coquilles, y rend la tenue bonne; toutefois, quand le vent passe brusquement au N.-O., la mer y creuse beaucoup, surtout avec le jusant.

Le chenal qui conduit de la rade dans l'avant-port passe sur des fonds de roches, recouverts de vase, qui s'étendent jusqu'à 350m environ de l'entrée et assèchent de 1m, aux basses mers de vive eau. Des deux côtés de ce chenal, la côte est bordée de roches plates et nues, qui assèchent à plus d'un demi mille du rivage; les plus hautes sont du côté E. où elles forment la pointe du Couronneau.

L'avant-port, dont la longueur est de 120m et la largeur de 50, est abrité au N.-O. par un môle, en maçonnerie, de 130m de longueur, dirigé vers le N.-E. quart E. et dont le musoir est éclairé, depuis le 1er juin 1884, par un petit feu vert; le côté S. est formé par un bastion des fortifications, à l'entrée duquel on a construit, en 1881, un pan coupé en remplacement d'un angle des fortifications qui gênait les manœuvres des navires, et un éperon de 27m de longueur, destiné à protéger l'avant-port contre les vents d'E. Sur l'angle du bastion on a élevé, en 1844, une tour en maçonnerie, surmontée d'un feu fixe rouge, servant à guider, pendant la nuit, les navires arrivant du large; ce feu de port a été allumé le 1er mars 1845, et a remplacé le fanal, à feu blanc fixe, qu'il y avait auparavant.

L'avant-port communique, par une ouverture de 18m, pratiquée dans les fortifications, avec le port d'échouage qui s'étend vers le S.-S.-O. sur une longueur de 250m environ et une largeur moyenne de 30, entre les murs de quais; au pied de l'un de ces quais, il existe un gril de carénage, ayant 52m de longueur.

Le bassin à flot est situé dans l'O. du port d'échouage; il est formé de deux branches à angle droit, dont l'une, dirigée vers le N.-E. quart E., a 225m de longueur, sur 42 de largeur, et l'autre, dirigée vers le S.-E. q. E., a 100m de longueur, sur 32 de largeur. Ce bassin, qui fut creusé en 1837, dans les fondations d'un quartier rasé de la ville, et terminé en 1847, communique avec le port, dans la partie N., par une écluse ayant 12m de largeur, dont le seuil est à 0m80 au-dessus du zéro, et, dans sa partie S., par un aqueduc de 1m50 d'ouverture, qu'on a laissée dans l'ancienne écluse, pour servir à chasser les vases du fond du port; ce bassin, dont le plafond est dragué à la cote 1,30, a une superficie de 1 hectare 15 ares, il est entouré de quais ayant 547m50 de développement. Une cale d'abatage en carène, de 70m de longueur, est établie au quai O., et une cale de construction est installée dans la partie E.

Le bassin à flot de Saint-Martin eut, à l'origine, son entrée au fond du port d'échouage, c'est-à-dire dans la partie la plus commode, et à proximité du centre du commerce et de l'industrie de la localité; cette entrée, bien comprise, permettait aux navires venant de la rade ou du large, de manœuvrer facilement, sur un parcours assez étendu, et sans beaucoup diminuer leur vitesse avant d'y arriver. Cet état de choses dura un certain nombre d'années, à la satisfaction générale, et surtout à celle des navigateurs; mais, un jour on apprit, non sans surprise, qu'il était question de changer l'entrée du bassin et de la mettre près de l'ouvert du port, ce qui parut étrange. Le commerce, les pilotes et les marins s'émurent de ce projet qui provoqua de nombreuses et justes critiques, lesquelles ne le firent ni abandonner, ni même ajourner, parce qu'il s'inspirait de considérations touchant à des intérêts particuliers, que l'on voulait favoriser.

L'entrée du bassin fut donc placée où elle est actuellement, et à l'entrée du port d'échouage, à l'extrémité du petit quai partant du point où était jadis la chaîne que l'on tendait le soir, pour fermer le port pendant la nuit.

Cette modification n'a pas été heureuse, et elle n'a créé que des inconvénients pour les navires, à voiles, d'un fort tonnage, qui, après avoir pénétré dans le port, voudraient entrer immédiatement au bassin, afin de ne pas échouer. Et si Saint-Martin recevait encore, comme autrefois, beaucoup de grands terre-neuviers, pour y charger des sels dans le bassin, au moyen d'allèges qui les leur apportaient, des plaintes se seraient produites ou se produiraient, en raison de ce qu'il est difficile pour un bâtiment arrivant dans le port, par grosse mer, de ne pas faire d'avaries, lorsqu'il lui faut, à peine engagé entre les deux murs formant l'entrée du port, venir *brusquement* sur tribord, avec toute sa vitesse, pour trouver l'entrée du bassin.

On parle de rétablir la dite entrée où elle était primitivement, ce qui serait rationnel, mais coûteux.

Le port a souvent du ressac l'hiver, avec des vents de N.-O. et de S.

Saint-Martin fut jadis un centre commercial et maritime très important; de nombreux navires, tant français qu'étrangers, y apportaient, des pays du N. de l'Europe, des cargaisons de bois, fers, goudrons, etc. C'était alors l'entrepôt et le marché de la région pour ces marchandises. L'industrie salicole amenait également, dans son port, beaucoup de navires, qui venaient y charger des sels verts, pour la pêche de la morue; mais, depuis un demi-siècle environ, les armateurs des ports de Dieppe, Fécamp, Granville, Paimpol, Binic et autres, n'envoient plus que très rarement leurs terre-neuviers prendre des sels à Saint-Martin, parce qu'ils ont, à meilleur compte, les sels étrangers, qui font aux nôtres une concurrence ruineuse, laquelle a amené la mévente de ce produit, dont le cours est tombé à 7 francs les 1,000 kilogrammes, pour les sels de l'Ile de Ré.

Les chemins de fer et les bateaux à vapeur ont, en même temps, porté un coup terrible au cabotage, par navires à voiles, qui était autrefois très actif à l'Ile de Ré. On trouvera un signe de la décadence commerciale de Saint-Martin dans ce fait que: il y a cinquante ans à peine, le service des Douanes était dirigé dans cette localité par un Sous-Inspecteur, qui avait, auprès de lui, un receveur principal, et un personnel de plusieurs vérificateurs et commis, tandis qu'à présent, un seul fonctionnaire, le receveur particulier, suffit pour assurer le service. Cette décadence regrettable s'est produite, dans l'Ile, ailleurs qu'à Saint-Martin, et en présence de la diminution considérable constatée dans les expéditions qui se font par navires caboteurs, l'Administration des Douanes a, tout récemment, remplacé les deux receveurs particuliers des bureaux de La Flotte et de Loix, par de simples receveurs-buralistes.

Parmi les curiosités de Saint-Martin, on peut citer, après la citadelle : 1° les casernes, situées à l'E. de la ville, et qui pourraient contenir environ 1,100 hommes; elles n'ont actuellement que les quatre compagnies du 123e régiment d'infanterie qui, avec une batterie d'artillerie, composent la garnison de cette place ; en face, s'étend une superbe esplanade, dont le côté gauche est planté d'une double et belle rangée d'ormeaux ; 2° les fortifications, qui entourent la ville ; 3° les remparts, formant une très agréable promenade ; 4° l'arsenal, bel établissement militaire, dont le portique sculpté est du XVIe siècle ; 5° l'église paroissiale, construction du XIIe siècle, avec crypte, soutenant les restes de l'ancienne église, qui fut ruinée, en partie, par la flotte anglo-hollandaise, en 1696 ; la longueur du transept de cet édifice religieux est de 37m, et sa largeur de 10m ; les mâchicoulis ont une hauteur de 7m 80 au-dessus du sol ; à l'extérieur, et dans la partie S.-E., s'élève une tourelle, couronnée par une flèche conique, ayant 4m 50 de hauteur. Les ruines de la vieille église aérienne sont entretenues, avec soin, car elles servent d'amer aux navigateurs venant par le Pertuis Breton. Le clocher, construit en 1784, n'a rien de remarquable.

L'église de Saint-Martin renferme les tombeaux de plusieurs grands personnages. Les quatre piliers du chœur contiennent les sépultures de quatre des gouverneurs de l'île : MM. de Menevillette, Houël, de Princé et d'Aulan ; on trouve aussi, dans la dite église, les tombeaux du baron de Chantal, père de Mme de

Sévigné, et des deux frères de Thoiras, tués, en 1627, à Sablanceaux ; 6° l'hôpital civil et militaire Saint-Honoré, construit en 1705, et qui a 105 lits ; il est desservi par des Sœurs de la Charité ; 7° le théâtre, ancienne capucinière du XVIIe siècle, et qui est assez mal distribué, comme salle de spectacle ; derrière cet édifice, sont les ruines de l'Hôtel de Ville, qui fut entièrement détruit, par un incendie, ainsi que ses archives, dans la nuit du 20 janvier 1891 ; il fallut alors transporter ailleurs les services municipaux, ainsi que le Tribunal de Commerce et la Justice de Paix, qui occupaient une partie de l'ancien immeuble, et que l'on installa provisoirement dans la belle et grande maison, dite Hôtel des Cadets. Cet hôtel, qui tient une des façades de la place d'Armes, recevait les cadets-gentilshommes que le roi faisait instruire pour le service de la Marine. L'hôtel est divisé en trois parties ; la partie centrale où sont réunis les services de la Poste et du Télégraphe ; l'extrémité O., louée à des particuliers ; le côté E., où l'on a dû loger, très à l'étroit, les bureaux de la Mairie, le Tribunal de Commerce et la Justice de Paix, en attendant l'époque où la commune de Saint-Martin, dont l'insuffisance des ressources n'a pas permis, jusqu'à présent, de réédifier son Hôtel de Ville, pourra l'entreprendre.

On peut aussi mentionner la place d'Armes, jolie promenade, située au centre de la ville ; elle est entourée de quatre allées d'ormeaux, et fut tracée par Vauban, en 1682 ; les nouvelles écoles publiques et le temple du culte réformé, bâti en 1836, époque à laquelle il y avait encore, dans l'Ile de Ré, un certain nombre de protestants, qui diminue chaque jour. A Saint-Martin et à La Flotte, qui sont maintenant les deux seules communes de l'île où il en existe, ce nombre n'est plus que de quelques unités.

Saint-Martin est la patrie du célèbre médecin Elie Richard, du capitaine de vaisseau Baudin, et du général baron Dumont; ce dernier, né en 1806, et mort en 1889.

LE BOIS

Population : 1,578 habitants.
Superficie territoriale : 1,218 hectares.

Cette commune, qui tire vraisemblablement son nom de ce qu'elle avait autrefois beaucoup de bois, n'est qu'à une très petite distance de celle de Saint-Martin. Les deux villages du Rouland et du Morinand, peu éloignés du chef-lieu, en font partie, mais le second est rattaché à Saint-Martin, pour le service du culte.

Le Bois est un joli bourg, presque tout en longueur, et que traversent deux rues principales ; le sol est très productif; les vins rouges de cette localité ont la réputation d'être les meilleurs de l'île.

On a trouvé, sur le territoire de la dite commune, des vestiges d'une chapelle qui était desservie autrefois par les moines de l'abbaye des Châteliers. En 1821, on découvrit, en pratiquant des fouilles, une grande quantité d'urnes cinéraires, ayant des formes différentes, ainsi que des vases de plusieurs sortes ; quelques-uns de ceux-ci contenaient des ossements humains, en partie calcinés; on y trouva également une statue de pierre, figurant une prêtresse, ayant un agneau entre ses bras, ainsi que diverses autres curiosités du Moyen-Age. Vers la même époque, on découvrit, en faisant des fouilles, près de la chapelle mentionnée ci-dessus, des vases et une quantité assez considérable de curiosités, remontant au temps où les romains habitaient l'Ile.

L'église du Bois, reconstruite en 1833, n'a rien d'intéressant.

Il est peu de personnes, à l'Ile de Ré, ne connaissant la Tour Malakoff, du Bois, et son propriétaire M. Théodore Phelippot, un chercheur infatigable, qui a réuni dans un vaste musée, auquel il a donné le nom de Tour Malakoff, de fort belles collections, de tous genres, monnaies, médailles, ornithologie, parchemins, manuscrits divers, etc., qu'il montre, avec amabilité, aux visiteurs. On remarque encore, au Bois, la belle plage du Gros-Jonc, qui serait parfaitement située pour un établissement de bains de mer.

LA COUARDE

Population : 1,193 habitants.
Superficie territoriale : 875 hectares.

Cette commune, distante de 8 kilomètres environ de son chef-lieu de canton, est sur la route départementale qui conduit à Ars ; elle n'a de remarquable que sa belle plage où l'on a songé, plusieurs fois, à créer un établissement de bains de mer, dont l'emplacement ne pourrait être mieux choisi, cette plage, qui s'étend sur tout le littoral O. de la commune, étant recouverte d'un sable très fin, et n'offrant aucun danger pour les personnes aimant à se livrer, en toute sécurité, au plaisir de la natation.

Depuis quelques années, il vient à La Couarde, au cours de la saison estivale, un assez grand nombre d'étrangers qui trouvent à s'installer, commodément et à peu de frais, dans des maisons du bourg, qu'une très petite distance sépare de la plage près de laquelle on a bâti plusieurs châlets, dont l'un porte le nom de Casino.

C'est à La Couarde que l'Administration entreprit, en 1840, d'importants semis dans les dunes qui, sur une assez grande étendue, bordent le littoral de la commune, afin d'arrêter la marche envahissante des sables; l'essai a parfaitement réussi, car il y a déjà, à cet endroit, une surface de 40 hectares de sables, couverts de pins maritimes, qui formeront, plus tard, une magnifique forêt. Vers le milieu du bois on a construit, pour le logement du garde forestier qui en a la surveillance, une maisonnette que l'on a baptisée : Cabane Henri IV.

Le territoire de La Couarde contient beaucoup de marais salants et quelques terres arables qui produisent de l'orge et de la luzerne; la vigne et l'asperge sont cultivées, dans la partie sablonneuse.

En parcourant ce territoire, on aperçoit plusieurs anciennes maisons seigneuriales, dont il ne reste plus que des ruines; tels sont : La Passe, les Prises, la Davière, les Marattes et Bernonvi[illegible] De Bernonville

R.F.

sort un petit ruisseau qui va se perdre dans la mer, au lieu appelé : Pont de Jéricho.

La Couarde est la patrie de Mgr Valleau, qui fut évêque de Quimper, et de Léon, né le 17 novembre 1835, mort le 24 décembre 1898.

SYNDICAT DE LA FLOTTE

Le syndicat de ce nom est formé par les deux communes de La Flotte et de Sainte-Marie, qui font partie du canton de Saint-Martin.

LA FLOTTE

Population : 2373 habitants.

Superficie territoriale : 1323 hectares.

La Flotte, ancienne résidence des Mauléons, qui y avaient fait bâtir un château, tire son nom du mot latin *navigium*, lequel lui vient de sa rade sûre et de son port commode où les navires venaient chercher un abri dans les tempêtes.

Ce port, situé sur la côte N. de l'île, à l'O. de la pointe des Barres, et au fond d'une petite baie, fut construit de 1586 à 1596 ; ses abords offrent un mouillage d'une bonne tenue par des fonds de 3 à 4m, aux plus basses mers. M. de Sénac, intendant de la province d'Aunis, le fit approfondir, en 1762, et entourer de quais ; aussi les habitants, voulant perpétuer le souvenir de leur bienfaiteur, firent graver, en

1773, sur une plaque de marbre, une inscription commémorative; cette plaque, après divers déplacements, a été scellée, en 1856, dans le mur, dit de la Barbette, près de la jetée N.

Le port de La Flotte se compose d'un avant-port, ayant une superficie de 45 ares, abrité naturellement, dans l'E., par la pointe des Barres, et couvert à l'O. et au N., par un môle circulaire de 170ᵐ de longueur, construit de 1840 à 1843, et à l'intérieur duquel il existe un petit gril de carénage; 2° d'un port d'échouage, dont la superficie est de 58 ares; sa forme est rectangulaire; il a 130ᵐ de longueur sur 40ᵐ de largeur moyenne, et est entouré de quais réguliers, avec cinq cales, destinées à faciliter l'embarquement et le débarquement des marchandises; il est limité au N. par une jetée, longue de 50ᵐ, large de 4ᵐ, servant de quai. Ce port, dont l'entrée, qui a 13ᵐ de largeur, est signalée, la nuit, par un feu fixe blanc placé dans une tour, en maçonnerie, à l'extrémité du môle, peut recevoir des navires de 250 tonneaux; son tirant d'eau est de 4ᵐ33 en hautes mers d'équinoxe; de 3ᵐ40, en hautes mers de vives eaux, et de 2ᵐ40, en marées de mortes eaux. La longueur totale des quais du port d'échouage et du môle est de 543ᵐ; les quais du port sont desservis par un embranchement de la voie ferrée du tramway à vapeur, allant de la pointe de Sablanceaux à l'autre extrémité de l'île.

Le port de La Flotte eut autrefois quelque importance commerciale, alors que les chemins de fer et les navires à vapeur n'étaient pas encore venus faire à la navigation à la voile une concurrence qui a ruiné, à peu près, le petit cabotage, alors aussi que les négociants du N. et de l'O. de la France, notamment ceux de la Bretagne, envoyaient, chaque année, leurs navires, dans le dit port, pour y charger des vins du pays. Actuellement, tout le commerce local se fait, en quelque sorte, par La Rochelle, où plusieurs bateaux à vapeur et chaloupes, armées au bornage, transportent, chaque jour, les vins et autres marchandises, qui sont ensuite expédiés sur le lieu de leur destination par les voies ferrées; ce port ne reçoit plus maintenant que de rares caboteurs, d'un faible tonnage, qui y apportent des tuiles, des soufres et divers autres produits, pour la consommation locale, et des bateaux armés au bornage, c'est-à-dire faisant le transport de certaines marchandises et denrées, dans un rayon maximum de 25 lieues. Toutefois, il est resté port de pêche, et sa flottille de grandes chaloupes pontées, qui se livrent à cette industrie, s'accroît même chaque année. Indépendamment de la pêche au chalut, les marins de La Flotte font aussi celle spéciale du thon, pendant l'été. La pêche des pétoncles, qui emploie un assez grand nombre de bateaux, se pratique du 1er novembre au 1er mars.

Il n'y a de remarquable à La Flotte que son église, primitivement bâtie par les Anglais, et ruinée en 1575; relevée par les habitants, on l'érigea en paroisse en 1598; agrandie en 1741, elle fut, de nouveau, ruinée par la Révolution, en 1793; depuis lors, elle a subi divers remaniements et restaurations, qui en ont fait l'une des plus vastes et des plus jolies églises du département; en 1895, une personne, originaire de l'île, a fait exécuter, à ses frais, à l'intérieur et dans toutes les parties de cette église, de très belles peintures murales, dont quelques-unes, comme les médaillons du rosaire et la voûte du sanctuaire, ont un véritable cachet artistique.

A 2 kilomètres de La Flotte, sont les ruines de l'abbaye de Saint-Laurent ou des Châteliers, du XIIe siècle, qui fut dévastée et brûlée, tour à tour, par les Anglais et les protestants; ces ruines, entretenues par le service des ponts et chaussées, servent d'amer aux navigateurs.

Près de là, est le fort La Prée, bâti à deux reprises, en 1625 et 1627, par le célèbre ingénieur d'Argenson, et que les Anglais attaquèrent inutilement. Ce poste militaire, que l'on excepta de la démolition des fortifications de l'Ile de Ré, ordonnée par Louis XIII, après la reddition de La Rochelle, fut fortifié, à diverses reprises, notamment en 1655, 1673 et 1680; mais, comme les travaux exécutés manquaient d'ensemble et d'uniformité, M. Ferry, directeur des fortifications de l'Aunis, en fit raser une partie, en 1684; on conserva, en entier, l'ancien donjon avec les logements et les ouvrages qui sont du côté de la mer; le tout fut enveloppé d'un chemin couvert et d'un glacis.

Le fort La Prée où un détachement d'artillerie tient garnison, a un petit port envasé, par lequel s'effectuait le débarquement des voyageurs et des marchandises, venant de La Rochelle, avant l'établissement du service régulier et quotidien du bateau à vapeur, qui existe maintenant sur La Rochelle, dans les deux ports de Saint-Martin et de La Flotte.

La Flotte, dont toute la population ne forme qu'une

seule agglomération, est la patrie du député conventionnel Gustave Dechézeaux, qui, à l'occasion d'une prétendue conspiration contre la République, fut condamné à mort, en 1794, par le tribunal révolutionnaire de Rochefort, et exécuté, dans cette ville, sur la place de la Liberté, le 29 nivôse an II; c'est aussi celle du général Goguet, qui, soldat aux premières batailles de la République, était déjà général de brigade, à l'armée de Dumouriez, où il périt dans un combat.

SAINTE-MARIE

Population : 2,608 habitants.

Superficie territoriale : 1,350 hectares.

Située au point le plus S. de l'Ile de Ré, la commune de Sainte-Marie est la plus importante de cette île, par le chiffre de sa population; c'est aussi la plus ancienne et la plus riche; elle tire son nom du fameux monastère de Notre-Dame, bâti, en l'an 735, par Eudes, duc d'Aquitaine, et sur l'emplacement duquel on a mis une statue, en 1862; elle se compose du bourg chef-lieu et des deux grands villages de Rivedoux et La Noue. Son église primitive, qu'avait fondée un duc d'Aquitaine, fut détruite par les Normands, et reconstruite au IXe siècle. Au XIVe siècle, les ravages du temps en ayant presque fait une ruine, on entreprit sa restauration, qui permit d'y célébrer les cérémonies du culte jusque vers le milieu du XIXe siècle, où, après bien des tiraillements, sa reconstruction fut décidée, car elle tombait de vétusté. C'est le 23 novembre 1862, que l'on posa la première pierre de la nouvelle église. On a pu conserver le clocher de l'ancienne, bien que sa construction remonte au xve siècle; ce beau clocher, que les navigateurs aperçoivent d'assez loin, et auxquels il sert d'amer, repose sur une tour à huit pans inégaux, qui est couronnée par une plate-forme, du milieu de laquelle s'élève une flèche, à base octogonale, dont le contour a 5m50 de diamètre; la hauteur de la base prismatique au-dessus de la plate-forme, est de 2m20, et celle de la pyramide, qui surmonte cette base, est de 18m; le clocher est posé sur le front de l'église.

Le territoire de cette commune est très fertile et produit les meilleurs vins blancs de l'île, ainsi que des asperges, dont il s'expédie de grandes quantités au continent.

A part le clocher de l'église, il n'y a rien de remarquable au bourg chef-lieu, à l'O. duquel, et dans les dunes qui en sont voisines, on voit une très petite chapelle, dite de Saint-Sauveur, qui fut fondée à la suite d'un vœu, et où un pélerinage se tient chaque année, le 6 août.

Rivedoux. — Le gros village de ce nom est situé sur la côte E. de l'île, à 1 mille environ dans le S. du fort La Prée, et au fond d'une anse de sable, abritée par la pointe de Sablanceaux, qui en est à 1,500m; des pêcheurs furent ses premiers habitants. Rivedoux formait, au xve siècle, une seigneurie particulière, qui subsista jusqu'à la Révolution.

En 1843, on a construit, sur la plage de ce village, un petit port, constitué par une jetée de 47m de longueur, et dans lequel se chargent, pour le continent, quelques-uns des produits du pays ; on y trouve à peine 2m d'eau, aux pleines mers des marées ordinaires, ce qui n'en rend l'accès possible qu'à des navires et bateaux, d'un faible tonnage. Quand le manque d'eau ne permet pas aux embarcations d'approcher le quai de Rivedoux, elles viennent à l'appontement de la pointe de Sablanceaux, au moyen duquel se font le service postal et des communications quotidiennes entre l'île et la côte de La Rochelle. C'est à l'amorce de cet appontement que se trouve la tête de ligne du tramway qui dessert l'île de Ré.

A quelques centaines de mètres plus haut, on voit le fort de Sablanceaux, qui a été assez récemment restauré.

Les navires, d'un tirant d'eau de 5 à 6m, ont un bon mouillage devant Rivedoux.

La Noue. — La Noue est le second gros village faisant partie de Sainte-Marie, d'où il est distant de moins de deux kilomètres ; son nom lui vient, dit-on, de celui du général royaliste La Noue, qui y avait des propriétés. Ce village, où l'on arrive par une jolie allée, plantée d'ormeaux, et autour duquel s'est groupée une population d'environ 250 habitants, n'a rien de remarquable.

Il y a une vingtaine d'années, il vint à l'idée des habitants de La Noue, de pétitionner, à l'effet d'obtenir que leur village, malgré son peu d'importance, comme population, et sa proximité du bourg chef-lieu, fut érigé en commune ; ils s'engageaient à construire une mairie, une église, et à avoir un cimetière ; le groupe scolaire étant déjà créé, il n'y avait pas à s'en occuper ; la dépense devant en résulter ne les effrayait pas, car les habitants de ce village ont tous de l'aisance ; mais le projet d'érection n'a pu aboutir, en raison de la petite distance qui sépare les deux centres de population, et, d'ailleurs, si l'on avait donné satisfaction à La Noue, il fallait également ériger en commune Rivedoux, plus important, éloigné du chef-lieu de 3 kilomètres, et dont les habitants n'eussent pas manqué de demander, à leur tour, à jouir des mêmes avantages, ce qui eut amené le démembrement complet de Sainte-Marie, et une augmentation, que rien ne justifiait, du nombre, déjà considérable, des communes de l'Ile de Ré.

SYNDICAT D'ARS

Ce syndicat se compose des trois communes d'Ars, Saint-Clément-des-Baleines et Les Portes, qui font partie du canton d'Ars.

ARS

Population : 1,727 habitants.
Superficie territoriale : 1,016 hectares.

Aucun document ne permet d'établir, d'une manière précise, l'origine de cette localité, ni l'étymologie de son nom. Son territoire étant plus bas que le niveau de la mer, ce qui l'exposait périodiquement à des inondations, elle ne dut, pour cette cause, avoir d'habitants qu'après les autres communes de l'île. Toutefois, son église et son clocher, ouvrage des Anglais, donneraient à penser qu'au XIVe siècle, elle avait déjà une certaine importance.

Avant la révolution de 1789, Ars était le siège d'une seigneurie, qui comprenait Loix et Les Portes. Cette seigneurie fut successivement occupée par les ducs d'Aquitaine, les Mauléon, les vicomtes de Thouars, la maison de Sancère de Beuil, et, en dernier lieu, par le collège Mazarin.

Le bourg d'Ars, chef-lieu du canton de ce nom, est situé au fond d'une baie vaste et commode où les navires trouvent, en tout temps, un mouillage sûr; le territoire de la commune contient beaucoup de marais salants, qui forment la principale branche de commerce de cette localité; l'orge y croît également, ainsi que la pomme de terre; les vignes, peu nombreuses, donnent des produits de médiocre qualité.

Les canaux qui aboutissent aux marais salants se nomment étiers; c'est là où les bâtiments d'un faible tirant d'eau et les barques du pays, viennent enlever le sel, à des embarcadères, disposés à cet effet; les navires, dont le tonnage ne permet pas de charger entièrement à l'étier, y prennent une partie de leur cargaison, qu'ils vont finir dans la baie du Fief, nommée aussi Fier, qui a une superficie de 600 hectares environ, et au fond de laquelle s'ouvre le port d'Ars, entre les côtes des Portes et de Loix; l'entrée, large de 750m, est barrée par des rochers, découvrant aux basses mers de vives eaux; en arrière de ce seuil, le remous des courants de flot a creusé une fosse, appelée Le Trou, longue de 700m, et large de 200, dans laquelle il reste 2m50 d'eau, aux plus basses mers. Deux feux, l'un vert, l'autre blanc, signalent, la nuit, l'entrée du Fier; leur alignement permet de suivre le chenal, compris entre le banc de La Sablière et les roches de Loix.

Le port, où il existe un gril de carénage, et une cale de construction, de 36m de longueur, est pourvu de quais réguliers; il peut recevoir des navires de 150 à 200 tonneaux, et d'un tirant d'eau de 3m 33. Un bassin de chasse, ayant une superficie de 1 hectare 20 ares, sert à remiser les bateaux désarmés, qui encombrent le port, pendant l'hiver; une écluse, de 8m de largeur, permet de l'utiliser comme bassin à flot. On trouve, dans ce bassin, un mur de quai de 30m.

L'église d'Ars, qui date des XIIIe et XIVe siècles, et est placée sous le vocable de Saint-Étienne, mérite de fixer l'attention par sa distribution intérieure et son clocher élevé, de construction anglaise, comme sa flèche; ce clocher est un beau monument d'architecture; aussi, l'entretien et les réparations en sont-ils confiés au service des ponts et chaussées, car il sert d'amer aux navigateurs pour entrer dans le Pertuis d'Antioche. Le 25 janvier 1840, la foudre tomba sur cette flèche et y fit une brèche de 6m de longueur sur 1m de largeur, dans la partie E.-N.-E.; les dégâts furent aussitôt réparés. Cette église renferme un grand nombre de sépultures du XVIIIe siècle; c'est la plus curieuse de celles de l'Ile de Ré, et elle offre un sujet d'intéressantes études.

Avant d'arriver à Ars, on trouve l'isthme du Martray,

langue de terre étroite où fut édifié, en 1675, sur les plans de Vauban, le fort du même nom, qui n'a qu'une importance secondaire.

C'est entre Ars et Le Martray que Saint-Luc et Thoiras vainquirent le duc de Soubise, en 1625.

SAINT-CLÉMENT-DES-BALEINES

Population : 866 habitants.

Superficie territoriale : 764 hectares.

Cette commune, de création assez récente, faisait jadis partie, au civil, de celle d'Ars, sous la dénomination de Section des Villages. Une loi du 11 mars 1874 l'a érigée en municipalité distincte, sous le nom de Saint-Clément-des-Baleines; elle avait déjà été érigée en paroisse en 1843, après la construction de son église, qui n'a rien pouvant attirer l'attention, et fut bâtie de 1842 à 1843.

Outre son chef-lieu, peu important, la commune de Saint-Clément comprend les cinq villages de La Tricherie, du Grivaud, du Chabot, du Godinaud et du Gilieux.

C'est sur le territoire de cette commune, qui produit des vins, de l'orge et du sel, que se trouvent le beau phare des Baleines, le sémaphore situé dans son voisinage, et la station de canot de sauvetage.

LES PORTES

Population : 800 habitants,

Superficie territoriale : 846 hectares.

Le nom de cette localité lui vient, dit-on, de ce

qu'éloignée des autres communes du canton, et étant dépourvue des choses les plus nécessaires à la vie, il fallait tout y porter; elle est située à l'extrémite N.-O. de l'Ile, qui était autrefois l'un des points les plus attaquables; aussi servit-elle de lieu de débarquement lorsqu'en 1294, les troupes anglaises, sous le commandement du duc de Bretagne, firent une descente à l'Ile de Ré. Dans cette expédition, les Anglais incendièrent les habitations et ravagèrent les campagnes; le chef-lieu de cette paroisse eut particulièrement à souffrir des dévastations commises.

Le bourg des Portes, que l'on a surnommé le *bout du monde,* n'offre rien d'intéressant si ce n'est la pointe du Fier avec son joli bois de pins, donnant, à la fois, sur la baie de ce nom et sur le Pertuis Breton. Son territoire produit d'excellentes asperges et de nombreux marais salants; on y cultive aussi la vigne. L'église, qui n'a rien de remarquable, est sous le vocable de Saint-Eutrope.

SYNDICAT DE LOIX

Le Syndicat de Loix se compose de la seule commune de ce nom, qui appartient au canton d'Ars.

LOIX

Population : 957 habitants.
Superficie territoriale : 656 hectares.
La terre de Loix, dont les tempêtes et la violence de

la mer ont fait une presqu'île, communique avec les marais salants qui couvrent son territoire, par le chenal du Passage, que l'on traverse en bateau, quand la marée est haute, et sur une planche, jetée sur ledit chenal, lorsqu'elle ne permet pas d'utiliser le bateau; mais cette voie n'est possible et praticable que pour les piétons, et il leur faut, pour atteindre le bourg de La Couarde, point le plus rapproché, suivre les sentiers appelés *levées*, qui contournent les marais salants; or, les *levées*, surtout après les pluies et les mauvais temps de l'hiver, sont toujours glissantes, et il n'est pas sans danger de s'aventurer sur ces étroits sentiers où l'on peut, à chaque pas, perdre l'équilibre, et tomber dans un marais ou un *vasais*.

Loix communique également avec l'autre partie de l'île, par un pont en bois, construit sur le chenal du Feneau, et conduisant à un sentier qui aboutit à la route départementale d'Ars à La Couarde. Ce second moyen de communication est utilisé par les personnes venant de Loix en voiture et en charrette, ou s'y rendant. C'est au pont du Feneau, que la Compagnie du tramway de l'Ile de Ré a établi la station qui dessert la commune de Loix où l'Administration des Postes a récemment créé un bureau, qui a été ouvert au public, le 1er août 1900, et que dirige un facteur-receveur. Cette commune avait déjà, depuis plusieurs années, un bureau télégraphique.

On est peu renseigné sur l'origine de Loix; on sait seulement que, par une ordonnance de 1372, le roi Charles V donna à cette presqu'île le nom de Loys, et qu'un pouillé du diocèse de Saintes, de 1404, fait mention de son église paroissiale sous le nom de : *Sancta Catharina de Legibus*.

Bornée au N. par le Pertuis Breton, au S. par le Chenal du Passage, à l'O. par les terres et les marais de La Couarde, et à l'E. par son excellent mouillage, connu sous le nom de Fosse de Loix, cette commune n'a rien de remarquable ; mais cette fosse, ou rade, lui donne, au point de vue maritime, une certaine importance, qui est moindre toutefois que celle qu'elle avait jadis, comme profondeur, puisqu'en 1625, l'escadre rochelaise que commandait Jean Guiton, s'y réfugia pour éviter le combat que lui présentait le duc de Montmorency avec une flotte considérable. C'est à peine si l'on trouve maintenant 2^{m} de profondeur d'eau, aux plus basses mers, dans cette fosse qui s'envase facilement, et dont quelques parties assèchent même.

Le port de Loix, qui date de 1850, est situé à la pointe de ce nom ; les navires qui s'y rendent, pour y charger des sels, dont l'embarquement constitue le seul commerce maritime de la localité, doivent suivre un chenal sinueux, à fond de vase, long de 1,500^{m}, large de 40 à 24^{m}, et qui est signalé par dix balises ; sur la rive gauche de ce chenal, et à son extrémité, on a construit un quai de 52^{m} 50 de longueur. Ce quai compose uniquement le port de Loix, qui peut recevoir des navires de 150 tonneaux, au plus.

La commune de Loix n'a qu'une seule agglomération de population, partagée en quatre sections, très rapprochées les unes des autres.

QUARTIER DE LA ROCHELLE

Ce quartier a pour limites, au N., le thalweg du Lay (Vendée); au S., celui du chenal des portes de Châtelaillon. Il est formé par le préposat de Marans, ancien quartier maritime, et les trois syndicats de La Rochelle, La Pallice et Esnandes, lesquels comprennent 19 communes, appartenant toutes à l'arrondissement géographique de La Rochelle. Il administre, en outre, depuis la suppression du quartier de Marans, le Syndicat de L'Aiguillon-sur-Mer, formé par cinq communes de la Vendée, dont il ne sera question ici que pour mémoire.

Ces communes sont celles de L'Aiguillon-sur-Mer, Saint-Denis-du-Payré, Triaize, Grues et Saint-Michel-en-l'Herm.

Au 1er janvier 1900, la population du quartier maritime de La Rochelle se composait de : 1,491 inscrits, classés comme suit : capitaines au long-cours, 14; maîtres au cabotage, 10; pilotes, 29; officiers mariniers, 10; quartiers-maîtres, 7; matelots des trois classes, 661; novices, 120; mousses, 158; impropres au service (utilisables ou non), 47; hors de service (cinquantenaires), 482; marins au service de l'Etat, 120; demi-soldiers, 290; retraités, 19; veuves et orphelins de retraités et de demi-soldiers, 152.

Les secours alloués, en 1899, aux nécessiteux du dit quartier, se sont élevés à la somme de 8,102 francs, répartie entre 97 personnes.

Pendant la même année, 666 bateaux, jaugeant ensemble 4,070 tonneaux, et montés par 1,572 hommes d'équipage, ont fait la pêche côtière, sur divers points du quartier. Cette pêche et celle à pied ont produit, en argent, 4,260,516 francs, somme dans laquelle les amendements marins figurent pour 8,765 francs.

Le quartier de La Rochelle a fait, en 1899, 6 armements pour le long-cours et les grandes pêches; 19 pour le cabotage, 21 pour le bornage, et 666 pour la pêche côtière.

Les paiements qu'il a effectués, en 1899, sur la Caisse des gens de mer, se sont élevés à 3,821 fr. 67 c., et ceux sur la Caisse des Invalides, à 200,006 fr. 13 c.

Sont attachés à ce quartier: 24 navires, 1,022 bateaux et 2 yachts de plaisance.

Le nombre des parcs à huîtres, appartenant au quartier de La Rochelle, et exploités, est de 3,127.

Il existe, sur divers points du dit quartier, 3,642 bouchots à moules exploités, depuis l'embouchure de la Sèvre jusqu'au chenal de Port-Punay. Cette industrie productive est pratiquée dans les sept communes de Charron, Esnandes, Marsilly, Nieul, Lhoumeau, Angoulins et Chatelaillon, qui en ont expédié 131,073 charges de 56 kilog., en 1899, pour une somme de 862,178 francs, soit 6,653,650 kilogrammes.

Le quartier possède, en outre, 287 écluses ou réservoirs à poissons.

PRÉPOSAT DE MARANS

Avant les changements que le Ministère de la Marine a apportés dans la composition de plusieurs quartiers d'inscription maritime, qu'il a transformés en préposats, dix des communes du littoral de la Vendée formaient les deux syndicats de Luçon et de l'Aiguillon-sur-Mer, lesquels, avec le syndicat de Marans, composé de six communes de la Charente-Inférieure, constituaient le quartier de Marans; mais, par suite de sa suppression, ce quartier étant devenu préposat, à partir du 1er janvier 1893, et, d'un autre côté, le syndicat de Luçon ayant été supprimé, par une décision ministérielle du 27 mai de la même année, les cinq communes de Luçon, Chaillé-les-Marais, Sainte-Radégonde, Puyravault et Champagné-les-Marais, qui le composaient, sont passées au préposat de Marans; quant au syndicat de L'Aiguillon-sur-Mer, les cinq communes de la Vendée qui le constituent (L'Aiguillon-sur-Mer, Saint-Denis-du-Payré, Triaize, Grues et Saint-Michel-en-Lherm), il est passé au quartier de La Rochelle, qui en a directement l'administration.

En résumé, le préposat de Marans est formé par 11 communes, dont 5 de la Vendée, provenant de l'ancien syndicat de Luçon, et 6 de la Charente-Inférieure, dont j'ai seulement à m'occuper; ces six communes sont celles de Marans, Charron, Andilly-les-Marais, Villedoux, Taugon et Saint-Jean-de-Liversay, dont les quatre premières font partie du canton de Marans, et les deux dernières de celui de Courçon.

MARANS.

Population: 4,515 habitants.

Superficie territoriale: 8,254 hectares.

La commune de Marans est, par son étendue, l'une

des plus grandes de la Charente-Inférieure ; c'est aussi l'une des plus importantes, au double point de vue maritime et commercial.

Située sur la rive gauche de la Sèvre Niortaise, et à 23 kilomètres de La Rochelle, la ville de Marans possédait autrefois un château qui, placé au sommet d'un coteau, fut rasé, au commencement du XVIIe siècle, et remplacé par un couvent de capucins. Ce château, bâti par les Anglais, avait une tour très élevée, qui servait d'amer aux navigateurs, à l'époque où la mer baignait les environs de Marans.

Avant que de grands travaux eussent desséché les terrains qui environnent cette ville, elle formait une île, entourée de marais impraticables, et on ne pouvait y arriver, en hiver, que par une chaussée.

La Seigneurie de Marans, dont le nom vient de la situation des lieux, qui sont marécageux et voisins de la mer, n'était qu'une simple Châtellenie, lorsque Louis XI lui donna le titre de Comté. De 1218 à 1739, la Terre de Marans eut un grand nombre de possesseurs, dont le dernier fut Messire d'Aligre, Président à mortier du Parlement de Paris.

La position de cette ville l'a rendue un poste très important, pendant les guerres avec l'Angleterre et celles de religion ; aussi a-t-elle été, plusieurs fois, ruinée.

Marans est l'entrepôt du commerce intérieur et extérieur des grains provenant des départements de la Vendée et des Deux-Sèvres ; c'est l'un des marchés régulateurs de la France, il s'y fait un commerce considérable en céréales et en denrées de toute espèce par son port, très fréquenté, qui est situé sur la Sèvre Niortaise, à l'intérieur des terres, et à 21 kilomètres de son embouchure, dans la baie de l'Aiguillon. La constitution de cette rivière se rapproche beaucoup de celle de la Charente ; les sinuosités de la Sèvre Niortaise se développent au milieu de prairies vaseuses, converties en *prises* ; mais les bords du chenal sont suffisamment balisés pour que la navigation n'y offre aucune difficulté. Toutefois, la Sèvre Niortaise a, à son embouchure, une traverse rocheuse, appelée *Rocher-du-Bas*, qui obstrue le chenal, et assèche de 1m ; elle ne permet qu'aux grandes marées, et par une passe étroite, l'entrée ou la sortie des navires d'un tirant d'eau de 5m.

Le parcours de Marans jusqu'à l'extrémité aval du *Rocher-du-Bas*, par la rivière, est de 17 kilom. ; de ce point à la balise de Marans, il y a 4 kilom., soit 21 kilom., pour se rendre de Marans à la mer ; mais, ces distances sont respectivement réduites à 12 et 16 kilom., par le canal maritime creusé entre Marans et le point situé à 700m environ, en amont du Grand-Brault ou du passage. Ce canal offre un mouillage normal de 4m90 et de 2m 60, pendant les grandes crues de la rivière ; sa largeur est de 7m au plafond et de 35m au plan d'eau ; elle est de 45m entre les crêtes ; il se termine, au Brault, par une écluse, à double paire de portes, de 11m de largeur, qui y retient les eaux à la même hauteur que dans l port. Ce canal débouche à Marans, à 400m environ en aval du point où aboutit le canal de Marans à La Rochelle.

Les navires stationnent dans le port même de Marans, où il y a 500m de quais utilisables ; l'écluse qui le sépare de la Sèvre en fait un bassin à flot ; les eaux y sont maintenues à 1m 85 au-dessus du niveau moyen de la mer, et la profondeur du mouillage y est de 3 à 4m, d'une extrémité à l'autre.

Quoique n'ayant ni dock, ni bassin de radoub, mais seulement une cale de carénage, sur la rive droite, le port de Marans a une certaine importance commerciale, et il s'y effectue, tant dans le port même qu'au Brault, des chargements nombreux de froment et de céréales, que le pays produit abondamment.

Les courants, à l'entrée de la Sèvre, atteignent 3 nœuds, dans les grandes vives eaux.

Une autre voie de navigation met en communication directe, depuis quelques années, les deux ports de Marans et de La Rochelle. C'est le canal intérieur de Marans à La Rochelle. Long de 24 kilomètres, ce canal a son origine en aval du pont de Marans, et débouche dans la retenue des chasses du port de La Rochelle, à l'écluse de Rompsay, qui aboutit au port du canal ; l'écluse de jonction avec la Sèvre Niortaise a 25m de longueur ; celle de Rompsay, 38m 50 ; l'une et l'autre ont 5m 20 de largeur ; l'écluse de jonction avec le port de La Rochelle a 38m 50 de longueur utile, et 7m de largeur ; la hauteur minima des ponts, au-dessus du plan d'eau d'étiage, est de 5m 10 à la clé. Sur 12 kilomètres environ, le canal traverse des marais desséchés ; sur le reste du parcours, il est creusé dans le rocher calcaire ; c'est dans cette partie que l'on rencontre le souterrain de Saint-Léonard, qui a 842m de longueur ; la hauteur de la voûte, au-dessus de la ligne de flottaison, est de 6m20, et la largeur de la cuvette de 6m.

La traction des bateaux sur ce canal se fait au moyen de chevaux ou de remorqueurs à vapeur.

La ville de Marans, qui est assez animée, a plusieurs jolis quartiers; son église a été reconstruite, il y a quelques années. Le chemin de fer de l'État, de Paris à Bordeaux, y a une station importante.

CHARRON

Population : 1,277 habitants.

Superficie territoriale : 3,741 hectares.

Charron, qui eut autrefois le nom de Champrond, ou terre de la Bretinière, est situé à 16 kilomètres de La Rochelle. Un acte, du 13 octobre 1589, porte que la Terre de Charron formait une île couverte de bois et se trouvait enclavée, avec son église, dans la paroisse de Marans. La commune est bornée au N. par la rivière la Sèvre Niortaise, qui la sépare du département de la Vendée; elle est limitée, à l'E. par le canal de la Brune et au S, par ceux de La Chaudière et de Sérigny; elle se compose du bourg chef-lieu et de quatre villages. L'exploitation des nombreux bouchots de Charron, qui produisent des moules plus estimées encore que celles d'Esnandes, est, pour les habitants de cette localité, une source de profits considérables.

Richard, roi d'Angleterre, avait fondé, en 1188, à Charron, une abbaye d'hommes de l'ordre de Cîteaux.

C'est près du passage du Brault, sur la Sèvre, qu'eut lieu, le 29 septembre 1469, l'entrevue et la réconciliation entre le roi Louis XI et son frère, le duc de Guyenne.

De la commune de Charron dépend le village de Bourg-Chapon.

ANDILLY-LES-MARAIS

Population : 1,219 habitants.

Superficie territoriale : 2,863 hectares.

Le territoire de cette commune est plat, sauf dans la partie E. où il y a un coteau, au pied duquel est bâti le village de Sérigny, dont la situation est pittoresque. La commune se compose du bourg chef-lieu et de ce village.

Comme l'indique la seconde moitié de son nom, Andilly-les-Marais a une portion de son sol composé de terrains marécageux ; il existe, dans la partie N. un terrain de l'espèce, très étendu, dont le dessèchement fut entrepris, en 1774, en même temps que l'on construisit le grand canal, de 16 kilomètres de longueur, qui porte à la mer les eaux de cette localité et celles de la commune voisine de Longèves.

Il y eut jadis, à Andilly, un prieuré et un château fortifié, dont il ne reste, depuis longtemps, que des ruines. Cette commune, qui est à 14 kilomètres de La Rochelle, est desservie par une station du chemin de fer de l'Etat, de Paris à Bordeaux. C'était, en 1572, durant les guerres de religion, un poste militaire, occupé par les confédérés.

VILLEDOUX

Population : 356 habitants.

Superficie territoriale : 1,584 hectares.

Villedoux est à 11 kilomètres de La Rochelle, sur

une hauteur et au bord d'un immense marais, qui fut l'un des premiers desséchés du pays; ses principales productions consistent en grains et fourrages. D'après la tradition, il y eut anciennement, à Villedoux, un port nommé le port Doux où la mer pénétrait; mais, ce port n'existe plus depuis longtemps.

On a creusé, sur le territoire de cette commune, un beau canal, par lequel s'écoulent les eaux de dessèchement provenant des marais de Villedoux, Saint-Ouen et Saint-Xandre, qu'il conduit à la mer.

Villedoux qui, pendant les guerres de religion, fut occupé par les confédérés, n'a rien de remarquable.

TAUGON

Population : 1,275 habitants.

Superficie territoriale : 1,608 hectares.

Taugon, situé à 30 kilomètres de La Rochelle, est limité à l'O. par la Sèvre Niortaise; une digue, de 5m de hauteur, a été construite pour préserver la commune des inondations de cette rivière.

Taugon formait anciennement une île, et c'est de là qu'il tire l'étymologie de son nom, qui signifie *environné d'eau*.

C'est par les ordres de Henri IV que furent exécutés, en 1599, les grands travaux de dessèchement qui fertilisèrent le pays et livrèrent à l'agriculture des terrains entièrement baignés d'eau, et couverts de roseaux.

Le canal de la Banche sépare Taugon des communes de Saint-Cyr-du-Doret et de Saint-Jean-de-Liversay.

SAINT-JEAN-DE-LIVERSAY

Population : 1,051 habitants.

Superficie territoriale : 4,128 hectares.

Le territoire de cette commune est, en grande partie, composé de marais desséchés.

Saint-Jean-de-Liversay qui, durant les guerres de religion, servit alternativement de quartier, aux catholiques et aux protestants, n'a rien de remarquable.

SYNDICAT DE LA ROCHELLE

Ce Syndicat se compose des neuf communes de La Rochelle, Dompierre-sur-Mer, Puilboreau, Lagord, Lhoumeau, Périgny, Aytré, Angoulins et Châtelaillon (cette dernière de création récente) qui font partie des cantons E. et O. de La Rochelle.

LA ROCHELLE

Population : 28,376 habitants.

Superficie territoriale : 1,881 hectares.

L'origine de La Rochelle est ancienne. Ce n'était toutefois, en l'an 960, qu'une bourgade de pêcheurs, dépendant des domaines des barons de Châtelaillon, qui étaient alors tout puissants dans le pays. En 1130, Guillaume X, duc d'Aquitaine, et comte de Poitou, voulant mettre un terme aux fréquentes révoltes de ces vassaux indisciplinés, vint, avec des forces considérables, attaquer Isambert, qui possédait la baronnie; il le battit, l'obligea à se rendre et s'empara de la plus grande partie de ses domaines, après avoir détruit l'antique et forte cité de Châtelaillon.

L'heureuse situation de La Rochelle attira l'attention de ce duc qui songea, dès ce moment, à en faire la ville principale de l'Aunis; il y bâtit un château-fort, concéda aux habitants le droit de commercer, et leur accorda de nombreux privilèges. Après la mort de Guillaume, les seigneurs de Châtelaillon réclamèrent à sa fille Eléonore, devenue duchesse d'Aquitaine, la restitution de leur ancien domaine, mais elle refusa d'en abandonner la possession, et consentit seulement à un échange qui fut accepté et ratifié par une charte, datée de Loudun, le 29 avril 1199.

En épousant Plantagenet, comte d'Anjou, qui devint roi d'Angleterre, sous le nom de Henri II, Eléonore fit passer le duché d'Aquitaine et les provinces d'Aunis et Saintonge sous la domination anglaise; mais en 1224, Louis VIII, roi de France, qui s'était déjà rendu maître d'une grande partie du Poitou, assiégea La Rochelle, dont il s'empara.

Plus tard, Henri III, roi d'Angleterre, vint soutenir, dans sa révolte, le comte de la Marche, un des plus puissants vassaux de Louis IX, qui les défit, l'un et l'autre, à la célèbre bataille de Taillebourg.

Les guerres du XIVe siècle, si fatales à la France, ne le furent pas moins à La Rochelle, que le funeste traité de Brétigny, de 1360, rendit à l'Angleterre, avec la Saintonge et l'Aunis. En 1372, Chaudrier, alors Maire de La Rochelle, chassa les Anglais de cette ville, au moyen d'un stratagème, qui lui réussit parfaitement.

A partir du XIVe siècle, La Rochelle fut mêlée à tant d'événements, qu'il faudrait refaire, en quelque sorte, l'histoire de France, pour relater ceux auxquels elle prit part ; aussi me bornerai-je à décrire sommairement les faits principaux qui marquèrent les époques les plus intéressantes de son passé.

Louis XI la visita, en 1472, et octroya aux habitants divers privilèges.

Au XVIe siècle, les guerres de religion eurent des conséquences désastreuses pour cette ville, qui devint la métropole et le rempart de la Réforme ; elle fut assiégée, à la fin de 1572, par l'armée royale, sous le commandement du duc d'Anjou ; mais, la défense fut si énergique, que les catholiques, après six mois de combats, levèrent le siège, l'un des plus mémorables du siècle. La paix termina cette période de nos guerres civiles ; elle fut signée le 26 juin 1573, et ratifiée par Charles IX ; elle rendit aux calvinistes tous leurs privilèges, et leur accorda le plein exercice de leur culte.

Au lendemain de ces luttes sanglantes, les Rochelais songèrent à relever leurs fortifications détruites, au cours de ce long siège, et en 1590, ils sollicitèrent et obtinrent, de Henri IV, des lettres patentes qui autorisèrent l'agrandissement de la ville du côté de l'Est. A cette même époque, ils tournèrent, de nouveau, les yeux vers le commerce, qu'ils étendirent aux deux Amériques ; la pêche de la morue leur apparut comme une source de profits à réaliser, et, en 1602, ils armèrent un grand nombre de navires pour le banc de

Terre-Neuve ; malheureusement, cette période d'activité commerciale n'eut pas une longue durée, car, à la mort de Henri IV, suivie de la disgrâce de Sully, la guerre se ralluma, et La Rochelle fut, de nouveau, assiégée, en 1621, sur terre, par les forces du comte de Soissons, et sur mer, par les vaisseaux du duc de Guise.

La flotte rochelaise, commandée par Jean Guiton, qui s'illustra, plus tard, comme Maire, alla au-devant de l'ennemi ; mais, comme elle était de beaucoup inférieure de force, elle eût fini par succomber si la paix de Montpellier n'avait mis fin aux hostilités.

En 1625, le prince de Soubise s'étant, avec plusieurs bâtiments, présenté devant l'Ile de Ré, pour s'en emparer, fut secondé, dans ses entreprises, par la flotte rochelaise, qui, toujours sous le commandement de Jean Guiton, vint mouiller devant la fosse de Loix, pour combattre les vaisseaux qui, sous les ordres du duc de Montmorency, amiral de France, avaient pour mission de reprendre l'île. La première attaque, qui eut lieu, le 20 juillet 1625, fut favorable aux calvinistes ; mais, le 16 septembre suivant, Montmorency revint chercher sa revanche, à la tête de 65 vaisseaux. Cette revanche fut terrible pour les protestants. Soubise, qui avait méconnu les conseils de Guiton, voulut combattre, malgré son infériorité numérique, et fut complètement défait, ainsi que la flotte rochelaise.

A la suite de ce désastre, La Rochelle, dont la puissance maritime se trouvait à peu près anéantie, demanda la paix, qu'elle obtint le 6 mars 1626 ; mais, cette paix dura peu, et la rivalité entre Richelieu et

Buckingham, ayant brouillé la France et l'Angleterre, ce dernier apparut, le 20 juillet 1627, dans le Pertuis Breton, avec une flotte destinée à attaquer l'Ile de Ré. Justement émus par la présence inattendue de cette force navale dans leurs eaux, les Rochelais fermèrent leur port, dont ils levèrent les chaînes d'entrée, et refusèrent de recevoir les envoyés de Buckingham.

L'accord cependant n'existait pas dans la ville ; la municipalité et les principaux habitants inclinaient pour la paix et l'obéissance au roi ; mais les masses, persuadées qu'elles allaient combattre pour leurs franchises et leur religion, pensaient autrement. Indécis et effrayés d'avoir à lutter contre Richelieu, ils voulaient être assurés du concours des autres villes protestantes, et cherchèrent à gagner du temps, en envoyant notamment des députations au duc d'Angoulême, commandant de l'armée royale, campée dans le voisinage, pour témoigner de leurs bonnes dispositions ; mais ce dernier, qui subissait l'influence du cardinal de Richelieu, dont la résolution était d'abattre le parti protestant, ne voulut pas entrer en arrangement et fit même avancer son armée sous les murs de la place où il commença la construction de forts détachés : il fit, en outre, publier une proclamation du roi, déclarant traîtres à leur souverain et à leur patrie, Soubise et les autres sujets qui auraient adhéré au parti des Anglais.

La Rochelle s'insurgea, et le Maire fit tirer le canon sur les travailleurs du fort Louis ; c'était le commencement du siège.

Louis XIII arriva, en personne, à Aytré, le 12

octobre 1627 ; Richelieu l'accompagnait. Se rappelant l'insuccès du duc d'Anjou, en 1573, le Cardinal résolut de prendre La Rochelle par la famine, plutôt que de l'enlever de vive force. Du côté de la terre, on entoura son enceinte d'une ligne continue de circonvallation, et on y établit treize forts détachés ; mais ce n'était rien, sans la digue qui devait fermer le port. Cette digue fameuse, dont les vestiges portent encore le nom de digue de Richelieu, fut commencée, le novembre 1627, et construite sous la direction de Clément Métézeau et de Jean Thériot, architectes ingénieurs des bâtiments du roi, qui la mirent en état de résister aux fureurs de la mer; elle s'étendait, de la pointe de Coureilles, au S., à la côte de Chef-de-Baie, au N. ; sa longueur était de 1,422^{m} ; elle avait 19^{m}50 de largeur, à sa base, 7^{m}80, au sommet, et de 8 à 10^{m} de hauteur, au-dessus des fondations ; le corps de la digue était formé de maçonneries ; les deux branches N. et S. laissaient entre elles un espace de 58^{m} ; un certain nombre de gabares, remplies de pierres, et 59 navires furent coulés, pour remplir les espaces qui ne découvraient pas ; la passe, elle-même, fut fermée par une palissade flottante de 37 navires, de fort tonnage, attachés les uns aux autres, montés chacun par trente hommes d'équipage, et armés de deux canons.

Après être parti pour Paris, en laissant à Richelieu les fonctions de lieutenant-général de ses armées, le roi Louis XIII revint, le 24 avril, se placer à la tête du siège, avec la pensée que les Rochelais, qui comptaient sur le secours de l'Angleterre, mais n'en recevaient pas, se rendraient à bref délai, les maladies et la famine, plus épouvantable encore, exerçant déjà leurs ravages parmi eux. C'est au milieu de ces trois conjonctures que l'héroïque Jean Guiton fut choisi comme Maire de La Rochelle et prononça, à l'Hôtel de Ville, les mémorables paroles suivantes, en plantant son poignard dans la table, devenue historique, et autour de laquelle le corps municipal avait pris place : « Vous « m'élevez à la première magistrature ; j'accepte, mais « à la condition que, de la pointe de ce glaive, je « percerai le cœur de quiconque osera faire entendre « des paroles de paix et parler de soumission. »

Enfin, le 21 septembre, la flotte anglaise, tant désirée, arriva, mais elle ne fit rien pour La Rochelle, qui, privée de secours, n'avait plus qu'à se rendre... Les habitants eurent la vie sauve, mais ils perdirent tous leurs priviléges, et les fortifications furent démolies, à l'exception des deux vieilles tours Saint-Nicolas et de la Chaîne.

Le 30 octobre 1628, le Cardinal victorieux fit son entrée, à cheval, dans la ville; il était suivi d'une grande quantité de vivres, qu'il fit distribuer gratuitement ; il dut aussi faire venir, du camp, des pionniers, pour enterrer les morts. Deux jours après, Louis XIII fit son entrée solennelle à La Rochelle, où il séjourna jusqu'au 18 novembre. Ainsi finit ce siège célèbre, qui avait duré 14 mois et 6 jours, et termina le rôle politique de la ville, dont les habitants ruinés cherchèrent alors à se relever, en consacrant toute leur activité au commerce et à l'industrie, qui avaient fait jadis leur prospérité.

Pendant la seconde moitié du XVIIe siècle, et notamment de 1664 à 1669, La Rochelle, dont les marins furent naguère les premiers à profiter de la découverte du Nouveau-Monde, prit part à presque toutes les grandes expéditions maritimes, ordonnées par le Gouvernement.

Malgré la révocation de l'Edit de Nantes, qui lui fit perdre plus de 3,000 de ses habitants, ses entreprises commerciales et son port conservent de l'activité. Ses relations d'alors s'étaient établies avec le Canada, les Antilles, la Hollande, le Danemark, le Portugal, l'Espagne, les villes anséatiques et l'Angleterre. La paix de Paris, qui, en 1762, fit perdre le Canada à la France, lui porta un coup désastreux ; mais elle s'en releva quelques années après.

Jusqu'en 1628, le port de La Rochelle avait appartenu à la ville, qui était chargée de pourvoir à son entretien ; après le dernier siège, il devint une dépendance du domaine public, et fut entretenu sur les fonds de l'Etat.

La digue de Richelieu, en arrêtant les mouvements de la mer, avait provoqué de rapides atterrissements, et, en 1720, le chenal, dont la profondeur était considérablement diminuée, suivait une courbe très sinueuse. Le besoin s'étant fait sentir de creuser le port, dans toute son étendue, et d'approfondir le chenal, au moyen de travaux de dévasement, il y fut procédé, de 1729 à 1840. Peu après, d'autres travaux, non moins utiles, furent exécutés, tels que la reconstruction de l'éperon des Deux-Moulins, destiné à arrêter la marche des galets ; 2° le chantier de construction, que l'on devra déplacer, si l'on veut, comme il en est question, agrandir le port d'échouage, devenu insuffisant ; 3° la jetée du

S. ; 4° l'écluse de chasse du Pont-Neuf, commencée en 1785, et terminée l'année suivante ; 5° le bassin à flot, qui porte actuellement le nom de vieux bassin, pour le distinguer de celui, beaucoup plus vaste et plus profond, qui est en dehors des fortifications ; ce vieux bassin, commencé en 1779, a été inauguré et livré à la navigation le 24 décembre 1808 ; 6° le bassin neuf ou extérieur, qui, commencé en 1855, fut livré au commerce le 26 avril 1862.

Le port de La Rochelle comprend deux Etablissements : l'ancien port, placé au fond de la baie, et au S. de la ville, avec ses dépendances, et le port-bassin de La Pallice, situé sur le territoire de la même commune, mais à son extrémité N. Ce port-bassin, en eau profonde, et dont la création a coûté 24 millions, a été inauguré en 1891, en présence de M. Carnot, Président de la République, et ouvert à la navigation le 15 juin de la même année. Ces deux Etablissements, quoique éloignés l'un de l'autre, de 5 kilomètres environ, et ayant chacun, sous quelques rapports, une certaine autonomie, ne sont pas deux ports distincts. La Pallice n'est qu'une annexe du port de La Rochelle, les mêmes commerçants se servent alternativement de l'un ou de l'autre, suivant leurs intérêts, et la plupart des règlements administratifs sont communs à l'un et à l'autre.

Le port de La Rochelle est situé dans l'E. du phare de Chauveau, et, au fond d'une anse de 2,500^{m} de longueur, sur 1,300^{m} de largeur, que limitent, d'un côté, la pointe de Chef-de-Baie, et de l'autre, celle des Minimes. Il se compose : de la rade, d'un chenal, d'un avant-port, d'un hâvre d'échouage, d'un bassin à flot intérieur, d'un bassin à flot extérieur, d'un chantier de construction, et d'un bassin de stationnement, auquel aboutit le canal de Marans.

La rade, que les îles de Ré et d'Oleron abritent de la grosse mer du large, est accessible par tous les vents; elle est très sûre, et les navires y trouvent des profondeurs d'eau de 9m aux basses mers, sur fonds de vase de bonne tenue. On pénètre indistinctement dans cette rade par le Pertuis d'Antioche ou par le Pertuis Breton.

A 1,600m avant d'arriver aux tours qui marquent l'entrée du port d'échouage, on rencontre l'ancienne digue Richelieu, dont les deux branches laissent entre elles un espace de 120m, pour le passage des navires.

Le chenal conduit, de la rade à l'avant-port, au bassin extérieur et au port d'échouage; il a 2,500m de longueur; sa direction, parfaitement rectiligne, est orientée S. 59° O. à N. 59° E.; deux phares, placés dans l'intérieur de la ville, le déterminent; celui d'aval est rouge, et a 14m de hauteur, au-dessus du niveau de la mer; celui d'amont est blanc et a 24m de hauteur.

Au N. du chenal, est le chantier de construction, construit en 1775, à la même époque que la jetée qui lui fait face; il est établi en dehors des fortifications, et communique avec la ville par une porte spéciale; il se compose d'une grande cale de 100m de longueur, sur 62m de largeur, et de plusieurs cales en bois, fondées sur pieux, où se placent les navires d'un certain tonnage

La jetée S., construite de 1772 à 1780, à droite de l'entrée du chenal, avait, à cette époque, depuis son musoir, jusqu'au mur de fortification, 661m68 de longueur; elle a été démolie sur une longueur de 175m, pour faciliter l'entrée du bassin à flot extérieur. A droite, et dans la partie S., on aperçoit la grande digue d'enceinte, qui a eu pour but de conquérir sur la mer une surface de 68 hectares environ, qui devait servir à l'établissement d'un bassin de chasse, dont l'écluse aurait été située dans l'emplacement de l'écluse actuelle du bassin à flot extérieur; mais la création de ce bassin fit abandonner le projet. Cette digue d'enceinte, qui part de l'ancien musoir de la jetée, se dirige du N. au S.; elle a 1,050m de longueur, et se compose d'un massif en terre, de 15m d'épaisseur, protégé, du côté du large, par un perré en maçonnerie. La jetée S. se termine, près du bassin extérieur, par une promenade, dite des Tamaris.

Le hâvre d'échouage a son grand axe dirigé vers le N.-E. quart N., il communique avec l'avant-port par une ouverture de 25m de largeur, comprise entre la tour de la Chaîne, du côté O., et la tour Saint-Nicolas, du côté E.; il a 300m de longueur, sur 120m de largeur; il est entouré de quais et sert d'abri à une véritable flotille de bateaux de pêche (700 environ), dont beaucoup appartiennent aux quartiers maritimes des Sables d'Olonne, de l'Ile de Ré, Groix, Lorient, etc, et viennent échouer sur les vases, à gauche de l'entrée; il abrite aussi des caboteurs, qui se rangent sur le quai du S. De plus en plus fréquenté, ce port, le plus important de la région pour la vente du poisson frais, est devenu manifestement trop petit, et la création d'un nouveau port de pêche, qui s'impose, est actuellement à l'étude.

Le port d'échouage est pourvu de trois cales de chargement, et d'un gril de carénage, installé le long du quai E. et pouvant recevoir des navires de 80m de quille. Au milieu du quai N. sont les pontons d'accostage des bateaux à vapeur qui font le service entre La Rochelle et les Iles de Ré et d'Oleron.

Afin de déblayer le chenal de l'avant-port des vases qui pourraient l'obstruer, on a recours, à presque toutes les marées, à un système de chasses, qui se font à l'aide des eaux provenant du canal de Maubec, situé au fond du port, et aussi avec celles du bassin neuf; on peut, de la sorte, maintenir dans ce chenal une profondeur d'eau de 7m45 en marée d'équinoxe, de 6m75 en vives eaux, et de 5m60 en mortes eaux.

Le vieux bassin, ou bassin intérieur, a 133m de longueur, dans le sens E. et O. sur 101m de largeur, avec un développement de 446m de quais, permettant l'accostage de 25 à 30 navires ; on y accède par une écluse de 11m85 de largeur ; ce bassin, qui peut recevoir, dans les marées de vives eaux, des navires d'un tirant d'eau de 5m33, possède une cale de carénage de 135m de longueur, dans sa partie S. Les quais du vieux bassin sont desservis par des embranchements du chemin de fer de l'Etat.

Le bassin à flot extérieur, ou nouveau bassin, est formé de deux rectangles, à angle droit, dont les côtés O. sont en prolongement l'un de l'autre, et orientés N. et S. Le rectangle N. a 190m de longueur, de l'E. à l'O., sur 78m de largeur, et celui du S. 195m dans le sens N.

et S. sur 78m de largeur ; il présente une longueur de quais accostables de 917m ; sa superficie est de 3 hectares 29 ares. Les terre-pleins des quais portent des voies ferrées, qui les relient à la gare, et une voie sur laquelle roulent de nombreuses grues à vapeur. Une cale de carénage, de 78m de longueur, est disposée le long du quai S.

Dans sa partie N.-O., ce bassin communique avec l'avant-port par une écluse d'entrée, qui a 16m50 de largeur et dont le radier est à la cote de —0,93. A l'angle N.-E., se trouve une autre écluse qui fait communiquer le bassin avec les fossés des fortifications et le canal de Marans, dont le prolongement jusqu'à ce bassin a donné lieu à d'importants travaux, consistant : 1° en une coupure de 8m de largeur, dans le terre-plein, entre le bassin et le fossé de la place ; cette coupure, comprise entre des murs de soutènement, fondés directement sur le rocher, est munie d'une porte de garde, en bois de chêne, et surmontée de deux ponts tournants, en fer, dont l'un sert au passage des voies ferrées des quais, et l'autre dessert la traverse intérieure de la route nationale, qui met la ville en communication avec les gares ; 2° dans la construction d'un mur de quai, de 60m de longueur, dans le fossé utilisé comme annexe du bassin, pour les petits navires de mer ; 3° dans celle d'un pont tournant, en fer, dans la gorge du bastion Saint-Nicolas, et d'un autre pont, à deux travées, pour le rétablissement du passage par l'ancienne porte Saint-Nicolas ; 4° en un bassin de stationnement, pour les bateaux, creusé dans la gorge du bastion Saint-Nicolas. Ce bassin a 100m de longueur sur 25m de largeur, et est entouré de murs de quais réguliers, établis sur des voûtes, en plein cintre, de 5m d'ouverture ; 5° en une écluse à sas, qui sépare les eaux du bassin à flot de celles du bassin des chasses, et dont les portes sont en bois de chêne ; 6° en un pont métallique, pour le passage de la route qui longe les glacis de la place.

En présence de l'accroissement qu'a pris le commerce de La Rochelle, on a mis à l'étude la question du déplacement de la gare actuelle, qui n'est ni commode, ni suffisante, pour les mouvements de voyageurs et de marchandises, qui s'y effectuent journellement.

Le commerce de La Rochelle est considérable ; les plus gros navires peuvent, dans les syzygies, entrer au bassin neuf et y faire leurs opérations ; la navigation y est alimentée par divers produits qui consistent, à l'importation : en charbons anglais, dont les arrivages, pendant l'année 1899, ont atteint le chiffre de 321,797,241 kilogrammes ; en bois du Nord et d'Amérique, dont il a été introduit 11,457,932 kilogrammes ; en morues de Terre-Neuve et d'Islande, dont il est arrivé 4,139,096 kilogrammes, pendant la même année, en pierres de taille, à bâtir et à paver, en bois de construction et de chauffage, en vins du Midi, d'Algérie, d'Espagne et d'Italie, etc. ; les exportations consistent en vins, eaux-de-vie, vinaigres, sels du pays, chaux hydraulique, conserves alimentaires (sardines à l'huile et thon mariné) ; les grands arrivages de poissons frais sont expédiés par la voie ferrée ; il en est de même des huîtres, moules et autres coquillages.

La Rochelle possède, au faubourg de Tasdon, un établissement de constructions mécaniques et navales, ayant une certaine importance et qui exécute divers travaux pour la Marine Nationale ; il a une annexe à La Pallice.

Les mouvements de la navigation du port de La Rochelle ont été, en 1899, à l'entrée, de 3,338 navires, ayant un tonnage de 344,159 tonneaux, et à la sortie, de 3,366 navires pour 355,020 tonneaux. Il a été importé, en tonnes métriques, pendant cette même année, 495,988 tonneaux de marchandises diverses, ce qui constitue une augmentation de 81,928 tonneaux sur l'année 1898, où les importations s'étaient élevées au chiffre de 414,060 tonneaux.

Le port de La Rochelle est le siège de deux importantes compagnies de navigation ; la compagnie Delmas frères, qui a, chaque quinzaine, un service régulier sur Bordeaux, l'Algérie et la Tunisie, et la compagnie A. d'Orbigny, Faustin et Cie, ayant des arrivages et des départs fréquents pour Bilbao, Cardiff, Newport et Swansea.

Le même port est également le siège d'une agence sanitaire principale, relevant de la Direction de Pauillac, qui est le chef-lieu de la 5e circonscription sanitaire de la France.

Par suite des agrandissements successifs qui ont augmenté son importance et le chiffre de sa population, La Rochelle est maintenant une ville de 29,000 habitants. Ces agrandissements proviennent de la réunion des deux sections de Laleu et de Saint-Maurice, qui, il y a quelques années encore, formaient deux communes distinctes, et de la création du grand faubourg de La Genette, bâti, depuis dix ans environ, sur l'emplacement de terrains improductifs, situés en dehors des fortifications, faubourg renfermant aujourd'hui une population de 1,600 habitants, composée de propriétaires, de retraités, de fonctionnaires et d'officiers, qui s'y logent aussi confortablement, mais plus économiquement qu'à La Rochelle, dans des maisons, avec jardins, pour la plupart, d'un joli aspect, que plusieurs entrepreneurs ont fait bâtir, en vue d'une location qui ne s'est pas ralentie jusqu'à présent.

La chapelle qui desservait les deux centres de Saint-Maurice et de La Genètte étant devenue trop petite pour les besoins du culte, on a construit, récemment, au milieu du quartier de La Genette, une belle église paroissiale, en style roman, et que l'on a consacrée le 7 octobre dernier.

Indépendamment de ces trois agglomérations principales, il en existe une quatrième : c'est celle de La Pallice, qui a pour origine le port, en eau profonde, creusé sur cette partie du littoral rochelais, et autour duquel sont venues se grouper les industries de toute nature qu'attirent généralement les points où se concentre un mouvement maritime et commercial ayant, comme à La Pallice, une certaine importance.

La Pallice, qui a environ 900 habitants, est à 5 kilomètres de La Rochelle, Laleu à 4 kilomètres et Saint-Maurice à 2 kilomètres.

Laleu, qui fut autrefois couvert de bois, et dont la côte est formée de hautes falaises de bancs calcaires, était, à son origine, une seigneurie qui, en 1189, passa dans la famille des Mauléon ; cette terre devint ensuite l'apanage d'un grand nombre d'autres seigneurs, dont le dernier fut, en 1757, M. de Trudaine, Conseiller d'État, Intendant des finances.

En 1622, cette ancienne commune servit de quartier aux troupes royalistes, commandées par le comte de Soissons. Louis XIII, assiégeant La Rochelle, vint y prendre ses logements, en 1628.

Laleu, dont la population est de 1,400 habitants, a un adjoint spécial, et possède une église paroissiale ayant le titre de cure de 2e classe.

Saint-Maurice, qui a une population de 500 habitants, est traversé par la route de La Rochelle à Laleu et La Repentie. La construction élégante des maisons d'habitation et des villas qui le composent, en font un joli faubourg. C'est près de Saint-Maurice que sont les vestiges du fort Louis, bâti en 1622, et dont les Rochelais demandèrent vainement la démolition, lorsqu'ils furent assiégés; ce n'est plus maintenant qu'un plateau sur lequel on a bâti quelques maisons.

Font également partie de la banlieue de La Rochelle les six agglomérations de: Lafond (850 habitants); Fétilly (450 habitants); Saint-Eloi (950 habitants); Tasdon et la Ville-en-Bois (2,600 habitants); La Trompette et Jéricho (130 habitants).

A l'entrée du village de Lafond, on trouve une promenade très agréable, connue sous le nom de Champ-de-Mars. Ce n'était jadis qu'un vaste marais que M. Guéau de Reverseaux, Intendant de la province, fit dessécher et planta, en 1785.

C'est à Lafond qu'a été construit, en 1828, un hospice départemental d'aliénés, qui est fort bien tenu et reçoit des pensionnaires des deux sexes.

A Tasdon, est l'important établissement des Petites-Sœurs des Pauvres. Ce faubourg a une église paroissiale, sous le vocable de Saint-Nicolas.

On a donné le nom de Ville-en-Bois à un certain nombre de maisons en bois et en torchis, bâties sur des terrains avoisinant le bassin extérieur, et dont les habitants sont, en partie, des ouvriers et des employés de la gare.

La ville de La Rochelle a été bâtie, en partie, sur des terrains autrefois marécageux, mais que l'on a desséchés et exhaussés par des remblais. La plupart de ses rues sont alignées et larges, bien pavées, en général, et pourvues de trottoirs spacieux; beaucoup de maisons, surtout dans les rues Réaumur, Chaudrier et Dauphine, ont été soigneusement construites, et même avec luxe; quelques-unes sont de véritables hôtels, entre cour et jardin.

Plusieurs des rues de la cité sont bordées d'arcades ou porches, s'élevant jusqu'au premier étage des habitations; les rues Chef-de-Ville, du Palais, de l'Escale, Chaudrier, Dauphine, Dupaty, du Minage, des Merciers, Admyrauld, en possèdent le plus grand nombre. Ce système de construction est très commode et apprécié, en ce qu'il permet de se promener, l'hiver surtout, à l'abri de la pluie, mais il a aussi l'inconvénient d'assombrir considérablement les rez-de-chaussée des maisons où il faut allumer, pendant la mauvaise saison, dès 2 heures de l'après-midi.

En résumé, La Rochelle est une jolie ville, très animée par son activité commerciale et maritime, et où les conditions matérielles de l'existence sont bonnes, comme l'est sa population. C'est le siège d'un Evêché, érigé le 7 mai 1648, et qui s'est accru, par le Concordat, de la majeure partie de l'ancien Evêché de Saintes. Les Evêques de La Rochelle prennent aussi le titre d'Evêque de Saintes, depuis le 30 avril 1852.

On jugera de l'importance de cette ville, d'après son budget, qui a été fixé, comme suit, pour l'année 1901 : Recettes : 1,195,443 fr. 22. Dépenses : 1,192,596 fr. 18.

Parmi les principaux monuments ou édifices de La Rochelle, qui en possède un assez grand nombre, on peut citer : 1° L'Hôtel de Ville, classé comme monument historique, et qui est de deux époques bien distinctes; l'enceinte, avec la tour du beffroi, datent du xve siècle (1486) et le bâtiment principal du xviie siècle, le pavillon Henri II est du xvie siècle, la façade intérieure, qui est ornée d'arcades, du xviie siècle (1606); la façade donnant sur la rue des Gentilshommes est de la même époque. Ce magnifique monument a été habilement restauré en 1872, sous l'administration municipale de M. Beltrémieux. On remarque, à l'intérieur, la salle des fêtes, richement décorée, dont les dimensions sont considérables, et celle des anciens échevins où l'on a conservé la table ébréchée par le poignard de Jean Guiton; 2° les deux vieilles tours de Saint-Nicolas et de la Chaîne, restes des anciennes fortifications de la ville; ces tours sont classées comme monuments historiques et datent, la première de 1382, la seconde de 1476; elles limitent l'entrée du port d'échouage; la tour Saint-Nicolas, haute de 36 mètres, a été restaurée en 1872; elle sert aux signaux de marée du port, qui se font au moyen de pavillons spéciaux, indiquant la hauteur d'eau et l'ouverture ou la fermeture des bassins; 3° la Cathédrale, du XVIIIe siècle; on remarque, à l'intérieur, de belles peintures d'Omer Charlet, d'Abel de Pujol fils et de Bouguereau, et plusieurs jolies chapelles et verrières, notamment la chapelle dite des Marins, qui contient plusieurs anciens *ex-voto*, provenant de l'église Saint-Jean, et dont quelques-uns sont très curieux; à quelques mètres de la Cathédrale, et par derrière, est la vieille tour carrée, du XIVe siècle, de l'ancienne église Saint-Barthélemy et qui lui sert de clocher; 4° l'église Notre-Dame, du XVIIe siècle, avec un clocher du XVe, bien ordinaire, et qui a eu plusieurs restaurations; 5° l'église Saint-Sauveur, reconstruite du XVIe au XVIIIe siècle, avec un clocher du XVe, on[l'a] également restaurée, et assez récemment encore; quant aux deux anciennes églises qui formaient les paroisses de Saint-Jean et de Saint-Nicolas, et dont la première était du XVIIe siècle, on les a désaffectées et supprimées, il y a quelques années. Saint-Jean, dont on n'a conservé que le clocher et son horloge, avait des murs qui menaçaient de s'écrouler; de Saint-Nicolas on a fait un entrepôt pour la douane; 6° la Tour, dite de la Lanterne, située sur les remparts, et qui est classée comme monument historique; commencée en 1445, elle fut achevée en 1648, et a servi, pendant longtemps, de prison militaire; elle est actuellement inhabitée et sans destination; c'est une construction cylindrique, à sept étages, flanquée de deux tourelles et couronnée d'une pyramide octogonale, en pierres, avec crochets aux arêtes, et chemin de ronde à la base. On y plaçait jadis une lanterne, qui éclairait la rade et l'entrée de La Rochelle, d'où lui est venu son nom; 7° le Palais de Justice, de 1614, reconstruit en 1789; 8° la Bourse, de 1760; 9° l'Hôpital Aufrédi, de 1203; 10° la Porte, dite de la Grosse Horloge, du XIIIe au XVIIIe siècle; 11° l'Arsenal, de 1786, renfermant une belle salle d'armes; 12° l'Hôtel de la Préfecture, devant lequel plusieurs allées d'arbres forment une petite promenade longtemps appelée place Joséphine, du nom de l'Impératrice, dont le passage eut lieu à La Rochelle le 6 août 1808; 13° l'Hôpital Général ou Hospice Saint-Louis, possédant dans sa chapelle la copie d'un beau tableau de Lesueur, dont l'original est au Musée; 14° la jolie chapelle des Ursulines, du XVIIe siècle; 15° l'ancienne église des Carmes, transformée en poissonnerie, et, dans le prolongement, le marché à la criée, vulgairement désigné sous le nom d'*encan*, et où se vendent, tous les jours, par des facteurs autorisés, les produits apportés par les nombreux bateaux de pêche qui fréquentent le port de La Rochelle. Rien de plus curieux à observer que la physionomie de ce marché, aux heures des ventes, qui sont parfois tellement importantes, qu'il faut, pour me servir des termes employés, plusieurs tours d'*encan* ou de tables, pour vendre tout le poisson apporté; aussi, la Ville retire-t-elle un avantage considérable de cette exploitation qui lui donne un gros bénéfice annuel, résultant du droit perçu, à son profit, sur le chiffre total des ventes; ce droit lui a rapporté, en 1899, la jolie somme de 188,297 fr. 71 c.; il existe, à l'entrée du port d'échouage, près de la tour de la Chaîne, un autre marché, où se vend du poisson, et connu sous le nom de petit *encan ;* 16° l'ancien couvent des Cordeliers, converti en caserne ; 17° les casernes, qui avoisinent la Porte-Dauphine ; 18° le Séminaire ; 19° le Temple protestant, de 1706 ; 20° l'hôtel Henri II ou de Diane de Poitiers, du XVIe siècle, dont une partie a été rebâtie récemment, pour servir de caisse d'épargne ; 21° les Halles, restaurées il y a peu de temps, et contenant la poissonnerie de détail, la boucherie, les comestibles, légumes, etc. ; 22° l'hôtel de la Bibliothèque (ancien hôtel des Evêques, du XVIIIe siècle), qui a pour conservateur un ancien élève de l'Ecole des Chartes, du plus grand mérite, M. G. Musset, et contient plus de 50,000 volumes et manuscrits divers ; dans cet hôtel sont installés les musées de la ville (musées de peinture, d'archéologie et des arts ; musée Lafaille, musée Fleuriau). L'hôtel de la Bibliothèque donne asile à trois des quatre sections qui composent l'Académie de La Rochelle : Société de médecine et de chirurgie ; Société littéraire ; Société de géographie ; 23° l'Évêché ; 24° le Jardin des Plantes où sont les belles et intéressantes collections de la Société des sciences naturelles de l'Académie, qui occupe une partie des locaux de cet établissement dans lequel elle se réunit chaque mois. Le Laboratoire municipal de chimie fait aussi partie du Jardin des Plantes ; 25° le Lycée ; 26° l'École normale ; 27° le Théâtre ; 28° les Archives départementales, remontant au XIIIe siècle, et que dirige, depuis 1867, un savant, M. de Richemond, très connu par son érudition profonde et ses importants travaux. Le Gouvernement s'honorerait et ferait acte de justice, en lui conférant la croix de chevalier de la Légion d'Honneur, pour la grande distinction et l'ancienneté de ses services qui remontent à l'année 1862.

Une mention spéciale est due à la place d'Armes, l'une des plus belles de la France. C'est un carré de 2,700m, planté d'arbres, dont quelques-uns malheureusement n'existent plus, et bordé, de deux côtés, par de jolies maisons ; la cathédrale occupe le troisième côté ; le quatrième est formé par plusieurs allées d'arbres. Les remparts, qui avoisinent cette place, sont plantés de deux rangs d'ormeaux, qui en font une promenade agréable.

Parmi les maisons anciennes ou curieuses, on remarque celle du médecin Nicolas Venette, du XVIIe siècle, où est actuellement la Loge maçonnique ; l'ancienne maison du président Dupaty ; rue du Temple, une maison en bois et ardoises, de 1554, et un grand nombre d'autres des XVe, XVIe et XVIIe siècles.

En dehors des fortifications, construites par Vauban, et dont le Gouvernement vient de prononcer le déclassement, parce qu'elles n'ont plus aucune utilité pour la ville, on trouve le joli cours du Mail, planté de beaux arbres, et au milieu duquel est l'établissement de bains de mer qui fut ouvert en 1826, et que la Ville vient d'acheter. Cet établissement, dont les installations ne laissent rien à désirer, est, au cours de la saison estivale, le rendez-vous de la société rochelaise, qui y vient chercher l'air apporté par la brise du large, qu'il est si agréable de respirer, après une chaude journée.

Aux abords du Mail, qu'entourent des villas, dont quelques-unes ne manquent pas d'élégance, s'étend, sur une très grande longueur, le parc Charruyer, très belle promenade, aux allées bien tracées, et où l'on a ménagé des cours d'eau, sur lesquels des cygnes, des canards et d'autres oiseaux aquatiques, prennent leurs ébats, à la joie des promeneurs et principalement des enfants, qui leur réservent toujours des friandises.

La Rochelle a vu naître un assez grand nombre de personnages célèbres dont les principaux furent : l'armateur Aufrédi, mort en 1220, et qui fonda l'hôpital portant son nom ; le chancelier de France Doriole, sous Louis XI, né en 1407, mort en 1485 ; l'amiral Jean Guiton, né en 1585, mort en 1654, célèbre par l'énergie qu'il déploya, dans la résistance, lors du siège de 1628 (1); le publiciste Tallemant des Réaux, né en 1619, mort en 1692 ; l'historien Tessereau, né en 1626, mort en 1691 ; le naturaliste Ferchaud de Réaumur, qui fut l'une des gloires de la science française, né en 1683, mort en 1757 ; l'astronome Désaguliers, l'un des disciples de Newton, né en 1683, mort en 1743 ; le magistrat Dupaty, né en 1746, mort en 1788 ; le conventionnel Billaud-Varennes, né en 1760, mort en 1819 ; l'agronome baron de Chassiron, né en 1755, mort en 1825 ; le peintre Sieyès ; l'amiral baron Duperré, ministre de la Marine et des Colonies, sous Louis-Philippe, né en 1775, mort en 1846, et à qui la ville de La Rochelle a élevé une statue, sur le quai

(1) Le Conseil municipal de La Rochelle a été saisi récemment de la demande d'érection d'une statue à Jean Guiton, sur la place de l'Hôtel de Ville. Il s'est également occupé de la question relative à la statue à élever à Eugène Fromentin, sur un emplacement qui n'a pas encore été choisi.

du port auquel elle a donné son nom ; le médecin Venette, né en 1633, mort en 1698 ; le jurisconsulte Valin, né en 1695, mort en 1765, dont le Traité des Prises et le Commentaire de l'Ordonnance sur la Marine sont restés célèbres ; le botaniste Bonpland, collaborateur de Humboldt, né en 1773, mort en 1858 ; le peintre Eugène Fromentin (1), né en 1820, mort en 1876 ; le peintre contemporain Bouguereau, né en 1825.

DOMPIERRE-SUR-MER.

Population : 1,074 habitants.

Superficie territoriale : 2,104 hectares.

Cette commune, qui est à 8 kilomètres de La Rochelle, comprend, outre le bourg chef-lieu, 17 villages ou hameaux. C'est à Dompierre que campa Louis XIII lorsqu'il vint assiéger La Rochelle, qui tenait alors pour le roi d'Angleterre.

De l'ancienne seigneurie de Dompierre, dont le château n'existe plus, depuis longtemps, relevait l'abbaye de Saint-Léonard-des-Chaumes, de l'ordre de Cîteaux. Un titre original, du 7 juillet 1497, porte qu'Antoine, abbé de Saint-Léonard, et les religieux, capitulairement assemblés, reconnaissent que « le droit de fondation « et de patronage de leur abbaye appartient aux seigneurs de Dompierre. »

Il n'y a rien de remarquable dans la commune de ce nom, dont le sol produit du vin, des céréales et du colza ; on y voit plusieurs jolies maisons de campagne.

---

(1) Voir la note qui figure à la page précédente.

Le chemin de fer de Nantes à Bordeaux a une station à Dompierre-sur-Mer.

PUILBOREAU.

Population : 936 habitants.
Superficie territoriale : 999 hectares.

Puilboreau, dont l'érection en commune ne date q du 21 mai 1858, était, avant son autonomie, une section de celle de Dompierre. Il n'y a rien de remarquable dans cette petite commune, où il existait autrefois une chapelle dans laquelle fut inhumé, en 1199, Robert de Montmirail, son fondateur, qui fut le premier maire d La Rochelle.

LAGORD.

Population : 804 habitants.
Superficie territoriale : 886 hectares.

La commune de Lagord s'élève sur un petit coteа à 3 kilomètres de La Rochelle ; les vignes constitue l'un des principaux produits du sol de cette localit où l'on cultive également toutes les céréales. L'église été construite, il y a plus d'un demi-siècle, sur l ruines de l'ancienne, qui remontait à une haute anti quité.

On remarque, dans cette commune, le beau château d'Huret.

LHOUMEAU.

Population : 369 habitants.

Superficie territoriale : 420 hectares.

Lhoumeau était autrefois une section de la commune de Cognehors, supprimée le 21 mai 1858. Cette commune, dont les habitants exploitent quelques bouchots et parcs à huîtres, n'a rien d'intéressant ; elle est composée de plusieurs villages, dont le principal est celui de Rompsay.

PÉRIGNY.

Population : 866 habitants.

Superficie territoriale ; 1,116 hectares.

Périgny s'appelait primitivement *Périgné*, comme l'indique un *pouillé* de 1401 ; cette terminaison *igne* venant du latin *ignitus*, qui veut dire incendié, on serait porté à croire qu'un grand incendie aurait consumé les bois qui existaient autrefois sur le territoire de cette localité, et donné lieu à la dénomination susdite.

Bornée au N. par le canal de Niort, la commune de Périgny offre un aspect agréable par le grand nombre de jolies maisons de campagne qu'elle contient ; on y trouve des bosquets, des futaies et des eaux de source, qui alimentent La Rochelle. La production de son sol consiste en vins, céréales et sels.

RELIURE SERRÉE
ABSENCE DE MARGES INTÉRIEURES

VALABLE POUR TOUT OU PARTIE DU
DOCUMENT REPRODUIT

AYTRÉ.

Population : 1,102 habitants.
Superficie totale : 1,500 hectares.

Aytré, par sa proximité de La Rochelle, pourrait ê considéré comme l'un des faubourgs de cette ville ; il d à sa position d'avoir acquis une certaine célébrité d les guerres et les sièges qu'elle a soutenus ; il avait trefois le titre de Châtellenie et était, à son origine, dépendance de l'ancien château de La Rochelle ; nom, qui dérive du celte, et signifie *chemin*, était co dès le xe siècle. Vers la fin du xiie, Aimeri de R était seigneur d'Aytré. Plus tard, Louis XI ay donné pour apanage, à Charles, son frère, le duché Guyenne, Pierre Chasteigner, qui avait succédé précédents possesseurs de cette seigneurie, fit homm de sa terre d'Aytré, par acte passé à La Rochelle, l juillet 1469.

En 1514, Jean Chasteigner, son fils, vendit cette qui appartint successivement, par voie d'aliénat différents seigneurs, dont le dernier fut Louis G de Saint-Marsault, baron de Châtelaillon, et Sén du pays d'Aunis, qui, en 1755, la réunit à ses au fiefs.

En 1572, le siège de La Rochelle ayant été décid maréchal de Biron vint camper aux environs de ville, et Aytré fut choisi pour être l'un de ses quarti mais, les Rochelais, prévenus, avaient déjà mis le au bourg, et les royalistes, en y entrant, ne trouvè que des ruines encore fumantes. Le 12 octobre 1627,

Louis XIII ayant résolu de reprendre La Rochelle, établit son quartier général à Aytré, où il y avait plusieurs forts qui inquiétaient beaucoup La Rochelle, notamment ceux de la Moulinette, de Bongraine, de Saint-Nicolas et de Coureilles. Après la reddition de La Rochelle, ce monarque, en mémoire de ceux qui avaient péri au siège de cette ville, fonda, à la pointe de Coureilles, un couvent de Minimes.

Les batteries que le même monarque avait fait construire à la pointe des Minimes furent conservées, et, sous le Ier Empire, cette position ayant été reconnue très favorable à la défense de La Rochelle, on y bâtit un fort, dont les feux se croisent avec ceux de la pointe de Chef-de-Baie, pour défendre les approches du port.

C'est dans l'anse de la pointe des Minimes que l'on a construit, en 1833, un môle dont le but a été d'avoir un point d'abordage et de stationnement, pour les navires en quarantaine.

Les productions de la commune d'Aytré qui, outre le chef-lieu, se compose de plusieurs villages, consistent principalement en vins, qui sont, pour la plupart, convertis en eaux-de-vie.

Aytré est desservi par le chemin de fer de Paris à La Rochelle, qui y a une station.

ANGOULINS.

Population : 727 habitants.

Superficie territoriale : 795 hectares.

Angoulins a son sol divisé en deux parties : l'une

élevée et l'autre basse; la partie élevée est un fond de calcaire argileux, dont les fragments cèdent à la moindre pression; la partie basse, dite Marais, est couverte d'eau pendant plusieurs mois de l'hiver.

La commune d'Angoulins a perdu de son importance depuis qu'on lui a enlevé, pour l'ériger en commune, l village de Châtelaillon, qui était l'une de ses principales sections. L'église de cette commune est d'u construction ancienne; elle était autrefois fortifiée; y remarque des mâchicoulis et des vestiges de guéri aux angles.

Le chemin de fer de Nantes à Bordeaux dessert goulins.

CHATELAILLON.

Population : 710 habitants.

Superficie territoriale : 678 hectares.

Châtelaillon, qui fut jadis la principale ville de l'Aun a une origine très ancienne, et les Romains, à l'épo où ils occupaient la contrée, y avaient mis une garnison. Charlemagne la fit entourer de remp lorsqu'il fortifia tous les ports de la Gaule occidenta pour garantir ses États des incursions des Norman mais, au XIIe siècle, Guillaume X, voulant se ven des barons de Châtelaillon, dont il avait à se plain ruina la ville de Châtelaillon qui fut détruite en 111 En 1660, on voyait encore les vestiges de sept tours la maçonnerie des fossés du château; les tempêtes l'hiver de 1709 anéantirent tous ces débris; plus ta Châtelaillon se releva et devint un village qui ne fut même pas bâti sur l'emplacement de l'ancienne ville disparue ; plus tard, ce village prit assez d'importance pour être érigé en commune, situation qu'il conserva jusqu'en 1823, où une ordonnance royale du 29 janvier le réunit à la commune voisine d'Angoulins dont il ne cessa de faire partie qu'en 1896, où un décret du 5 novembre de la même année en a fait, de nouveau, une commune. Il ne pouvait en être autrement, Châtelaillon, qui est aujourd'hui l'une de nos plus agréables stations balnéaires, grâce à sa transformation complète, ayant pris, dans l'espace de quelques années, une importance et une physionomie qui en font une véritable ville de bains de mer où rien n'a été négligé pour attirer la foule qui, au cours de la saison estivale, s'y porte très nombreuse et y trouve un beau casino, des promenades jolies, une plage commode et sûre, et des hôtels dont le confortable a fait la réputation.

Châtelaillon, où tout est nouveau : hôtel de ville, église, rues, maisons et villas élégantes, est desservi par le chemin de fer de Nantes à Bordeaux, qui y a une station.

SYNDICAT DE LA PALLICE

Ce syndicat, dont la création récente a été motivée par l'importance des mouvements maritimes qui s'effectuent dans le nouveau port de La Pallice, et y rendaient nécessaire la présence d'un agent de la marine, se compose seulement du centre maritime, commercial et industriel, qui porte ce nom, et est une section de la commune de La Rochelle, section appelée à devenir ville, dans l'avenir.

Ce Syndicat a été créé moins pour la tenue des matricules des inscrits maritimes, qui y sont en infiniment petit nombre, que pour assurer le service inhérent à la police de la navigation, comprenant : les visas à apposer sur les rôles d'équipage des navires de commerce, tant à l'entrée qu'à la sortie, la constatation sur les dits rôles, des mouvements d'embarquement et de débarquement qui peuvent se produire parmi les équipages, pendant leur séjour dans le port, les mesures provisoires à prendre, en cas de naufrages ou d'événements de mer, etc.

LA PALLICE.

898 habitants.

Avant d'arriver à la pointe de Chef-de-Baie, formant l'entrée N. de la baie de La Rochelle, on trouve le port, en eau profonde, de La Pallice, qui a été ouvert à la navigation en 1891, et tire son nom de la rade qui le précède et que tous les marins connaissent depuis longtemps. La rade de La Pallice est, en effet, l'un des meilleurs mouillages des côtes O. de la France; ses fonds varient de 10 à 20^{m}, aux plus basses mers; la tenue y est excellente et aucun vent ne peut gêner l'appareillage. L'établissement maritime de La Pallice comprend un avant-port avec écluse, un vaste bassin et deux formes de radoub. Il est pourvu de l'outillage et des installations que comporte un port de commerce important ou appelé à le devenir.

De la rade on pénètre dans l'avant-port dont l'entrée a 90m de largeur et est placée entre deux jetées ayant, celle du N. 374m de longueur, et celle du S. 406m. L'avant-port, qui a 12 hectares 1/2 de superficie, a été creusé à une profondeur de 5m au-dessous du niveau des plus basses mers, d'où il résulte que l'on y trouve, selon les marées, et au moment de *l'étale*, 9m50 et 11m, tirant d'eau que n'atteignent pas encore les plus grands navires connus.

Deux feux, placés sur chaque jetée, dans des tourelles en maçonnerie, éclairent, la nuit, l'entrée de l'avant-port, dont la communication avec le bassin a lieu au moyen d'une écluse ayant 235m de longueur sur 22m de largeur, pourvue de trois paires de portes métalliques et de deux portes d'ebbe, comprenant, entre elles, un sas, de 167m50. Il est question d'ouvrir une seconde écluse qui aurait 8m de plus de largeur que la précédente, soit 30 mètres.

Les navires trouvent sur le radier de l'écluse actuelle la même profondeur d'eau que dans l'avant-port.

Le bassin présente une superficie de 11 hectares 1/2. Il a été creusé à 4m au-dessous des plus basses mers; sa longueur est de 700m, mais sa largeur n'est pas partout égale; dans certaines parties, elle n'est que de 200m, tandis que vers son extrémité E. cette largeur est réduite à 100m. Quoi qu'il en soit, c'est un beau bassin qui pourrait contenir plusieurs très grands navires à la fois.

La jetée N. est reliée à la tête de l'écluse par un appontement de 210m de longueur, destiné spécialement au déchargement des pétroles et des matières dangereuses ; mais l'expérience ayant démontré que les navires pétroliers, en déchargement à cet endroit, y sont exposés à de graves avaries, lorsque le vent se lève, on recherche actuellement un autre emplacement pour isoler ces navires et faciliter leur déchargement.

Le long de la partie N. de l'appontement susdit, le fond a été creusé à 7^m au-dessous du zéro, sur une longueur de 110^m et une largeur de 15^m pour l'accostage des bâtiments d'un très fort tonnage.

La jetée S. se rattache au terre-plein de la même écluse par des arches, qui font communiquer l'avant-port avec une chambre d'épanouissement, dont le fond est élevé de 1 à 3^m au-dessus du zéro.

Deux formes de radoub complètent l'établissement maritime de La Pallice : la principale a 180^m de longueur sur 22^m de largeur, avec une hauteur d'eau, sur tins, de 8^m dans les marées ordinaires, et de 9^m50 dans les grandes malines ; la seconde forme a 114^m de longueur sur 14^m de largeur.

Les quais du bassin, l'écluse et les jetées sont éclairées à la lumière électrique.

Sur les terre-pleins du bassin, et dans deux zones différentes, sont les hangars, le réseau des voies ferrées, l'entrepôt réel des douanes, les ateliers et les divers établissements utiles à l'exploitation du port.

C'est la Chambre de Commerce de La Rochelle qui est chargée de l'administration et de l'outillage public de ce port, dont les voies ferrées aboutissent, par des courbes, à la ligne principale de La Pallice à La Rochelle.

Le port de La Pallice est pourvu d'une station de canot de sauvetage.

Parmi les industries diverses qui se sont établies dans cette localité, depuis sa récente création, viennent, en première ligne, une raffinerie de pétrole, deux usines de produits et d'engrais chimiques ; une usine de gélatine, une usine à briquettes, une distillerie de goudron de houilles, une filature de jute.

Le commerce de La Pallice consiste, importation, en charbons anglais, nitrate de soude, provenant des mers du Sud, phosphates, pâtes de bois de Suède, fromages de Hollande, et, pour les exportations, en vins, eaux-de-vie, poteaux de mines et marchandises diverses.

Plusieurs compagnies de navigation, tant françaises qu'étrangères, ont des services réguliers et des agents à La Pallice, où l'escadre du Nord et quelques grands bâtiments de la Marine Nationale, notamment la frégate-école des aspirants, viennent, chaque année, faire une courte apparition.

On a commencé, au port de La Pallice, un débarcadère maritime, qui aura 40^m de longueur sur 15^m de largeur, et sera établi sur un plancher supporté par des piliers en maçonnerie reposant sur le sol en pente du brise-lames ; les murs seront formés par une ossature en fer ; la charpente de la toiture sera métallique et la couverture en ardoises. A l'extérieur, et sur toute la longueur des faces longitudinales, on placera une marquise ayant 5m50 de largeur. L'intérieur du bâtiment contiendra une grande salle pour la visite des bagages, et à la suite une autre salle où se feront la distribution des billets et l'enregistrement des bagages.

SYNDICAT D'ESNANDES

Ce syndicat est formé par les quatre communes d'Esnandes, Marsilly, Nieul-sur-Mer et Saint-Xandre, qui font partie du canton O. de La Rochelle.

ESNANDES.

Population : 842 habitants.

Superficie territoriale : 678 hectares.

La commune d'Esnandes a un passé historique intéressant. Connue dans les anciens titres sous les noms de *Esnanda* et d'*Esnampda*, Esnandes fut une des premières seigneuries de l'Aunis ; en 1137, Guillaume X, duc d'Aquitaine, la donna à l'abbaye de Saint-Jean-d'Angély ; en 1229, Hugues, seigneur de Parthenay et de Taillebourg, l'échangea avec Geoffroy d'Ancenis, et Eléonore, sa femme, contre la huitième partie des droits qu'ils prétendaient avoir sur la Terre de Taillebourg et la Vicomté d'Aunay. En 1337, le prieuré d'Esnandes était possédé par Guillaume d'Aigrefeuille, abbé de Saint-Jean-d'Angély, qui devint, dans la suite, archevêque de Sarragosse, puis cardinal. La seigneurie d'Esnandes passa ensuite dans la maison de Vivonne, par un mariage; en 1470, elle fut érigée en Comté. En 1535, François Joubert, chevalier-seigneur de La Roche-Barangère, possédait Esnandes; après lui, on trouve, en 1538, Seguin Gentils; en 1555, Pierre Gentils; en 1636, Abraham Gentils. Jean de Monberon, ayant épousé la fille de ce dernier, devint seigneur d'Esnandes; François, son fils, l'était, en 1775.

La commune d'Esnandes est située sur le bord de la mer, à 11 kilomètres de La Rochelle; son port, qui n'est pas fermé, est exposé aux vents du N.; il n'y entre que des bateaux qui, à marée basse, reposent sur de la vase; cette vase, assez profonde, s'étend le long de la côte, qui est très poissonneuse, et où il se rassemble un grand nombre d'oiseaux aquatiques.

Esnandes n'a quelque importance que par ses nombreux bouchots dont les moules sont excellentes et très recherchées, comme le sont, d'ailleurs, celles des localités voisines: Charron, Marsilly, L'Aiguillon, etc. Plus du tiers du territoire de cette commune provient de relais de mer; les principales productions du sol consistent en céréales et vins; il n'y a ni bois, ni futaies.

On remarque à Esnandes son église fortifiée des XIIe, XIVe et XVIIe siècles, classée comme monument historique, et qui a été restaurée en 1882. Cette église, placée sous le vocable de saint Martin, est un édifice curieux par son architecture, moitié civile, moitié religieuse; elle fut très solidement construite, et il y avait autrefois au haut de ses murs, qui ont 2m d'épaisseurs, des mâchicoulis et des guérites, à chaque extrémité.

MARSILLY.

Population : 916 habitants.

Superficie territoriale ; 1,191 hectares.

Située sur le bord de la mer, la commune de ce nom est à une distance de 10 kilomètres de La Rochelle ; elle se compose du bourg chef-lieu, du village de Nantilly et de quelques maisons isolées. L'exploitation des nombreux bouchots établis sur le rivage constitue la principale industrie des habitants de cette commune qui tirent aussi un profit avantageux de leurs parcs à huîtres.

On remarque, à Marsilly, les restes d'une église qui dépendait de l'ancienne abbaye de Fontdouce ; le clocher, qui sert d'amer aux navigateurs, dont les navires entrent par le Pertuis Breton, avait jadis une flèche très élevée. De vastes souterrains, creusés sous l'emplacement de l'abbaye, conduisent à la mer.

Au S.-O. du bourg, on voit un ancien port qui fut creusé au xve siècle, par ordre de Charles VIII, et où l'on plaçait, en temps de guerre, une garde militaire.

NIEUL-SUR-MER.

Population : 1,311 habitants.

Superficie territoriale : 1,096 hectares.

La commune de Nieul est située à 5 kilomètres de La Rochelle ; elle est formée par le bourg chef-lieu et plusieurs villages ; son sol est sablonneux, dans la partie qui avoisine la côte, et mêlé de banches d'où l'on extrait des moëllons employés aux constructions de la localité.

Nieul est renommé par ses huîtres, que l'on parque le long de la côte et dans les marais. Les eaux du chenal de Lauzières, village dépendant de cette commune, et qui prend sa source à la mer, vont se perdre dans plusieurs fossés, qui séparent ce village du bourg ; ce chenal était autrefois navigable et pouvait recevoir des caboteurs de 40 à 50 tonneaux ; mais l'entrée en est presque entièrement comblée par les galets que la mer y apporte dans les tempêtes ; pendant les guerres du Ier Empire, il a souvent servi de refuge aux petits navires de commerce que poursuivaient les péniches anglaises en croisière sur la côte.

Le sol produit des vins blancs, de bonne qualité ; on y récolte aussi des sels, des grains et des fourrages. A l'E. du bourg, on voit les ruines de l'abbaye de Sermaize, qui appartenait à l'Ordre des Templiers.

L'église de Nieul fut bâtie, au XIIIe siècle, par les Anglais ; on y remarque encore des sculptures et des armoiries, qui dénotent l'ancienneté de sa construction. Cette église renferme le tombeau de René-Josué Valin, avocat au Présidial de La Rochelle, qui s'est rendu célèbre en publiant, en 1756, les savants Commentaires de la Coutume de La Rochelle et de l'Ordonnance de la Marine.

En pratiquant des excavations pour l'extraction de la pierre. on a trouvé, à Nieul et dans les environs, beaucoup d'ossements humains, des débris d'armes et des vestiges de travaux de circonvallation, qui sont autant d'indices que cette localité fut autrefois le théâtre d'événements militaires importants, qui paraissent se rattacher à l'époque des divers sièges de La Rochelle.

SAINT-XANDRE.

Population : 1,132 habitants.

Superficie territoriale : 1,221 hectares.

La commune de Saint-Xandre, dont le véritable nom fut jadis Saint-Candide (patron de la paroisse), changé, par corruption, en celui de Saint-Cande, et dont on a fait, plus tard, Saint-Xandre, est située sur un cotea assez élevé, à 5 kilomètres de La Rochelle et à 10 de Marans ; on y récolte des vins, des céréales et des foins ; la culture de nombreux jardins donne des légumes et des fruits excellents, qui approvisionnent le marché de La Rochelle.

A l'époque des guerres de religion, l'église paroissiale fut démolie par les protestants. Un marchand de La Rochelle, nommé Jupin, qui s'était mis à leur tête, fut condamné, en 1634, à rétablir cette église.

On remarque, à Saint-Xandre, le château de la Saussaie, qui est entouré de douves pleines d'eau. Ce château rappelle de grands souvenirs historiques, parce que c'est là que Richelieu établit son quartier général, durant le dernier siége de La Rochelle, et où se rendirent, auprès de lui, le 28 octobre 1628, les députés de cette ville, après sa reddition.

QUARTIER DE ROCHEFORT

Le quartier de Rochefort a pour limites au N. le *thalweg* du chenal des portes de Châtelaillon; au S. le *thalweg* du chenal de Brouage; il s'étend, en outre, sur les deux rives de la Charente, depuis son embouchure jusqu'au port du Lys inclusivement, et sur les deux rives de la Boutonne jusqu'à l'écluse de Bel-Ebat. Il est formé par les cinq syndicats de l'Ile d'Aix, Fouras, Rochefort, Tonnay-Charente, Saint-Savinien, et le préposat de Saintes (ancien quartier maritime), lesquels comprennent ensemble 70 communes dont 23 font partie de l'arrondissement géographique de Rochefort, 13 de celui de Saint-Jean-d'Angély, 24 de l'arrondissement géographique de Saintes, et 10 de celui de Marennes.

Au 1er janvier 1900, la population du quartier maritime de Rochefort se composait de 1,604 inscrits, classés comme suit: capitaines au long-cours, 38; maîtres au cabotage, 47; pilotes et aspirants, 38; officiers-mariniers, 45; quartiers-maîtres, 72; matelots des trois classes, 603; novices, 201; mousses, 50; impropres au service (utilisables ou non), 12; hors de service (cinquantenaires), 498; marins au service de l'Etat, 362; demi-soldiers, 204; veuves de demi-soldiers, 130; retraités et veuves et orphelins de retraités, 995.

Les secours alloués, en 1899, aux nécessiteux du quartier, sur la caisse des Invalides de la Marine, se sont élevés à la somme de 11,600 francs, qui a été répartie entre 240 personnes.

Pendant la même année, 208 bateaux, jaugeant ensemble 1,045 tonneaux, et montés par 525 hommes d'équipage, ont fait la pêche côtière sur divers points du quartier. Cette pêche et celle à pied ont produit, en argent, 552,061 francs, somme dans laquelle les amendements marins figurent pour 165 francs.

Le quartier de Rochefort a fait, en 1899, 1 armement pour le long-cours, 8 pour le cabotage, 35 pour le bornage, et 208 pour la pêche.

Les paiements qu'il a effectués, en 1899, sur la Caisse des Gens de mer, se sont élevés à 43,210 fr. 31 c., et ceux sur la Caisse des Invalides à 254,838 francs.

Sont attachés à ce quartier : 1,106 navires, 1,686 bateaux et 20 yachts de plaisance.

Le dit quartier possède les Etablissements de pêche suivants : bouchots à moules, 2,050 ; viviers à huîtres, 1,210 ; claires à huîtres, 65. Ces Etablissements ont produit, en 1899 : les bouchots, 26,500 hectolitres de moules comestibles, d'une valeur de 107,500 francs, les 1,275 viviers et claires, 20,256,000 kilogrammes d'huîtres, qui avaient une valeur de 3,194,970 francs.

SYNDICAT DE L'ILE D'AIX

Ce syndicat ne comprend que l'île de ce nom, qui forme une commune du canton S. de Rochefort, la seule qu'il y ait dans l'île.

La création de ce minuscule syndicat a été motivée par diverses considérations, résultant de la situation particulière de cette petite île, dont les habitants, presque tous marins ou pêcheurs, sont trop éloignés de Rochefort, pour que l'on ait pu, sans inconvénients, rattacher l'Ile d'Aix à ce dernier syndicat, et même à celui de Fouras.

L'ILE D'AIX.

Population : 386 habitants.

Superficie territoriale : 129 hectares.

Peu étendu, le territoire de la commune de l'Ile d'Aix est sablonneux ; on y cultive la vigne et quelques céréales ; on y fait aussi un peu de sel ; cette île, qui fut vraisemblablement unie au continent, était autrefois couverte de chênes verts.

L'Ile d'Aix a un petit port, qui n'est qu'un hâvre d'échouage où les vents d'E., de S.-E. et de S. rendent très difficile, et quelquefois dangereux, l'accostage des embarcations. Un débarcadère, formé par une jetée de 90^{m}, est établi dans la partie S. de la pointe Sainte-Catherine, une cale de 40^{m} de longueur, a été ménagée, dans cette jetée, pour les embarcations, qui peuvent y accoster à toute heure de marée.

Sur la pointe Sainte-Catherine, on a placé, dans une tour ronde, élevée à 20^{m} au-dessus des plus hautes mers, un feu à éclats blancs réguliers, de 5 en 5 secondes, avec un secteur à éclats rouges.

SYNDICAT DE FOURAS

Le syndicat de ce nom se compose des huit communes de : Aigrefeuille, Le Thou, Thairé, Ballon, Ciré, Yves, Fouras et Saint-Laurent-de-la-Prée, dont les cinq premières appartiennent au canton d'Aigrefeuille, et les trois dernières au canton S. de Rochefort.

AIGREFEUILLE.

Population : 1,553 habitants.

Superficie territoriale : 1,685 hectares.

L'origine d'Aigrefeuille ne paraît pas bien connue. Cette commune, située à 20 kilomètres de Rochefort, comprend, outre son chef-lieu, plusieurs villages et hameaux ; ses productions consistent en vins, froment, fourrages et lin ; on y trouve plusieurs distilleries donnant d'excellente eau-de-vie, et les ruines d'un ancien château, qui était flanqué de deux tours.

Aigrefeuille, dont l'église fut, dit-on, bâtie par les Anglais, en 1360, a six foires importantes. Cette localité est desservie par le chemin de fer de Paris à La Rochelle, qui y a une grande gare. De la même localité, part un autre chemin de fer, dit d'Aigrefeuille à Rochefort, et dont le parcours est de 17 kilomètres.

LE THOU.

Population : 953 habitants.

Superficie territoriale : 1,900 hectares.

Cette petite commune n'a rien de remarquable ; sa foire, qui se tient, chaque année, le 29 juin, est très renommée dans le pays. On voit, sur son territoire, les ruines de l'ancien château de Cigogne, qui servit de quartier aux troupes royalistes, quand Louis XIII, en 1628, tenait la ville de La Rochelle assiégée.

THAIRÉ.

Population : 998 habitants.

Superficie territoriale : 1,873 hectares.

La commune de ce nom est située à 19 kilomètres de Rochefort; un petit ruisseau, appelé le Pontreau, arrose son territoire, qui est très fertile, quoique argileux; on y cultive la vigne, le froment et l'avoine.

L'origine de Thairé est fort ancienne; il paraît qu'autrefois le rivage de la mer était beaucoup plus rapproché de ce lieu qu'il ne l'est aujourd'hui ; on remarque encore le lit d'un bras de mer qui circonscrivait le bourg du côté du N.

Thairé semble avoir été habité primitivement par les Romains, ce que donneraient à penser les découvertes faites dans les premières années du XIXe siècle, sur le penchant d'un coteau dit de Sainte-Colombe.

Lorsque Guillaume IX, duc d'Aquitaine, ravageait, en l'an 1096, les Terres d'Isambert de Châtelaillon, c'est à Thairé qu'il séjourna. C'est aussi dans cette localité, et au cours des guerres de religion, que fut conclu, le 27 juin 1574, entre les députés de la Reine-Mère Catherine de Médicis et ceux de La Rochelle, un armistice, qui suspendit, pendant deux mois, les hostilités.

Il y avait jadis une Commanderie des Chevaliers de Saint-Jean de Jérusalem, à Bourgneuf et Thairé, dont le Terrier est conservé aux Archives départementales.

On voit, dans cette commune, un clocher du XIVe siècle, bâti par les Anglais ; ce clocher, de forme carrée, domine la mer ; il a deux plates-formes, avec des embrasures, pour recevoir de l'artillerie.

BALLON.

Population : 534 habitants.

Superficie territoriale : 1,218 hectares.

Située sur le bord d'un marais desséché, cette commune n'offre rien d'intéressant ; outre son chef-lieu, qui ne forme qu'une très petite agglomération, elle se compose de quatre villages. On voit, au lieu dit le Bois de Flassai, les ruines d'un manoir du XVIe siècle.

CIRÉ.

Population : 797 habitants.

Superficie territoriale : 2,579 hectares.

Ciré est une ancienne châtellenie, dont le premier seigneur connu fut Guillaume de Ciré.

En 1152, un grand nombre d'habitants du pays d'Aunis étant venus s'établir à La Rochelle, demandèrent l'autorisation de bâtir des maisons dans un terrain vague, appartenant à ce seigneur, qui le permit, et accorda même un emplacement pour construire une église sous le vocable de Saint-Barthélemy. Depuis le XIIIe siècle jusqu'à la Révolution, la châtellenie de Ciré fut possédée successivement par les anciens seigneurs de Péré, puis par Joachim Girard, seigneur de Bazoges, et Jean Girard, son fils, qui les vendit à Jean Ombin, seigneur de Malicorne ; elle passa ensuite aux mains de Pierre de La Touche, puis dans la maison de Culant, où elle resta jusqu'en 1789. C'est un des membres de cette dernière famille, Olivier de Culant, l'un des principaux chefs, en Saintonge, du parti protestant, qui fit construire, en 1549, le château de Ciré, dont il ne subsiste que le bâtiment central, les deux ailes ayant été détruites en 1793. Ciré avait eu anciennement un autre château, très fortifié, qui, en 1392, fut pris aux Anglais par Duguesclin.

Le territoire de cette commune est borné au S. par des marais desséchés ; il est baigné par un petit cours d'eau qui va tomber dans le canal de Charras ; on y cultive la vigne et diverses céréales.

Cette localité est desservie par le chemin de fer d'Aigrefeuille à Rochefort, qui y a une station.

YVES.

Population : 336 habitants.

Superficie territoriale : 2,434 hectares.

Une ordonnance royale du 29 janvier 1823 a réuni en commune les deux villages d'Yves et de Voutron, qui étaient autrefois entourés d'eau et formaient des îlots que l'on a transformés en terres labourables, en prairies et en pelouses marécageuses. Le sol, d'une nature argileuse, et qui est divisé en terres à grains et en prés-pacages, d'excellente qualité, convient, tout particulièrement, pour l'élève du bétail ; aussi y engraisse-t-on beaucoup de bœufs, qui se vendent aux foires de Rochefort, dont Yves n'est qu'à 12 kilomètres.

Au lieu nommé Le Rocher, on trouve sur le bord de la mer, une grande quantité de pierres métalliques, chargées de parcelles élémentaires de cuivre, ainsi que de nombreux coquillages.

FOURAS.

Population : 2,002 habitants.

Superficie territoriale : 971 hectares.

Le bourg de Fouras, auquel conviendrait mieux la dénomination de ville, en raison de l'importance qu'il a acquise depuis sa transformation en une agréable station balnéaire, très fréquentée pendant l'été, s'élève sur la dernière colline contiguë à la rive droite de la Charente, au point où elle commence à prendre une grande largeur et à devenir la mer.

Fouras est fort ancien, et aux XIe et XIVe siècles, il était déjà cité comme ayant quelque importance, et cette importance, il la doit, de nos jours, à ses plages qui sont, chaque année, le rendez-vous de plusieurs milliers de baigneurs, attirés par le joli panorama d'un vaste bassin qu'entourent les Iles Madame, d'Oleron et d'Aix, animé par le mouvement des barques de pêche et des nombreux bâtiments, à voiles et à vapeur, tant de l'Etat que du Commerce, qui remontent ou descendent la Charente. Un magnifique bois de chênes verts, s'étendant jusqu'aux falaises, donne un agréable ombrage aux élégantes villas, construites autour, et près desquelles est le Casino.

Parmi les autres curiosités de Fouras, où l'on a créé un Sanatorium, on remarque 1° le donjon, haut de 20[m], de son ancien château-fort, qui avait lui-même remplacé un autre château, construit par les ducs d'Aquitaine, pour fermer aux pirates l'entrée de la Charente; 2° la criée ou marché au poisson.

Une charte de 1080 mentionne qu'il y avait autrefois, auprès de ce château, une grande forêt du voisinage, de laquelle Fouras aurait tiré son nom qui vient du celte *Pforest*. La Terre de Fouras fut jadis une châtellenie, qui relevait du gouvernement de La Rochelle et du pays d'Aunis.

A 2 kilomètres dans le N.-O. de Fouras, se trouve la redoute de la pointe de l'Aiguille, élevée en 1673, sur une langue de terre qui s'avance dans la mer. Cette pointe et la petite île inhabitée d'Enet, se communiquent par une chaussée naturelle, sinueuse, et formée de rochers, découvrant à basse mer. La position de l'Ile d'Enet semble constater son ancienne réunion avec le continent.

Fouras a deux petits ports d'échouage, que l'on peut considérer comme hâvres de pêche et de pilotage; le port N., formé par une jetée de 102^{m} de longueur, qui constitue un abri insuffisant, par gros temps, et le port S. ou de la Coue, situé à 1,200^{m} du précédent, et qui est aussi formé par une jetée de 100^{m}; mais, en raison de leur peu de profondeur, ces ports ne peuvent être fréquentés que pendant 6 heures par marée; pour remédier à cet inconvénient, on a construit, il y a quelques années, à 2,800^{m} de Fouras, une jetée de 170^{m} de longueur, appelée Jetée de la Fumée, et servant de débarcadère aux bateaux-pilotes et chaloupes de pêche attachés à cette localité.

Fouras est desservi par un embranchement spécial du chemin de fer de Nantes à Bordeaux, et qui part de Saint-Laurent-de-la-Prée. Cet embranchement n'a que 5 kilomètres.

C'est à Fouras que l'empereur Napoléon Ier s'embarqua pour l'île d'Aix, en juillet 1815.

SAINT-LAURENT-DE-LA-PRÉE.

Population : 831 habitants.

Superficie territoriale : 2,698 hectares.

La commune de Saint-Laurent, située à 9 kilomètres de Rochefort, doit son surnom de la Prée à ses très nombreux prés-pacages, et à ses prairies naturelles, qui fournissent des fourrages d'une excellente qualité ; aussi ses habitants se livrent-ils, avec succès et avantage, à l'élève du gros bétail et des chevaux.

Le pont et le petit port de Charras font partie de cette commune, qui est bordée à son extrémité S.-O. par le fleuve la Charente ; son église, du XVe siècle, a été restaurée. On remarque sur le territoire de la dite commune, deux dolmens, portant le nom de *Pierres-Closes de Charras*, et qui sont classés comme monuments historiques.

Le chemin de fer de Nantes à Bordeaux a aussi une station à Saint-Laurent-de-la-Prée où il existe un embranchement spécial de 5 kilomètres, desservant la ville et station balnéaire de Fouras.

SYNDICAT DE ROCHEFORT

Ce syndicat se compose des 14 communes de Rochefort, Loire, Breuil-Magné, Vergeroux, Saint-Nazaire, Soubise, Saint-Froult, Moëze, Echillais, Beaugeay, Saint-Agnant, Champagne, Saint-Jean-d'Angle et Saint-Symphorien, dont les trois premières font partie du canton N. de Rochefort, la quatrième du canton S. de la même ville, et les dix dernières de celui de Saint-Agnant, appartenant à l'arrondissement géographique de Marennes.

ROCHEFORT.

Population : 33,534 habitants.

Superficie territoriale : 2,134 hectares.

L'histoire des origines de la ville de Rochefort est intimement liée à celle du port militaire que, par les ordres de Louis XIV, Colbert y fonda, en 1666, sur les bords de la Charente. Avant cette époque, Rochefort n'était qu'une châtellenie que Philippe-le-Bel annexa, en 1303, au domaine de la Couronne, et qui, soixante ans plus tard, fut cédée au roi d'Angleterre, par le traité de Brétigny, avec le château-fort qu'elle possédait. En 1370, Charles V la réunit à la Couronne de France; en 1428, la Terre de Rochefort fut concédée par Charles VII à Jacques Ier, roi d'Ecosse, qui devait la rendre au premier de ces monarques, lorsque les Anglais auraient été chassés du royaume de France. En 1465, le château et la seigneurie de Rochefort passèrent à Charles d'Anjou, comte du Maine. Sous Charles VIII, Louis XII et François Ier, ils eurent plusieurs possesseurs jusqu'en 1554, où ils furent réunis au domaine de la Couronne.

Le château de Rochefort qui, au XVIe siècle, devint une position militaire importante, dans les guerres de religion dont la Saintonge fut le théâtre, eut un rôle considérable dans l'insurrection qui éclata en Aquitaine, à l'occasion du mariage de Louis XIII avec Anne d'Autriche. De ce château célèbre, il ne reste actuellement qu'un mur du corps de garde de la porte principale de l'arsenal, et un autre mur du pavillon où sont les bureaux du Commissariat général de la Marine.

Lorsque Louis XIV et Colbert choisirent les rives de la Charente pour y établir le port de guerre nécessaire à la réalisation de leurs grands projets, ils furent guidés dans le choix de cet emplacement par les considérations suivantes : position favorable pour les approvisionnements au centre d'un pays riche, et entre les vallées de la Loire et de la Garonne; fleuve profond, même à marée basse, rade facile à défendre, et impossible à bloquer étroitement; éloignement de la mer, qui mettait le nouveau port à l'abri d'un bombardement et d'une attaque sérieuse.

Avant de faire ce choix, on avait d'abord jeté les yeux sur Brouage, puis sur la Seudre; mais aucun de ces points n'avait paru avoir les avantages que devait offrir un port militaire. Brouage, quoique florissant par son commerce de sels, avait un port situé sur des chenaux qui commençaient à s'envaser; quant à la Seudre, bien que plusieurs bâtiments de guerre y aient été armés, en 1638, et que cette rivière présentât, sur quelques points de son embouchure, des profondeurs d'eau au moins égales à celles que l'on trouve dans la Charente, il y avait, contre elle, les bancs de sable qui se forment à l'entrée, et l'inconvénient non moins grand résultant de ce que ce bras de mer ne peut communiquer avec l'Océan que par le Pertuis de Maumusson ou par les coureaux étroits et tortueux, de l'Ile d'Oleron, qui sont seulement praticables aux caboteurs. Rochefort eut donc la préférence, en raison des avantages naturels que lui donnaient la facilité des atterrages sur ses rades, la commodité de la navigation de l'estuaire de la Charente et la profondeur des mouillages qui s'étendent depuis Tonnay-Charente, où l'on avait également songé à créer le port militaire, jusqu'à Soubise.

En mai 1666, Colbert prit possession, au nom du Roi, de la châtellenie de Rochefort, et jeta les fondements des premiers édifices de l'Arsenal maritime. Une médaille, déposée à l'Hôtel de Ville, rappelle cette prise de possession.

Quand, huit ans après, sa santé altérée l'obligea à se retirer, ce grand ministre avait doté la France d'une ville nouvelle et d'un arsenal important, car la ville fut créée en même temps que le port militaire.

A Colbert succéda, comme intendant, en 1674, M. de Muin, qui, se préoccupant de la possibilité d'une attaque par terre, entoura la ville de fortifications, faisant partie du projet primitif de l'ingénieur de Clerville, mais que Colbert n'avait pas voulu construire, pour éviter un partage d'autorité avec le ministre de la guerre. Le mécontentement de Colbert, en apprenant que M. de Muin avait fait exécuter les fortifications qu'il avait refusées peu d'années auparavant, compromit un instant l'existence de Rochefort, et il fut question de transporter au Vergeroux le nouvel établissement maritime. Entre temps, l'intendant Arnoul, qui, en 1683, avait remplacé M. de Muin, parvint à conjurer ce danger et l'ordre donné fut rapporté. C'est cet intendant qui fit construire, en 1688, la première caserne, appelée caserne Martrou; mais son administration n'eut pas une longue durée, car, au mois de septembre de la même année, il remit la direction du nouveau port aux mains de l'intendant Bégon, qui la conserva jusqu'en 1710, et fut l'un des administrateurs les plus marquants de l'époque.

La révolution qui avait placé Guillaume d'Orange sur le trône de la Grande-Bretagne venait de rallumer la guerre, et la marine française eut bientôt à lutter contre l'Angleterre et la Hollande. Rochefort construisit et arma un grand nombre de bâtiments, dont plusieurs firent partie de la flotte commandée par Chateaurenault, et dont quelques autres contribuèrent à la victoire remportée, en mars 1690, par Tourville, sur les forces anglo-bataves. Plus tard, la guerre de la succession d'Espagne donna une nouvelle importance à Rochefort, qui, après avoir contribué aux triomphes de temps plus heureux, eut sa part des revers qui atteignirent alors notre marine.

En 1703, l'existence du port fut menacée par les Anglais qui avaient fait construire 200 bateaux plats, pour opérer une descente en Saintonge, et des flûtes, ou bateaux légers maçonnés, qu'ils devaient couler à l'embouchure de la Charente. L'éminence et la gravité du danger firent prendre immédiatement des mesures en présence desquelles cette tentative formidable échoua.

En apportant quelque repos à la France, le traité d'Utrecht, survenu deux ans avant la mort de Louis XIV, ouvrit à Rochefort une perspective nouvelle, et la paix, en enlevant aux habitants de cette ville la source des revenus que leur avait donnés l'Arsenal, dont ils avaient vécu, jusqu'alors, porta leur activité vers les spéculations commerciales, et ils construisirent des navires, en amont du port de guerre, pour la navigation du long-cours et du cabotage; ces essais furent fructueux et Rochefort eut bientôt quelque importance, comme place de commerce.

En 1727, le port de Rochefort était, comme il l'est aujourd'hui, battu en brèche, malgré les grands services qu'il avait rendus, pendant le règne de Louis XIV; un voyage que M. de Maurepas y fit, la même année, le réhabilita dans l'esprit de ce ministre qui put en apprécier, par lui-même, l'importance et les ressources.

En 1757, une nouvelle tentative fut dirigée contre le port, par l'amiral anglais Hawke, qui s'empara de l'Ile d'Aix, dont il détruisit les fortifications et fit la garnison prisonnière; mais ayant trouvé en sérieux état de défense les points accessibles de la côte et de l'entrée de la Charente, il se retira sans avoir cherché à opérer de débarquement ou à remonter le fleuve.

Au cours des longues guerres de la République et du Ier Empire, le port conserva l'importance qu'il avait acquise depuis sa création. En 1805, ce port eut sa triste part dans les désastres de Trafalgar où se trouvaient trois de ses vaisseaux; l'année suivante, une division de 5 vaisseaux, 4 frégates et 4 corvettes, sortit de la Charente pour aller ravitailler les Antilles; elle captura un grand nombre de vaisseaux anglais, et le vaisseau *le Calcutta*, de cette nation, qu'elle fit entrer à Rochefort; puis elle franchit le détroit de Gibraltar, sans avoir été aperçue par la flotte anglaise, et alla mouiller à Toulon.

En 1808, Napoléon Ier vint à Rochefort, et comprit l'importance militaire de ce port, ses facilités d'approvisionnement, les défenses de sa rade; il descendit la Charente, visita le fort Boyard, dont il avait, en 1803, approuvé la construction, comme premier consul; il donna lui-même, à l'Ile d'Aix, le plan du fort Liédot.

L'année 1809 fut marquée à Rochefort par le désastre maritime, connu sous le nom d'Affaire des Brûlots, et dans lequel nous perdîmes 4 vaisseaux et une frégate sur les 15 bâtiments (11 vaisseaux et 4 frégates) dont se composait l'escadre de l'amiral Lallemand, mouillée sur la rade de l'Ile d'Aix, les autres bâtiments étant parvenus à gagner le port.

En 1812, de nouveaux travaux de défense furent établis sur tous les points qui pouvaient contribuer à garantir le port d'une attaque par le fleuve ou par terre; tout alors semblait faire présager quelque nouvelle tentative de cette nature, mais les événements de 1814 les rendirent inutiles, et éloignèrent de nos côtes les escadres anglaises.

L'empereur Napoléon Ier, que Rochefort avait reçu avec enthousiasme dans ses murs, le 4 août 1808, y revint, comme proscrit, en 1815; la population l'accueillit aussi chaleureusement que la première fois, et c'est un honneur pour elle d'avoir entouré de marques de respect les dernières heures que l'illustre proscrit passa sur la terre française.

Plusieurs combinaisons avaient été présentées à l'Empereur, pour assurer son départ, en dépit des croiseurs anglais qui exerçaient une surveillance active sur la côte d'où l'on apercevait le vaisseau *Le Bellérophon*, mouillé sur la rade des Basques ; mais diverses considérations l'empêchèrent de donner suite à aucun des projets qui lui furent soumis, et il quitta Rochefort, le 8 juillet, pour se rendre à l'Ile d'Aix, sur la frégate *La Saale*, puis, le 15 du même mois, il donna l'ordre au brick *L'Epervier* de le conduire à bord du *Bellérophon*, où selon la noble expression de sa lettre au prince Régent, « il venait s'asseoir au foyer Britannique ».

A partir de 1815, l'histoire militaire du port de Rochefort n'eut plus à enregistrer d'épisodes importants. Quelques-uns des navires de ce port prirent part aux expéditions qui eurent lieu sous les gouvernements de Louis-Philippe et de Napoléon III. Au combat de Saint-Jean-d'Ulloa, en 1838, figurait la frégate *La Gloire* qui, l'année suivante, porta, à la Plata, le pavillon de l'amiral de Mackau. Aux affaires de Mogador et de Tanger, en 1844, *L'Asmodée* faisait partie de la division navale placée sous les ordres du prince de Joinville. Lors de la guerre de Crimée, l'escadre de la mer Noire comptait plusieurs navires armés à Rochefort, le *Louis XIV*, la *Ville de Paris*, le *Turenne*, le *Mogador*, le *Coligny*, l'*Euménide*, le

Gorgone. Dans celle de la Baltique, il y avait : la *Virginie* et le *Laborieux*. Enfin, à l'expédition de Chine, de 1860, c'est la frégate *La Renommée* qui porta successivement les pavillons des amiraux Charner, Protet et Page. Au combat et à la prise de Simonosaki, le pavillon de l'amiral Jaurès flottait sur le *Sémiramis*, autre frégate de Rochefort, qu'accompagnait le *Tancrède*, du même port.

Pendant longtemps, comme on l'on vu, dans l'exposé qui précède, le port militaire de Rochefort resta très prospère et il est sorti de ses chantiers de construction les plus beaux types de navires de notre marine d'alors, notamment le magnifique vaisseau à trois ponts *La Ville de Paris*, mis à l'eau en 1851 ; mais, depuis quelques années, un vent mauvais semble avoir soufflé sur ce port, qui a de nombreux détracteurs, même parmi les membres du Parlement. On a prétendu que nos grands bâtiments de combat actuels, par suite de leur énorme tirant d'eau, ne pouvaient pas remonter ou descendre la Charente, et encore moins franchir les seuils qui forment obstacle à l navigation, sur plusieurs points de ce fleuve ; de là est venu, en partie, l'amoindrissement de Rochefort, comme port de construction et d'armement, et l'on n'y a plus envoyé ou construit que des navires de proportions réduites.

Il est vrai que le seul et grand défaut de ce port consiste dans les traverses rocheuses du fleuve et dans la barre vaseuse de son embouchure, qui seraient de nature à le rendre inaccessible à nos plus grands cuirassés actuels.

S'il n'était pas possible de remédier à cet état de choses, il faudrait, sans doute, restreindre le rôle de Rochefort à celui, très secondaire, de port d'approvisionnement et de construction, pour les croiseurs et avisos; mais, il n'en est pas ainsi. Déjà, des dévasements et des dragages, exécutés, de 1886 à 1889, ont augmenté la profondeur d'eau insuffisante que l'on trouvait jadis sur les seuils rocheux du Fougueux, de Soubise et de l'Avant-Garde, que des navires, ayant un tirant d'eau de 8m environ, peuvent maintenant franchir, sans difficulté, aux pleines mers de toutes les marées; toutefois il en reste encore d'autres, qu'il faudrait faire disparaître, car il importe que la Charente, sur son parcours, depuis la rade jusqu'à l'intérieur du port militaire, soit accessible, à toutes heures de marées, à ceux de nos navires ayant un tirant d'eau de 9m qui sera peut-être, plus tard, de 10m, avec les constructions que l'avenir nous réserve; il serait, en outre et par suite nécessaire de creuser le chenal, depuis la rade jusqu'à l'arrière-garde, de manière à avoir, aux plus basses mers, 9m d'eau, au moins.

Dans ces conditions, dont la réalisation ne tiendrait qu'au vote, par la Chambre, des crédits suffisants, Rochefort, à qui l'on restituerait, en même temps, les services qui lui ont été enlevés, peu à peu, deviendrait par sa position unique à 22 kilomètres de la mer, sinon le premier, du moins l'un des plus sérieux de nos ports militaires; ses chantiers de construction y reprendraient leur activité passée, et l'on y verrait enfin armer et désarmer, comme autrefois, les plus fortes unités de combat de notre flotte.

Les considérations majeures qui déterminèrent la création de Rochefort ont aujourd'hui la même force qu'il y a deux siècles et demi environ ; on peut même ajouter que l'emploi de la vapeur et les progrès considérables de l'artillerie, en rendant les autres arsenaux plus facilement attaquables, ont donné à l'inexpugnabilité de Rochefort une importance beaucoup plus grande. On contesterait difficilement, d'ailleurs, l'invulnérabilité que donne à Rochefort sa situation exceptionnelle, qui le met à l'abri d'un coup de main par mer ; c'est donc le seul de nos ports militaires qui présente de tels avantages, et ce ne serait ni Cherbourg, malgré sa digue armée, son fort de la Montagne du Roule, les forts et les batteries du port et de la rade ; ni Lorient, défendu par la citadelle de Port-Louis, et quelques forts de la côte ; ni Toulon, quoique en bon état de défense, que l'on pourrait, même en augmentant les forts et les batteries qui les défendent, mettre à l'abri d'un bombardement.

Brest, grâce à son goulet, dont l'accès est rendu difficile, par des écueils dangereux, qu'il faut bien connaître pour les éviter, n'aurait peut-être pas trop à craindre d'une force navale ennemie qui se présenterait pour pénétrer dans son immense et belle rade.

Il convient, d'ailleurs, de remarquer qu'entre Lorient et la Bidassoa, c'est-à-dire la frontière espagnole, nous n'avons pas d'autre refuge que la rade de l'Ile d'Aix, pas d'autre port de guerre que celui de Rochefort.

En ce qui concerne ce dernier port, qu'il serait si facile de défendre au moyen de torpilles, que l'on immergerait depuis l'entrée du fleuve jusqu'à l'Avant-

Garde, il est vivement à souhaiter que le Gouvernement cherche, le plus promptement possible, à tirer parti des avantages de toute nature qu'il offre; aussi doit-on savoir gré à l'amiral Rieunier, député de cette ville, du dépôt qu'il a fait au Parlement, en juin 1900, d'un amendement sur la question du projet de loi relatif à l'outillage de nos ports de guerre, en vue de la création, à Rochefort, d'un bassin à flot d'armement et de réserve, de 7 à 8 hectares de superficie, avec écluse, et devant coûter dix millions de francs.

Quand on songe aux nombreux millions que l'on a dépensés, il y a quelques années, pour créer le port voisin de commerce de La Pallice, qui serait facilement détruit par une flotte ennemie mouillée sur la rade des Trousses, destruction que ne pourraient empêcher ni les feux du fort Boyard et de l'Ile d'Aix, ni ceux des batteries des Saumonards, à l'Ile d'Oleron, et encore moins l'artillerie du fort de Sablanceaux, à la pointe S.-E. de l'Ile de Ré, et les batteries de Chef-de-Baie, on s'étonne justement que rien de sérieux n'ait encore été exécuté pour Rochefort, dont on pourrait faire un grand et magnifique Etablissement maritime, unique dans son genre, c'est-à-dire à l'abri d'un bombardement, et qui permettrait à nos escadres de venir s'y réfugier, s'y ravitailler et s'y réparer, en temps de guerre.

Les terrains et emplacements que nécessiterait l'exécution de cette grande et utile entreprise existent déjà; ce sont ceux achetés à la ville, par la marine, du côté de l'Arrière-Garde, et qui semblent être tout indiqués pour la création de nouvelles cales de construction et formes de radoub.

Pourquoi, en même temps, ne réaliserait-on pas le projet, conçu par Vauban, de faire un immense bassin à flot, dans la vaste prairie de Rosne, si bien placée, sur la rive gauche du fleuve, pour recevoir cette destination ?

Le port militaire de Rochefort est situé sur la rive droite de la Charente par 45° 56' de latitude N., et 3° 17' de longitude O. ; il s'étend sur une longueur de 2,500^{m} environ, du chenal de la Poudrière, considéré comme Avant-Garde, jusqu'à la Direction d'Artillerie, après laquelle est l'Arrière-Garde ; le lit du fleuve y est profond, même à marée basse ; les vases se déposent, il est vrai, sur ses rives, mais le jusant en entraîne une quantité correspondante, car, depuis deux siècles et demi, le régime n'en a pas changé.

Les navires sont embossés, le long de la rive droite, dans une fosse dont le fond est formé de vase molle, et où ils trouvent des profondeurs d'eau suffisantes pour être toujours à flot, même aux plus basses mers. Sur la même rive, il existe plusieurs pontons ou postes d'amarrage. Ce port offre tous les éléments nécessaires à la construction et aux réparations de nombreux navires ; il possède 11 cales de construction et 3 bassins de radoub ; ses nombreux ateliers, pourvus d'un outillage qui ne laisse rien à désirer, sont en mesure de faire face à toutes les exigences du service ; les magasins des vivres, qui forment un des plus beaux édifices de la ville, où ils sont situés, sont très vastes ; le magasin général et les magasins des directions peuvent contenir le matériel et les approvisionnements nécessaires pour assurer les besoins des bâtiments en armement, et recevoir les remises faites par ceux qui viennent ou pourraient venir y désarmer.

Avant de conduire le lecteur dans le port militaire, je vais décrire le fleuve la Charente, depuis son embouchure, jusqu'à l'Avant-Garde, où commence ce port.

Après avoir évité le plateau des Palles, dont la description a été faite au chapitre *Hydrographie maritime*, on entre dans le fleuve, en laissant, sur la rive gauche, Port-des-Barques, village de 400 habitants, faisant partie de la commune de Saint-Nazaire; on y a construit, normalement au cours du fleuve, une jetée de 345m de longueur, sur 3m de largeur, qui sert de débarcadère, et constitue le port de pêche de cette petite localité. Enracinée à terre, vers le milieu du village, la dite jetée se prolonge jusqu'à la laisse des basses mers.

Port-des-Barques, où il y a une station de pilotes, est à 12 kilomètres de Rochefort par la voie de terre, et à 20, en employant celle du fleuve. C'est en quelque sorte à Port-des-Barques que commence la navigation dans la Charente, dont le chenal ou lit est sûr dans toute son étendue; le fond est de vase molle, et l'échouage n'offre pas d'inconvénients. Par suite du dérasement de quelques-uns des seuils rocheux du fleuve, ce chenal est maintenant accessible aux bâtiments d'un tirant d'eau de 7 à 8m, lorsque la marée est haute.

En quittant Port-des-Barques, on trouve successivement, sur la même rive: Lupin et La Fontaine Royale, où les citernes flottantes viennent s'approvisionner d'eau pour les besoins de la rade et des forts; puis, sur la rive droite, Vergeroux, où il existe un appontement utile; sur la rive gauche, le mouillage de Soubise où en amont, et à une encâblure de ce point, il reste, à basse mer, un minimum de 5m50 d'eau; le mouillage de l'Orange, où il y a 8m d'eau, dans les plus basses mers, puis celui de Martrou, qui commence en amont de la balise de la rive gauche de Martrou, et s'étend à 2 encâblures, en aval; à ce dernier mouillage, les profondeurs, à basse mer, sont de 6 à 8m.

C'est à Martrou et au passage de ce nom qu'étaient les bacs qui, depuis longtemps, mettaient en communication les deux rives de la Charente, et transportaient de l'une à l'autre, les nombreuses personnes que leurs affaires appelaient à traverser le fleuve, ainsi que les voitures, marchandises et bestiaux, qui se présentaient sur les deux points.

Le service de ces bacs ne répondait plus aux besoins auxquels il avait à satisfaire; il était souvent rendu très pénible, quand il n'était pas même tout à fait interrompu, dans certaines circonstances de marées ou de perturbations atmosphériques. Ces bacs incommodes, et quelquefois insuffisants, ont été remplacés récemment par un pont à transbordeur, construit également à Martrou, c'est-à-dire à 2 kilomètres de Rochefort. C'est le système très curieux et très ingénieux des ponts suspendus perfectionnés, et appliqué aux ponts transbordeurs, par l'inventeur, M. Arnodin.

Commencé en mars 1898, ce pont a été livré à la circulation le 8 juillet 1900 et inauguré solennellement le 29 du même mois, en présence des ministres de la Marine et des Travaux publics. Il se compose essentiellement de deux pylônes en acier, de 68m de hauteur, établis sur les deux rives de la Charente; chacun de ces pylônes repose sur quatre piliers de fondation, en maçonnerie de ciment et pierres de taille, établis sur le rocher, par le moyen de l'air comprimé; à gauche, il a fallu descendre à 13m, et à droite, à 20m au-dessous des rives du fleuve. Les pylônes portent, à leur sommet, une suspension, formée de câbles en acier, qui soutiennent un tablier métallique, sur lequel est fixée une voie ferrée; sur cette voie ferrée roulent vingt-quatre paires de galets, auxquels sont attachés des câbles en acier, qui descendent verticalement, pour soutenir le transbordeur, qui se trouve au niveau des quais.

De quai à quai, il y a 156m; la longueur totale du tablier supérieur est de 175m, et sa hauteur, au-dessus des plus grandes marées de syzygies, de 50m, ce qui permet le passage des navires aux mâtures les plus élevées.

Le transbordeur, qui a une longueur de 14m et une largeur de 11m50, vient affleurer le niveau de la route dont il est, en quelque sorte, la continuité; il est divisé en trois compartiments longitudinaux; celui du milieu, le plus spacieux, est destiné à recevoir les véhicules (voitures et charrettes); il peut contenir 6 tombereaux chargés et 12 voitures légères; les deux compartiments latéraux, plus étroits, sont réservés aux piétons; ils peuvent recevoir 250 personnes.

Le fonctionnement est très simple. Dès que les voyageurs et les véhicules ont été introduits, le chariot, placé sur le tablier, est attiré vers la rive opposée, entraînant avec lui le transbordeur. L'embarquement et le débarquement demandent trois minutes environ, et la traversée 75 secondes.

La machinerie est installée dans un bâtiment, construit spécialement sur la rive droite; enfin, dans chacun des pylônes, se trouve un escalier, qui permet la traversée de la Charente, la nuit, en passant sur le tablier supérieur. C'est en 1894 que le Conseil général de la Charente-Inférieure avait décidé la construction de ce transbordeur, dont la dépense totale, y compris l'achat des terrains, la rectification de la route, etc., s'élève à 750,000 fr. environ.

Il est question de construire à Soubise un transbordeur semblable, pour lequel le Conseil général a émis un avis favorable, au cours de sa session d'août 1900.

A 2 kilomètres de Martrou est l'Avant-Garde, point du fleuve déterminé, en vue de la police et des mouvements intérieurs de l'Arsenal. C'est à ce point, où l'on a mouillé un ponton d'amarrage, que commence le port militaire, dont je vais donner la description, en prenant, comme point de départ, son entrée principale en ville, c'est-à-dire la monumentale porte du Soleil, située à l'extrémité de la rue de l'Arsenal. En y arrivant, on aperçoit, à gauche, et dans la rue Toufaire, qui porte le nom d'un ingénieur distingué, la tour des Signaux, et, à droite, la place La Galissonnière, dont deux des côtés sont formés, le premier, celui du fond, par l'ancien Hôtel de l'Intendance, qu'occupent le commissaire général de la marine et quelques-uns des bureaux dépendant de son service, notamment ceux des revues, armements et fonds, et l'Inspection des services administratifs; à la suite de cet hôtel et sur le même alignement, est un autre bâtiment, qui lui est contigu, et où sont installés la Majorité générale de la marine et les bureaux de la 3e brigade d'infanterie coloniale; ces deux bâtiments ont leur entrée sur la dite place et leur façade postérieure sur l'Arsenal, dont ils font partie; sur le second côté est la caserne de la 4e compagnie de gendarmerie maritime, bâtie en 1856, et contenant les logements des officiers et de la troupe.

Après avoir franchi la porte du Soleil, on a, devant soi, le bassin de radoub n° 3 ou grand bassin, qui date de 1861, et dont la longueur extérieure, y compris l'écluse, est de 135m. Les fondations de ce bassin ont présenté d'assez sérieuses difficultés, en raison de la nature du terrain pour lequel on a dû employer un pilotage général de pieux, en pins des Landes, d'une longueur variant de 1 à 15m, enfoncés jusqu'au rocher, et un grillage en bois de chêne. Malgré les conditions défavorables dans lesquelles il a été créé, ce bassin présente une étanchéité remarquable. Deux autres bassins ou formes de radoub existent dans l'Arsenal; ces deux formes, qui datent de 1728, sont placées bout à bout, et pourraient, si l'on retirait le bateau-porte intermédiaire, n'en faire qu'une; la forme n° 1 a 65m70 de longueur sur 14m de largeur; la forme n° 2 a 85m de longueur sur 14m de largeur.

La Marine possédait jadis une autre forme sèche, au port Marchand, mais elle s'en est dessaisie en faveur du nouveau port de commerce.

Si, prenant ensuite, à droite de la porte du Soleil, on se dirige vers le haut de l'Arsenal, on trouve successivement les façades postérieures des bureaux du Commissariat général, de l'Inspection et de la Majorité ; la nouvelle Direction des constructions navales, construite depuis quelques années, l'ancienne Direction, qui en est peu éloignée, étant devenue insuffisante et hors de service par son état de vétusté. Près de cette ancienne Direction, sont : le chenal, le quai et le pont dits de la Cloche ; plus loin, la porte Saint-Louis, qui n'est ouverte que dans des circonstances exceptionnelles ; l'édifice contenant les deux Directions des mouvements du port et des défenses sous-marines. Construit en 1822, il est de forme carrée ; une de ses façades est adossée au mur d'enceinte de l'Arsenal, les trois autres sont bien dégagées ; le corps de garde des pompiers, l'école élémentaire des apprentis, et divers ateliers : l'atelier des grandes forges, de montage des machines et de serrurerie des constructions navales. Les grandes forges, construites en 1846, sont un des plus beaux édifices de l'Arsenal ; elles forment un parallélogramme de 100^m de longueur sur 50^m de largeur, et au centre duquel est une cour. Cet atelier, qui est pourvu d'un magnifique outillage, se compose d'un rez-de-chaussée très élevé et d'un premier étage ; l'atelier des machines, qui forme un bâtiment parallèle à celui des grandes forges et de la même longueur, sur une largeur d'environ 15^m ; il est entièrement vitré, bien aéré et éclairé, et pourvu d'un outillage complet ; l'ancien atelier fait suite au nouveau, dont quelques pas seulement le séparent ; l'atelier des gouvernails et des grosses œuvres ; l'atelier et le magasin des chaloupes et canots ; l'atelier et le magasin des étoupes ; l'atelier de menuiserie et la salle des gabarits ; l'atelier de la grande chaudronnerie ; l'atelier de la sculpture ; le corps de garde du rempart ; l'ancien bagne qui, construit en 1765, fut supprimé et évacué en 1852, et dont les locaux, devenus disponibles, ont été transformés en magasins ; divers magasins et bureaux de maîtres ; le Magasin général, qui date de 1668, mais fut reconstruit en partie, le siècle suivant ; c'est un carré de 85m de côté, au centre duquel est une cour assez vaste ; de nombreux magasins font suite au Magasin général, et forment, avec celui-ci, une façade d'environ 300m ; l'une des ailes du Magasin général est occupée par les bureaux du Commissaire aux approvisionnements ; puis viennent, en continuant, l'atelier et les magasins de la voilerie, peu importants aujourd'hui, où la navigation à vapeur a remplacé celle à voiles ; les ateliers de la tonnellerie et de l'avironnerie ; ceux de la scierie mécanique ; l'atelier de la mâture, qui a une longueur de 125m sur 18 de largeur, et auxquels sont annexés des forges spéciales et des magasins ; cet atelier n'a plus ni son activité ni son importance d'autrefois, depuis que les grandes et fortes mâtures de nos bâtiments de combat ont été remplacées par des mâts, dits militaires ; après la mâture on arrive à la Porte-Rouge où se termine, en quelque sorte, l'Arsenal ; cette porte, qui avoisine les murs de clôture du port, conduit à l'atelier et aux magasins des artifices, dépendant de la Direction d'artillerie.

Si, pour revenir dans l'intérieur de l'Arsenal, on veut suivre le cours du fleuve, il faut passer successivement derrière plusieurs cales de construction, et devant les pontons d'amarrage, mouillés, de distance en distance ; puis, arrivé à la hauteur du grand bassin de radoub, on se dirige sur la porte du Soleil, à gauche de laquelle apparaissent le bureau des travaux, les forges des bassins, le bassin de l'Amiral et le château-d'eau, la grille de service, qui fait communiquer directement de la Préfecture à l'Arsenal ; la Direction des travaux hydrauliques, et plus loin, divers magasins, bureaux et dépôts ; en face de cette Direction est le corps de garde de l'Amiral, dont le pavillon flotte sur une ancienne frégate, transformée en ponton, et mouillée sur le bord du fleuve.

La Direction d'artillerie termine la série des établissements situés à l'intérieur et dans cette partie du port militaire ; elle s'élève à son extrémité N. à l'O. du fleuve et forme un rectangle de 76m sur 52m, ayant rez-de-chaussée et étage ; elle comprend, outre divers bureaux et magasins, les ateliers à bois, à fer, de l'armurerie et la salle d'armes ; la porte d'entrée est ornée de deux pièces de canon, de 24, en bronze, prises, en 1838, à Saint-Jean-d'Ulloa. Au S. de la Direction sont les parcs à projectiles et à bouches à feu ; les ateliers de la garniture, des mitrailles et plusieurs magasins se trouvent à peu de distance. Enfin, la porte du Nord, qui s'ouvre à l'une des extrémités de la Direction, établit une communication entre le port et la ville.

Indépendamment de ceux décrits ci-dessus, la Marine possède de nombreux Établissements à l'intérieur et à l'extérieur de la ville. En voici l'énumération :

Édifices compris dans l'intra-muros. — 1° La Tour des Signaux, dite Tour Saint-Louis, du XVIIe siècle, et déjà citée ;

2° La Préfecture maritime, dont la construction

remonte à l'année 1716, et qui est une réunion de plusieurs bâtiments irréguliers, entourant une longue cour quadrangulaire ; une aile de cet édifice fut détruite, il y a quelques années, par un incendie, et reconstruite peu après. A la Préfecture maritime est attenant un magnifique jardin de 33,000 mètres carrés, planté de fort beaux arbres et orné de jolis parterres et d'une pièce d'eau. Ce jardin remarquable est ouvert au public, auquel il est précieux.

A la suite du jardin public, duquel il n'est séparé que par une grille, est — ou plutôt existait, il y a peu de temps encore, — le superbe jardin botanique, créé, en 1697, par l'intendant Bégon, et dont les collections étaient aussi riches que variées ; malheureusement, ce beau jardin n'est plus maintenant qu'à l'état de souvenir, car, le département de la Marine, poussé par on ne sait quel mobile, et après l'avoir désaffecté, a fait mettre en vente, par le Domaine public, les serres, plantes, arbustes, collections diverses, etc., qui le constituaient ; des plantes, précieuses et rares, ont été vendues, de la sorte, à des prix plus que dérisoires, et il n'est resté absolument que les terrains sur l'emploi desquels l'Administration ne paraît pas encore fixée ; il serait question, dit-on, d'y bâtir une caserne ;

3° La Fonderie, qui date de 1668, et est, par conséquent, l'une des plus anciennes créations de Rochefort ; elle est située dans le haut de la rue qui porte son nom, l'une des plus belles de la ville, qui en a beaucoup. Construit alors en vue des besoins de l'artillerie, cet Établissement fut consacré, pendant cent soixante-dix ans, à la fonte des projectiles et des pièces de canon, et de 1702 à 1707, on y a fondu 331 canons, de divers calibres, et 68 mortiers. En 1839, il fut remis, par l'artillerie, à la Direction des constructions navales, dont il dépend actuellement ;

4° L'Établissement des Subsistances. Les vastes bâtiments qui forment l'ensemble de l'Établissement des Subsistances de la marine remontent à l'année 1671 ; ils présentent un rectangle de 115m de développement, sur 90m de profondeur, au centre duquel se trouve une vaste cour où s'effectuent tous les mouvements de cet important service. Situé près de l'ancien port Marchand, cet édifice se compose d'un rez-de-chaussée, de deux étages, de combles, et de très belles caves voûtées et bien aérées. Dans l'une des ailes du rez-de-chaussée sont les boulangeries et les fours qui les composent ; les autres ailes renferment de vastes magasins contenant les conserves alimentaires de toute nature, les lards salés, la morue, la choucroûte, et les préparations diverses. destinées aux navires devant faire campagne, puis les merrains, le fer blanc en barres et les tôles ; dans la grande cour est un atelier de vinaigrerie. Le corps de bâtiment, qui fait face au quai du bassin à flot du port de commerce, est affecté à la salle des recettes ; on y trouve aussi les magasins des légumes secs, des cafés, des sucres et des ustensiles destinés à la cambuse des bâtiments armés ; c'est dans ce corps de bâtiment qu'est établi le dépôt des pompes à incendie, qui, en cas de sinistre, pourraient s'alimenter aux citernes creusées dans le sol de la cour centrale.

Les étages sont occupés par de vastes magasins, bien

aérés et plafonnés, qui contiennent les farines, les blés et divers autres approvisionnements; les bureaux de l'Administration sont au premier étage du corps de bâtiment principal. Le sous-sol se compose d'immenses caves voûtées, pouvant contenir environ 1,800,000 litres de liquides,

L'Établissement des Subsistances du port de Rochefort est renommé pour le degré de perfection qu'il a atteint dans la préparation des viandes salées et des conserves alimentaires, telles que les conserves de bœuf, de mouton et de volailles, les gelées de viande, le lait, la julienne, l'oseille confite et la choucroûte. Cette fabrication alimente, en partie, les autres ports.

Aux abords de l'Établissement des Subsistances, sont : les trois casernes Joinville, Charente et des ouvriers d'artillerie. La caserne Joinville, occupée par le 3e régiment d'infanterie coloniale, a été construite, en 1844, à peu de distance de la porte Charente, et sur l'emplacement de l'ancien hospice des Orphelines de la Marine ; c'est un fort beau bâtiment carré, d'une centaine de mètres de côté, et pouvant contenir 1,500 hommes. Près de cette caserne, et sur le même alignement, est la caserne Charente, affectée aux troupes d'artillerie coloniale; elle fut construite en 1679, pour être un hôpital, et a conservé cette affectation pendant plus d'un siècle ; on ne l'a transformée en caserne qu'après l'ouverture du grand hôpital, en 1788. La caserne des ouvriers d'artillerie, construite en 1811, a été réédifiée en 1858; elle est située entre les magasins des Subsistances et la porte Nord de l'Arsenal, c'est-à-dire à proximité de la Direction d'artillerie.

5° *L'Hospice des Orphelines.* — La fondation de cet Établissement de bienfaisance fut l'œuvre de Mme Bégon, femme de l'un des premiers et des plus remarquables Intendants de Rochefort ; elle date de 1694. L'hospice, à sa création, fut installé dans une des maisons du Roi (caserne Charente), et reçut une première consécration par lettres patentes de Louis XIV, en 1694 et 1696 ; plus tard, son existence fut, de nouveau, confirmée par lettres patentes de Louis XVI, de novembre 1779. L'arrêté consulaire du 9 messidor, an IX, en lui donnant une nouvelle sanction, lui attribua, sur la Caisse des Invalides de la Marine, une subvention annuelle de 6,000 francs, qui fut portée depuis à 10,000 francs. Enfin, le décret du 8 septembre 1849, qui le régit actuellement, a organisé, dans tous ses détails, la constitution administrative et budgétaire de l'Établissement, qui reçoit 12 veuves et 40 orphelines de marins, ouvriers et militaires de la marine ; les orphelines y restent jusqu'à l'âge de 18 ans. Des religieuses, de l'Ordre de Saint-Vincent-de-Paul, sont attachées à l'hospice, et chargées des soins à donner aux veuves et orphelines, de l'instruction de celles-ci, et de tout le service intérieur. La Marine pourvoit au service religieux, au service médical, et à la délivrance des médicaments.

L'Hospice des Orphelines est situé non loin du jardin de la Préfecture maritime; il se compose d'un corps de logis principal, de 50m de développement, avec deux ailes en retour, dont l'une est occupée par une jolie chapelle, l'autre par le réfectoire et la salle de travail des enfants ; un mur, formant façade sur la rue, présente le quatrième côté de ce quadrilatère, au centre duquel est une assez grande cour. Conformément aux dispositions réglementaires et à l'esprit qui a présidé à la fondation de cet Établissement charitable, les jeunes filles y apprennent à lire, à écrire, à compter et à faire tous les ouvrages d'aiguille; elles sont mises, de la sorte, en état de gagner leur vie, soit comme ouvrières, soit comme domestiques, quand leur âge ne permet plus de les conserver à l'hospice.

Le budget des recettes consiste dans la subvention de 10,000 francs, mentionnée ci-dessus, et dans divers autres revenus, composés de quelques rentes sur l'État, de dons et collectes, du produit des travaux de l'ouvroir, etc., le tout formant un total de 20,000 francs environ.

La Marine possède, dans l'intérieur de la ville, plusieurs autres propriétés ou bâtiments; la bibliothèque et les tribunaux maritimes sont installés dans un immeuble lui appartenant. Dans un autre immeuble, sis rue des Vermandois, se trouvent l'Observatoire et les Archives. Près de la porte Martrou est le 4e dépôt des équipages de la flotte, dit Caserne Martrou, et qu'avoisine un beau bâtiment à deux étages, construit en 1865, lequel est affecté au casernement du 7e régiment d'infanterie coloniale, qui, avec le 3e régiment, forme la 3e brigade de cette arme à Rochefort. Enfin, en face de la caserne Martrou, et au fond d'une petite place, est la prison de la marine, dite Prison de Saint-Maurice. Construite, en 1668, pour être une poudrière, cette maison de détention n'a été que longtemps après transformée en prison.

Édifices compris dans l'extra-muros. — Hôpital de la Marine : Situé au N.-O. de la ville et en dehors du mur d'enceinte, ce grand et magnifique hôpital fut commencé en 1783 et achevé en 1788. C'est l'un des plus beaux et des mieux distribués qu'il y ait en France ; sa construction est un véritable titre de gloire pour l'ingénieur Toufaire, qui en dressa les plans et en dirigea les travaux. Le cours d'Ablois, au haut duquel il s'élève, lui forme une superbe avenue ; on y accède par une grille, ouvrant sur une vaste cour, plantée de quatre rangs d'arbres et ayant une superficie de 13,000 mètres carrés, laquelle conduit à un grand bâtiment, d'une centaine de mètres de développement ; en arrière de ce bâtiment, deux ailes en retour se dirigent vers un immense jardin ; en avant, deux autres ailes, terminées par deux petits pavillons carrés, encadrent la cour de l'E. à l'O. ; du côté du S., elle est limitée par la belle grille d'entrée formant façade sur la promenade publique, dont elle n'est séparée que par la chaussée. De longues cours latérales sont situées derrière les grands pavillons, et tout cet ensemble, qui couvre une superficie d'environ 66,000 mètres carrés, est entouré par un mur assez élevé au N., à l'E. et à l'O., et par un fossé au pied de la grille du S.

Au centre du corps du bâtiment principal est un grand vestibule, qui en occupe toute la profondeur, et d'où part un bel escalier conduisant à une chapelle circulaire, entourée de colonnes qui soutiennent une coupole octogonale vitrée, formant le dôme. Au rez-de-chaussée sont, d'un côté, la pharmacie, les laboratoires, les cabinets de physique et de chimie ; de l'autre côté, les cuisines, dépenses, la panneterie, etc. Le premier étage est occupé, à gauche, par les chambres des officiers ; à droite, par le logement des Sœurs ; au deuxième étage, un des côtés contient les salles des sous-officiers et les appartements de l'aumônier ; l'autre côté, la lingerie.

Les pavillons, en retour, sont consacrés aux salles de malades, groupés par nature de maladie ; une salle distincte est affectée aux mousses et aux enfants de troupe. Le pavillon carré situé à droite, en entrant, est occupé par les bureaux de l'Administration et les logements des infirmiers ; le pavillon à gauche contient l'école de médecine, la salle du conseil, le cabinet du directeur, une très belle bibliothèque de 15,000 volumes, confiée à M. le docteur Ardouin qui déjà avait classé et catalogué la Bibliothèque et les Archives municipales, ainsi que celles de la Marine, un arsenal très complet d'instruments de chirurgie, un musée d'anatomie, et un musée d'histoire naturelle, enrichi par les dons des officiers des divers corps de la Marine.

Le long des cours latérales sont : l'amphithéâtre de dissection et les salles de bains. Dans l'une de ces cours, est le puits artésien, foré, de 1861 à 1866, et auquel on avait songé dès 1750. Un premier essai, tenté en 1829, à l'hôpital, fut abandonné en 1834, après deux ruptures d'outils, à la profondeur de 103^{m} ; une seconde tentative, commencée en 1831, dans l'enceinte du port, près de l'atelier des machines, ne fut poussée que jusqu'à 59^{m} 70. Le forage de 1866 est arrivé à la profondeur de 857^{m} au-dessous du niveau de la mer, et l'eau jaillissante est à 45°.

Deux autres Établissements, appartenant à la Marine nationale : le polygone et la poudrière du Vergeroux, sont situés en dehors de la ville. Cette poudrière, où les bâtiments de guerre prennent et déposent leurs poudres et artifices, est à 15 kilomètres environ de l'Arsenal, par le fleuve. On y construira, très prochainement, des ateliers de pyrotechnie, dont la dépense a été évaluée à 175,000 francs. Un décret du 9 août 1900 a autorisé l'expropriation, pour cause d'utilité publique, des 2 hectares 85 ares 77 centiares de terrains reconnus nécessaires pour cette construction.

La Marine possède encore, à Boyardville (Ile d'Oleron), des bâtiments et locaux, qui ont une certaine importance.

Boyardville n'existait pas avant la construction, en mer, du fort Boyard, qui a motivé sa création, laquelle remonte à l'année 1845, où le besoin se fit sentir d'avoir, à terre, et à une distance aussi rapprochée que possible du fort à élever, un Établissement comprenant des logements pour le personnel et les nombreux ouvriers, employés aux travaux, ainsi que des chantiers, ateliers et magasins, pour le matériel et les approvisionnements nécessaires. L'emplacement choisi fut une dune assez étendue, située près de l'entrée du chenal de la Perrotine, et sur laquelle la direction des travaux hydrauliques du port de Rochefort fit promptement édifier les baraquements et installations diverses, dont l'autorité supérieure maritime avait approuvé l'exécution.

On construisit également, le long du dit chenal, un petit port et un appontement, appelé Barachois, pour faciliter l'embarquement des énormes blocs en maçonnerie à immerger à la base et autour du fort, blocs qui se fabriquaient dans l'un des chantiers de l'Établissement.

A part un pavillon central, en maçonnerie, et contenant les bureaux de l'ingénieur et du service administratif, ainsi que divers logements d'officiers et plusieurs appartements réservés, toutes les autres constructions furent faites en bois, y compris le casernement, destiné aux ouvriers.

Cette agglomération, qui constituait un petit centre de 300 personnes environ, reçut le nom de Boyardville, et autour d'elle vinrent aussitôt se grouper les industries destinées à assurer l'alimentation de ses habitants.

Lorsque les travaux du fort furent achevés, Boyardville devint désert ; mais, peu après, le Ministère de la Marine installa, dans les bâtiments disponibles, l'école des torpilles, qui les occupa jusqu'à l'époque où cette école fut transférée sur un navire de la marine nationale, à Toulon.

Il serait question de rendre les dits bâtiments à leur ancienne destination, et d'y réinstaller l'école des torpilles dont le retour à Boyardville serait salué avec joie, par les populations de l'Ile d'Oleron, surtout par celles des communes de Saint-Georges et de Saint-Pierre qui profitaient principalement des avantages que le commerce et l'industrie de ces deux localités trouvaient dans la proximité de l'école, Boyardville étant une section de la première de ces communes.

Au cours du voyage qu'il fit à Rochefort, en juillet 1900, à l'occasion de l'inauguration du transbordeur de Martrou, le Ministre de la Marine, accompagné par plusieurs officiers généraux et supérieurs, s'est rendu sur un torpilleur, de Rochefort à Boyardville, où il a examiné attentivement la question concernant le retour de l'école des torpilles dans cette localité, qui, en attendant la solution à intervenir, a reçu comme garnison un détachement du 6e régiment d'infanterie fourni par Saintes, et une batterie d'artillerie de terre pour le service du fort voisin des Saumonards; mais l'espoir qu'a fait naître la visite ministérielle de juillet 1900 se réalisera-t-il ?

A la suite du port militaire, vient le port de commerce, dont tous les navires qui le fréquentent sont soumis à l'obligation de traverser entièrement l'Arsenal.

A diverses époques, plusieurs projets tendant à perfectionner les conditions de navigation dans la Charente, furent étudiés; l'un d'eux, qui datait de l'année 1846, avait pour but l'établissement d'un canal, devant couper, au N. de Rochefort, l'isthme de la presqu'île sur laquelle s'élève la ville. Partant de la Cabane-Carrée, ce canal de 4 kilomètres, qui devait aboutir en aval du banc du Fougueux, près du Vergeroux, eût abrégé de 5 kilomètres le parcours entre la rade et le port, en évitant aux bâtiments de commerce la traversée de l'Arsenal; mais la dépense, évaluée à dix millions de francs, fit abandonner ce projet. En 1862, un projet de digues longitudinales submersibles, devant se prolonger jusqu'à l'extrémité du banc des Palles, n'eut pas un sort meilleur, et fut suivi d'un autre projet, également abandonné, qui consistait à construire un épi insubmersible, perpendiculaire à la rive, entre l'Ile Madame et les Fontenelles et à réunir cette île et le fort d'Enet au continent, par des digues pleines; mais l'exécution de ce dernier projet aurait eu l'inconvénient de coûter plus de vingt millions de francs, ce qui y fit renoncer.

Les choses sont donc restées dans la même situation, en attendant qu'il se présente une meilleure solution, permettant la communication directe avec le fleuve, des navires à destination ou provenant du port de commerce, sans avoir à passer par l'Arsenal.

Le port de commerce de Rochefort est situé en amont du port militaire et dans le coude que dessine le fleuve à cet endroit; il se compose de deux parties qui sont : les trois bassins à flot, alimentés par la Charente, et dont deux occupent l'emplacement de l'ancien port Marchand, et le port sur le fleuve, dit port de la Cabane-Carrée.

Le bassin n° 1 a 160m de longueur sur 60m de largeur moyenne; il est à l'intérieur de l'Arsenal, et communique avec le fleuve par un sas éclusé ayant 63m50 de longueur utile et 14m de largeur; on trouve, sur le seuil du radier, 6m90 aux pleines mers de vives eaux ordinaires, et 5m30 à celles des mortes eaux; il n'a pas de porte de flot, ce qui empêche d'être maître de l'alimentation de ce bassin par les eaux de la Charente, et accroît la rapidité des envasements.

Le bassin n° 2 est en dehors de l'enceinte fortifiée; il est commandé par le précédent, avec lequel il communique par un canal de 14m de largeur. Ce bassin est un rectangle de 150m de longueur sur 90 de largeur, dont les quais sont munis de voies ferrées qui les mettent en communication avec le réseau du chemin de fer de l'État. Une cale aux bois, de 6^{m} de largeur, est réservée au milieu du quai N., et sur le quai E. est placée une grue fixe de 6,000 kilog.

Le sas, donnant entrée aux bassins n°s 1 et 2, a une longueur utilisable de 63^{m}50, et sa largeur moyenne est de 17^{m}.

Ces deux bassins ont été livrés à la navigation en 1867.

Le bassin n° 3, dont la construction et l'ouverture au commerce sont de dates assez récentes, a été creusé au N. de la Cabane-Carrée, en amont de la ville et de l'Arsenal; il est formé de deux parties, à angle obtus; la partie postérieure comprend un rectangle de 270^{m} de longueur sur 162^{m} de largeur; la partie antérieure, dont le contour est irrégulier, a 200^{m} de longueur moyenne, sur 130^{m} de largeur; il a une surface d'eau de 6 hectares 66 ares; 8 hectares 71 ares de terre-pleins, et 1,165^{m} de quais; il communique, avec la Charente, par une écluse de 18^{m} de largeur, munie de quatre paires de portes, et pouvant sasser des navires auxquels elle fournit un tirant d'eau de 9^{m}30, en grande marée, et de 7^{m}75 en mortes eaux. Un pont tournant traverse cette écluse au croisement du faubourg de la Cabane-Carrée, et fait communiquer celui-ci avec la ville.

Sur toute la longueur des quais, il existe des prises d'eau, pour l'approvisionnement des navires. Une cale aux bois, de 50^{m} de largeur, a été construite sur le quai N.-E. de ce bassin.

Le port de la Cabane-Carrée, situé sur le fleuve, et en dehors de l'enceinte fortifiée de la ville, constitue la seconde partie du port de commerce de Rochefort; le port de la Cabane-Carrée, et celui dit port Marchand, qui est devenu le bassin n° 1, ont été, pendant longtemps, les deux seuls points où stationnaient les navires du commerce, pour les opérations qu'ils avaient à effectuer; il est vrai que le commerce maritime de Rochefort n'avait pas, il y a un demi-siècle, son importance actuelle, en présence de laquelle on a dû, pour donner satisfaction aux besoins reconnus, étendre davantage ce port, en y créant les bassins, qui l'ont considérablement agrandi et amélioré.

Le port de la Cabane-Carrée possède, sur le fleuve, 10 appontements, où des navires de fort tonnage, restant toujours à flot, peuvent s'amarrer pour décharger leurs marchandises; il possède également quatre cales et un gril de carénage. Outre les trois bassins et les installations de la Cabane-Carrée, il existe, au port de commerce, une forme sèche, dite vieille forme, qui appartenait jadis au port militaire; elle a 100m de longueur sur 14 de largeur.

Une loi du 23 juillet 1892 a autorisé la perception d'un droit de tonnage de 0 f. 25 c. par tonneau, au profit de la ville, sur les navires entrant chargés, dans le port de commerce de Rochefort ou venant y prendre charge.

Ce port possède l'outillage et les établissements que comportent les opérations de commerce qui s'y effectuent, et notamment trois hangars de 6,000m de superficie, et un entrepôt, avec magasins publics, lesquels sont desservis par des voies ferrées.

De la Cabane-Carrée à Tonnay-Charente, qui en est distant de 6 kilomètres, la navigation sur le fleuve se fait sans difficulté ; les navires se laissent dériver par les courants, en faisant traîner les ancres, si le vent est contraire. Depuis le *Fish-More*, jusqu'au *Grand-Remous*, on trouve les mêmes profondeurs d'eau qu'à la Cabane-Carrée ; les fonds sont vaseux et on peut mouiller partout, sauf sur la traverse appelée Banche de Toyaux, où il ne reste que 3m60 d'eau aux basses mers, mais que l'on peut éviter, en ralliant la rive gauche.

Le commerce maritime de Rochefort est assez considérable, au point de vue des importations qui consistent principalement en bois du Nord, charbons anglais, matériaux de construction et denrées diverses ; les exportations sont peu nombreuses et ne portent que sur certaines marchandises, telles que les vins, eaux-de-vie, vinaigres, et les céréales.

Un service régulier de remorquage est établi entre le port de commerce et l'embouchure de la Charente.

La ville de Rochefort fut construite en même temps que les Établissements du port militaire ; elle a 2,400m dans sa plus grande longueur ; sa largeur moyenne est de 900m ; les rues, toutes tirées au cordeau, sont coupées à angle droit ; quelques-unes sont plantées d'arbres, qui donnent un ombrage agréable pendant l'été. C'est une jolie ville, bien bâtie, propre, et qui ne manque pas d'animation. C'est aussi, par le chiffre de sa population, la plus importante du département.

Parmi les principaux édifices de cette ville, et indépendamment de ceux décrits ci-dessus, appartenant à la Marine Nationale, on remarque, près de l'Arsenal, les nouvelles halles monumentales, où sont installés la Bourse et le Tribunal de Commerce ; le Palais de Justice ; le Lycée, construit en 1832, mais qui a été depuis l'objet de plusieurs restaurations et agrandissements ; le Musée et la Bibliothèque, qui sont dans l'ancienne Bourse ; l'église paroissiale Saint-Louis, reconstruite en 1838 ; elle a de jolis vitraux ; on y voit les sépultures des amiraux de La Galissonnière et Rigault de Genouilly ; la nouvelle église du faubourg, dite Notre-Dame (l'ancienne, connue sous le nom de Vieille-Paroisse, existe toujours) ; le Temple protestant, l'École de Dressage, l'Hôtel de Ville, ancien hôtel du chef d'escadre d'Amblimont, l'Hospice civil ou Hôpital Saint-Charles, situé près des fortifications, et qui, quoique ne faisant pas partie des Établissements de la Marine, se rattache néanmoins à l'histoire du port militaire en ce que, sauf pendant les premières années de sa création, le service médical y a toujours été fait par des médecins de la marine.

Les faubourgs de Rochefort sont étendus et ont une nombreuse population.

Cette ville est la patrie de l'amiral, marquis de La Galissonnière, né en 1693, mort en 1756, et qui fut une des gloires de la marine française ; de l'amiral La Touche-Tréville, né en 1745, mort en 1804, et de l'amiral Rigault de Genouilly, né en 1807, mort en 1875, et qui fut ministre de la Marine et des Colonies.

LOIRE.

Population : 189 habitants.

Superficie territoriale : 1,187 hectares.

Loire n'est qu'une très petite commune, sans importance, ce qu'indique le chiffre peu élevé de sa population; son chef-lieu était autrefois un îlot au milieu de marais qu'on a desséchés, et qui composent son territoire, lequel est divisé en terres labourables et en prés-marais, produisant des céréales de toutes espèces.

Près de Loire, qui est à 7 kilomètres de Rochefort, et dans la partie N. de la commune, on voit les vestiges d'une ancienne forteresse qui, à l'E. et au S., était séparée de la terre par de larges et profonds fossés; au N. et à l'O., était un escarpement que venait baigner la mer. On ne peut préciser l'époque à laquelle cette forteresse a été détruite.

BREUIL-MAGNÉ.

Population : 673 habitants.
Superficie territoriale : 2,150 hectares.

Située à 6 kilomètres de Rochefort, la commune de ce nom est coupée par plusieurs canaux de dessèchement, dont les trois principaux sont : le canal de Charras, qui prend sa source près de Surgères, et dont les eaux s'écoulent dans la Charente en arrosant et fertilisant beaucoup de terrains; le canal de Ciré, qui sert de déversoir à celui de Charras; le canal de Breuil-Magné, qui prend également ses eaux dans celui de Charras et les porte jusqu'au bourg de Vergeroux.

Sur les bords du marais de Breuil-Magné, on voit encore les restes de plusieurs redoutes, que l'on avait élevées, lors de la formation du camp qui fut établi au Vergeroux, en 1674, époque à laquelle les Hollandais voulurent tenter une entreprise contre le port militaire de Rochefort.

Le territoire de cette commune produit diverses céréales.

VERGEROUX.

Population : 336 habitants.

Superficie territoriale : 551 hectares.

Cette petite commune se compose de son chef-lieu et de deux villages ; sa distance de Rochefort, par la voie de terre, est de 4 kilomètres ; elle est bordée par la Charente ; un canal de dessèchement la traverse et écoule ses eaux dans le fleuve.

Il s'en est fallu de peu qu'en 1684, le port militaire de Rochefort n'ait été transféré au Vergeroux. La Charente, très profonde à cet endroit, eût facilité la création d'un arsenal, et comme les vaisseaux, de ce point à l'embouchure du fleuve, n'eussent rencontré aucun des seuils existant depuis Lupin, en remontant jusqu'à Rochefort, il leur eût été possible d'effectuer sans difficulté le parcours de 5,500 mètres environ qui sépare Vergeroux de l'entrée de la Charente.

La Marine militaire a une poudrière importante à Vergeroux, où sera prochainement construit, pour ses besoins, un Établissement de pyrotechnie.

SAINT-NAZAIRE.

Population : 1,364 habitants.

Superficie territoriale : 2,634 hectares.

Si l'on en croit la tradition populaire, Saint-Nazaire

devrait son nom à celui d'un pieux anachorète qui habitait dans une vieille grotte, dont on voit encore quelques traces, au lieu dit L'Ermitage. Cette commune, qui fait partie de l'arrondissement géographique de Marennes, dont elle est distante de 16 kilomètres, est limitée au S.-O. et au N. par la Charente, sur laquelle elle a un petit port, nommé Port-des-Barques, lequel est situé sur la rive gauche du fleuve, et près de son embouchure. Le fort Lupin, qui l'avoisine, et est sur la même rive, dépend également de Saint-Nazaire, ainsi que l'Ile Madame, d'où partent vers l'O.-N.-O., et en s'avançant vers l'Ile d'Aix, de grands rochers plats, appelés les Palles, qui découvrent à toutes les marées. C'est à l'Ile Madame que furent déportés, en 1793, plus de 150 prêtres, qui y moururent de misère.

Les habitants de Saint-Nazaire, indépendamment de quelques travaux agricoles, se livrent à l'industrie de la pêche du poisson et des coquillages, qui sont assez abondants dans ces parages.

SOUBISE.

Population : 722 habitants.

Superficie territoriale : 1,085 hectares.

Soubise est une petite ville, assez ancienne, située sur une éminence, au S. de la Charente et sur la rive droite du fleuve, à 15 kilomètres de Marennes ; elle a donné son nom, avec le titre de principauté, à une branche de l'illustre Maison de Rohan ; précédemment, elle avait appartenu, pendant longtemps, aux seigneurs de Parthenay, de la Maison royale de Lusignan.

Soubise avait autrefois un château défensif, qui fut pris et repris, pendant les guerres du XIVe siècle, avec l'Angleterre, et que l'on rasa à l'époque de celles de religion.

C'est sur le territoire de cette commune que se trouvent les eaux minérales ferrugineuses de la Rouillasse, dont l'emploi est prescrit dans certaines maladies.

Cette source est la propriété du conseiller général M. V. Delage de Luget.

SAINT-FROULT.

Population : 229 habitants.

Superficie territoriale : 603 hectares.

Cette très petite commune est située sur le bord de la mer, à [illegible] kilomètres de Marennes ; elle se compose de l'agglomération formant le bourg et de quatre hameaux ; le sol est formé de marais et de terres arables ; il produit des grains, un peu de vin et beaucoup de sel ; la pêche du poisson et des coquillages donne quelques ressources à ceux des habitants qui se livrent à cette industrie.

MOEZE.

Population : 383 habitants.

Superficie territoriale : 2,084 hectares.

La commune de Moëze, que 12 kilomètres séparent de Marennes, est bordée dans sa partie S. par le hâvre de Brouage ; sa population est peu nombreuse ; son église fut ruinée à l'époque des guerres religieuses du XVIe siècle ; mais son clocher, ouvrage des Anglais, subsiste encore; la flèche, dont il est surmonté, sert d'amer aux navigateurs, pour l'entrée de la rade de l'Ile d'Aix.

On remarque, au milieu du cimetière de cette commune, un monument funéraire, très curieux, de l'époque de la Renaissance, et qui a 9m64 de hauteur; il classé comme monument historique.

ÉCHILLAIS.

Population : 1,339 habitants.

Superficie territoriale : 1,468 hectares.

Le fleuve la Charente borne au N. cette commune, dont on ne peut préciser l'origine; cette origine est, au moins, antérieure au XIIe siècle, car, à cette époque, Echillais possédait déjà un château, percé de plusieurs créneaux, et qu'un seigneur anglais y avait bâti; il possédait également une église qui fut ruinée par les guerres de religion du XVIe siècle; cette église, classée comme monument historique, offre un grand intérêt sous le rapport de l'art.

BEAUGEAY.

Population : 277 habitants.

Superficie territoriale : 1,440 hectares.

La petite commune de ce nom est traversée par l canal de Brouage; elle n'a pas d'importance; il y sur son territoire, deux *dolmen*, ou pierres-levées, qui communiquaient l'un à l'autre par des souterrains. L'existence de ces pierres druidiques ferait remonter à une très haute antiquité l'origine de Beaugeay.

SAINT-AGNAN.

Population : 1,233 habitants.

Superficie territoriale : 2,249 hectares.

Saint-Agnan *(Sancti Aniani)*, chef-lieu du canton de ce nom, a son territoire sur une colline qui se termine à l'O. par le vaste marais de Brouage ; le sol est divisé en prés-marais, bois taillis et vignes.

C'est dans cette commune que sont les restes de l'ancienne abbaye de Montierneuf, dont la fondation est attribuée à la fille de l'un des premiers ducs d'Aquitaine. Près de cette abbaye, qui était flanquée de tours crénelées et de guérites, il y avait une église qui, selon la tradition, aurait été bâtie par Charlemagne.

Le chemin de fer de Cabariot au Chapus, dont le parcours est de 30 kilomètres, a une station à Saint-Agnan.

CHAMPAGNE.

Population : 572 habitants.

Superficie territoriale : 1,893 hectares.

Cette commune est située à 22 kilomètres de Marennes, entre le marais de Pont-l'Abbé, qui la borne à l'E., et le ruisseau de La Patelière, qui la traverse à l'O. Son territoire est plat et composé de terres labourables, de bois, de vignes et de marais; on y remarque les ruines d'un ancien prieuré.

La commune de Champagne eut autrefois plus d'importance qu'à l'époque actuelle ; son église, solidement bâtie, n'a pas été dévastée pendant les guerres de religion.

SAINT-JEAN-D'ANGLE.

Population : 539 habitants.

Superficie territoriale : 2,161 hectares.

Le territoire de cette commune, distante de 20 kil mètres de Marennes, est, en grande partie, composé marais-gâts ; le bourg, chef-lieu, bâti sur une hauteur domine le marais.

On voit à Saint-Jean-d'Angle les restes d'un ancie château, du XIIe siècle, qui était très fortifié, et dont les murs ont 3^m d'épaisseur. En 1651, ce château fut assiégé par le comte du Daugnion, gouverneur de Brouage, qui s'était réuni au prince de Condé.

SAINT-SYMPHORIEN.

Population : 534 habitants.

Superficie territoriale : 1,818 hectares.

Cette commune, située à 14 kilomètres de Marennes, a environ le quart de son territoire qui fait partie des marais-gâts du bassin de Brouage, et était jadis couvert par les eaux de la mer, comme le prouvent l restes de bordages de navires, de débris d'ancres, et les coquillages que l'on a trouvés, en creusant au S. de la commune, non loin du point où l'on voit encore les vestiges d'une ancienne forteresse, qui étai entourée de fossés larges et profonds, et défendue pa deux bastions, également entourés de fossés. La tradition est que la mer venait autrefois jusqu'au pied de cette forteresse.

Les importants travaux de dessèchement et d'assainissement, entrepris, il y a plus d'un siècle, par M. le Marquis de Reverseaux, Intendant de la Généralité de La Rochelle, et l'un des plus distingués qu'ait eus la province d'Aunis, furent continués sous l'administration de M. Le Terme, ancien sous-préfet de Marennes. Ils ont changé sensiblement, en les améliorant, les conditions défavorables où se trouvait Saint-Symphorien, au point de vue surtout de la santé publique ; les marais-gâts sont devenus des prairies et des champs cultivables, dont l'exploitation, bien comprise, a apporté l'aisance, en grande partie, dans une commune où elle était inconnue, et dont les terrains n'avaient qu'une valeur très minime.

Saint-Symphorien n'a de remarquable que son église, du XIIe siècle, dont le portail est orné de figures fantastiques.

SYNDICAT DE TONNAY-CHARENTE

Ce syndicat, créé par une décision ministérielle du 29 février 1884, est formé par les 10 communes de Muron, Genouillé, Moragne, Puy-du-Lac, Lussant, Saint-Coutant, Saint-Crépin, Tonnay-Charente, Saint-Clément et Saint-Hippolyte, qui font toutes partie du canton de Tonnay-Charente.

MURON.

Population : 933 habitants.

Superficie territoriale : 3.906 hectares.

Muron est une des plus anciennes agglomérations

de l'Aunis, et il formait, dès le commencement du xe siècle, un des districts subalternes où la justice était rendue au nom des Comtes gouverneurs.

Saint-Louis-la-Petite-Flandre et Muron, qui jadis faisaient partie du même territoire, ont été réunis commune le 7 mars 1827.

Un canal appelé le Gué-Charaud, passe entre l communes de Landrais et de Muron ; ce canal étai autrefois navigable, par gabare, jusqu'à Rochefort. 1599, fut entrepris le dessèchement des marais de Saint-Louis, que l'on termina en 1607 ; ces travaux s'exécutèrent sous la direction d'un gentilhomme flamand, ce qui fit donner à Saint-Louis la dernière partie de son nom de Petite-Flandre.

Toutes les céréales réussissent dans ces terrains desséchés, qui ont aussi d'excellents pâturages où l'on engraisse beaucoup de bestiaux.

On a découvert à Muron, enfouis dans le sol, tombeaux en pierre, et des urnes cinéraires, en te cuite, paraissant avoir une origine celtique romaine.

GENOUILLÉ.

Population : 934 habitants.

Superficie territoriale : 3,441 hectares.

La commune de ce nom, que traverse la peti rivière La Devise, est formée par un grand nombre villages ; elle est à 19 kilomètres de Rochefort, et n pas d'importance ; on remarque sur son territoire l ruines de l'ancien château, du xvie siècle, qui portai son nom, et celle d'un autre château, de la même époque, appelé le Fief, où l'on voit encore des douves, pleines d'eau, et une partie d'un pont terminé par une porte garnie de meurtrières. Ce dernier château fut fréquemment habité par l'amiral comte d'Aubigny, mort à Paris, en 1782.

MORAGNE.

Population : 405 habitants.

Superficie territoriale : 1,203 hectares.

Cette commune est arrosée par un ruisseau, nommé Bouroux, qui va s'écouler, dans la Boutonne, à Carillon ; son territoire, qui s'élève progressivement, forme, au centre, un monticule sur lequel est bâti l'ancien château de Moragne d'où l'on découvre distinctement la rade de l'Ile d'Aix. On voit aussi, dans la même commune, les restes d'un ouvrage défensif, appelé le Fort de Pillet ; c'est un exhaussement de terre et de maçonnerie, entouré de larges fossés ; on suppose que ce fut l'une des stations militaires qui, à l'époque des guerres de religion, servaient à protéger les communications entre Tonnay-Charente et Tonnay-Boutonne.

PUY-DU-LAC.

Population : 537 habitants.

Superficie territoriale : 1,459 hectares.

Puy-du-Lac est situé sur la route départementale qui conduit de Rochefort à Saint-Jean-d'Angély ; la commune est bornée au S. et à l'E. par la rivière la

Boutonne, et à l'O. par le ruisseau de Saint-Coutant; la moitié environ de son territoire se compose de marais inondés, formant une espèce de lac d'où elle tire son nom; ces crues d'eau sont occasionnées par les débordements de la Boutonne; le sol est propre à la culture de toutes les céréales, et à celle des plant légumineuses; la vigne y est aussi cultivée av succès.

On remarque, dans la partie O. de cette commun et sur une étendue de 500m, des exhaussements de terrain, figurant d'anciens retranchements, que l'on présume avoir été construits à l'époque des guerres de religion.

LUSSANT.

Population : 860 habitants.

Superficie territoriale : 880 hectares.

L'étymologie de Lussant dérive des mots celtes : *Lu* et *San*, qui signifient cercle d'eau, par allusion a marais inondés, qui formaient anciennement le pay

Placée à 12 kilomètres de Rochefort, la commune d ce nom est limitée par la Boutonne, dans sa partie S. et n'a rien de remarquable.

SAINT-COUTANT.

Population : 439 habitants.

Superficie territoriale : 1,280 hectares.

Saint-Coutant est une petite commune qui n'a rien de remarquable ; son territoire, assez fertile, produit toutes espèces de légumes, du vin et du bois ; il est arrosé par un petit cours d'eau, La Devise, qui va se déverser dans la Boutonne dont le contour sinueux borne la commune dans sa partie E.

SAINT-CRÉPIN.

Population : 386 habitants.
Superficie territoriale : 1,394 hectares.

Formée par sept villages ou hameaux, la commune de Saint-Crépin est bornée au N. par la Devise, qui prend sa source à Vandré ; elle n'a rien d'intéressant.

TONNAY-CHARENTE.

Population : 4,398 habitants.
Superficie territoriale : 3,439 hectares.

Tonnay-Charente, communément appelé Charente, est situé au N. et sur le bord du fleuve de ce nom, aux confins de la Saintonge et de l'Aunis, et à 6 kilomètres de Rochefort ; il est divisé en haute et basse ville ; la ville haute, bâtie sur le versant d'un coteau, était anciennement fermée par de fortes murailles, qui sont maintenant presque toutes en ruines, et entourée d'un large fossé, creusé dans le roc. Du côté du fleuve, la nature l'a rendue inaccessible par un escarpement très rapide. L'ancien château, qui est remarquable par son architecture, est situé à l'E. de la ville haute ; il est, en partie, entouré de fossés ; ce château, par sa position militaire, était un point important de l'Aunis ; il fut pris et repris alternativement, par les catholiques et les protestants, lors des guerres de religion.

Les anciens seigneurs de Tonnay-Charente portaient le nom de cette grande et belle terre, qui, en 1365, entra dans l'illustre famille de Rochechouart, d'où sont sortis les ducs de Mortemart.

Après la bataille de Jarnac, il se tint, en 1589, à Charente, une assemblée des chefs protestants, présidée par Jeanne d'Albret, reine de Navarre.

Avant que Louis XIV eut choisi Rochefort pour en faire le port militaire qu'il voulait avoir sur l'Océan, les ingénieurs et marins de l'époque, trouvant la position de Tonnay-Charente très avantageuse, sur divers points, avaient le projet d'y fonder un établissement maritime; on y avait commencé les travaux d'un port; on y désarma même, en 1665, une escadre de 11 vaisseaux, quand, l'année suivante, on renonça au projet formé d'y placer les Etablissements de la Marine qui furent transportés définitivement à Rochefort; des désarmements considérables eurent encore lieu néanmoins à Charente, de 1667 à 1669; mais, en 1670, tous les vaisseaux furent réunis à Rochefort, dont l'arsenal était déjà établi.

Tonnay-Charente est un centre commercial très important. C'est, en quelque sorte, l'entrepôt des eaux-de-vie de Saintonge et de l'Angoumois, connues sous le nom d'eaux-de-vie de Cognac, et dont il se fait, par son port, de nombreuses expéditions, principalement pour l'Angleterre, qui lui envoie, en retour, des charbons.

Le port est situé sur la rive droite du fleuve, à 6 kilomètres de celui de la Cabane-Carrée ; il peut recevoir les navires du plus fort tonnage, qui y trouvent toutes les commodités désirables pour leurs opérations commerciales ; des quais, ayant une longueur totale de 801m, une cale de débarquement, un warf, en bois, de 50m de longueur, un autre, de 32m, et cinq autres, plus petits, facilitent l'embarquement et le débarquement des marchandises, dont le trafic est considérable dans cette localité, au-dessus de laquelle la navigation maritime se continue jusqu'à Saintes ; mais elle ne se fait plus qu'avec des navires caboteurs d'un faible tonnage et d'un tirant d'eau au-dessous de 3 mètres.

A Tonnay-Charente, un magnifique pont suspendu, à trois travées, et ayant 18m de hauteur, met en communication les deux rives du fleuve.

L'église de cette ville est d'une construction ancienne ; mais, en 1832, on l'a restaurée.

Tonnay-Charente est la patrie de l'amiral Jacob, né le 11 novembre 1768, mort le 14 mars 1854.

SAINT-CLÉMENT.

Population : 878 habitants.
Superficie territoriale : 1,300 hectares.

Cette commune est située à 8 kilomètres de Rochefort, entre la Charente et la Boutonne, qui s'y réunissent, au lieu dit Carillon, et lui servent de limites au S. et à l'E.

Saint-Clément et Candé formaient jadis deux communes qu'une ordonnance royale du 22 novembre 1829 a réunies en une seule, qui est sans importance.

SAINT-HIPPOLYTE-DE-BIARD.

Population : 985 habitants.

Superficie territoriale : 2,328 hectares.

Située à 7 kilomètres de Rochefort, la commune de Saint-Hippolyte-de-Biard est la seule de l'arrondissement géographique de ce nom qui soit sur la rive gauche de la Charente. Cette commune n'a rien de remarquable.

SYNDICAT DE SAINT-SAVINIEN

Ce syndicat se compose des 20 communes de Tonnay-Boutonne, Torxé, Saint-Jean-d'Angely, Ternant, Archingeay, Les Nouillers, Champdolent, Agonnay, Bords, Saint-Savinien, Coulonges, Annepont, Taillebourg, La Vallée, Geay, Romegoux, Le Mung, Crazannes, Port-d'Envaux et Saint-Vaize, dont les deux premières font partie du canton de Tonnay-Boutonne, de l'arrondissement géographique de Saint-Jean-d'Angely ; la troisième forme le chef-lieu du canton et de l'arrondissement géographique du même nom ; la quatrième est du canton de Saint-Jean-d'Angely ; les neuf suivantes appartiennent au canton de Saint-Savinien, même arrondissement géographique ; les six, venant après, au canton de Saint-Porchaire, de l'arrondissement géographique de Saintes, et la dernière du canton nord de Saintes.

TONNAY-BOUTONNE.

Population : 1,040 habitants.

Superficie territoriale : 2,273 hectares.

La commune de Tonnay-Boutonne est traversée par la route départementale de Rochefort à Saint-Jean-d'Angely ; elle est à 17 kilomètres de cette dernière ville et bordée par la rivière La Boutonne, qui va se perdre dans la Charente, près de Candé.

Tonnay-Boutonne fit autrefois partie du domaine des comtes de La Marche ; mais l'un de ces comtes ayant entrepris la guerre contre Louis IX et son frère, Alphonse, comte de Poitou, fut contraint, après sa défaite à Taillebourg, de céder la ville à ce monarque, auquel il vint demander pardon dans son camp, près de Pons, au mois d'août 1242. Louis IX la donna peu après à son frère Alphonse ; mais, comme celui-ci mourut sans postérité, elle échut, par droit de succession, au roi Philippe III, qui l'annexa au Domaine de la Couronne ; en 1308, elle fut donnée par Philippe le Bel, à titre d'échange, au seigneur de Maumont, et redevint terre seigneuriale.

On voit sur une colline, appartenant au territoire de cette commune, les ruines d'un ancien château dont la tradition fait remonter la construction au VIIIe siècle. Dans la partie N. de la ville, on trouve une autre tour, de forme circulaire, ayant 10^m de hauteur, et qui devait dépendre de quelques ouvrages défensifs.

Tonnay-Boutonne était anciennement entouré par de larges douves, et l'on n'y entrait que par trois ponts-levis, placés à l'E., au N. et à l'O. de la ville.

Il se fait, dans cette localité, un grand commerce de vins, eaux-de-vie et céréales.

TORXÉ.

Population : 422 habitants.

Superficie territoriale : 1,134 hectares.

La petite commune de ce nom est située à 8 kilomètres de Saint-Jean-d'Angely, sur le bord de la Boutonne ; elle a un petit port par lequel se font quelques opérations commerciales, et n'offre rien d'intéressant.

SAINT-JEAN-D'ANGELY.

Population : 6,936 habitants.

Superficie territoriale : 1,878 hectares.

La ville de Saint-Jean-d'Angely, chef-lieu de l'arrondissement géographique et du canton du même nom, est située entre deux collines ; la rivière la Boutonne qui la baigne se divise en deux branches, à 10 kilomètres de la ville, et ces branches, qui se réunissent au port, deviennent navigables, et vont se perdre dans la Charente.

L'origine de Saint-Jean-d'Angely parait remonter à l'année 837, où Louis-le-Débonnaire fonda, dans un superbe château, situé au centre de la forêt nommée Angeri, une abbaye célèbre où fut déposée la tête de saint Jean-Baptiste, après sa découverte, abbaye autour de laquelle s'éleva un village destiné à loger la masse d'étrangers accourus pour honorer cette relique. Le village s'agrandit, et, en peu d'années, il devint un bourg considérable, qui prit le nom de Saint-Jean-d'Angely et fut plus tard une ville.

La ville de ce nom était autrefois fortifiée. C'est en 1131 que l'on commença à l'entourer de douves, de murailles, bastions, etc. En 1204, Philippe-Auguste, à la suite des victoires qu'il remporta sur les Anglais, et qui le remirent en possession de la Saintonge et du Poitou, établit un Hôtel de Ville à Saint-Jean-d'Angely, à qui il accorda les mêmes privilèges qu'à La Rochelle. En 1206, la ville retomba au pouvoir des Anglais et y resta jusqu'en 1223, époque à laquelle Louis VIII la réunit à la Couronne; mais, en 1346, Edouard III, roi d'Angleterre, ayant repris les places de la Guyenne, que ses prédécesseurs avaient perdues, fit assiéger Saint-Jean-d'Angely, qui, se trouvant alors sans troupes ni munitions, se rendit. En 1360, la bataille de Poitiers fut funeste à cette ville, que l'armée anglaise vint assiéger et dont elle s'empara. En 1372, Duguesclin ayant marché sur Saint-Jean-d'Angely, les habitants, persuadés qu'il ne venait que pour leur offrir la protection du roi Charles V, lui ouvrirent les portes de la ville et le reçurent sans condition. Ce monarque fit relever les murailles et les fortifications, renversées au cours des sièges qu'elle avait soutenus, et pour la mettre en état de résister à de nouvelles invasions des Anglais, qui ne tentèrent, depuis lors, aucune attaque contre elle.

En 1502, la peste se manifesta dans cette ville où elle fit de grands ravages; les guerres de religion y causèrent, plus tard, de nouvelles calamités, et la mirent, tour à tour, entre les mains des catholiques et des protestants. En 1569, Charles IX l'assiégea et la força à capituler. En 1575 et 1605, la peste se déclara de nouveau, et réduisit les habitants à la plus déplorable extrémité.

Après la mort d'Henri IV, de nouveaux troubles vinrent agiter l'Aunis et la Saintonge, et, le 29 mai 1621, Louis XIII mit le siège devant Saint-Jean-d'Angely; ce siège, qui dura un mois, fut suivi de la reddition de la place. Le roi ordonna que les murailles et toutes les fortifications de la ville seraient rasées, et que les priviléges de toute nature accordés aux habitants seraient supprimés et abolis.

Saint-Jean-d'Angely mit longtemps à se relever de ce désastre; mais il n'eut plus de fortifications, et devint, à partir de la dite époque, une ville ouverte.

M. C.-L. Saudau a écrit l'histoire de Saint-Jean-d'Angely d'après les archives de l'Échevinage.

Par sa communication avec la Charente, La Boutonne facilite l'exportation d'une grande quantité de marchandises et de denrées pour Rochefort, et l'importation des pierres de taille et autres objets d'approvisionnement, provenant de Saintes et de Saint-Savinien; ces transports s'effectuent au moyen de bateaux, dits gabares, à un seul mât, et n'ayant qu'un faible tirant d'eau, lesquels viennent prendre leurs cargaisons ou les débarquer dans un chenal situé à la partie supérieure du port, qui est formé au S.-O. de la ville par un quai et un chantier de construction occupant toute sa longueur.

Saint-Jean-d'Angely fait un commerce considérable, consistant principalement dans l'exportation des vins et eaux-de-vie que produit son territoire; il est le siège d'un tribunal de commerce et possède une très belle église, un hôpital, un temple et un collège. On y remarque la Tour de l'Horloge, autrefois Tour du Seing, du XVe siècle, à créneaux et mâchicoulis, percée d'une arcade ogivale sous laquelle passe une des principales rues de la ville ; le Palais de Justice, deux Halles et un Marché-Couvert en fer, la fontaine du Pilori, dont le piédestal porte la date de 1546, et, sur la place de l'Hôtel-de-Ville, la statue, en bronze, de Regnault de Saint-Jean-d'Angély, qui fut député aux Etats-Généraux, ministre et conseiller d'Etat, membre de l'Institut, procureur général près la Haute-Cour impériale, etc., et mourut à Paris le 12 mars 1819. Saint-Jean-d'Angely était sa patrie d'adoption. Cette ville a vu naître plusieurs hommes célèbres, notamment du Vigier, les frères Marchand, nés en 1724 et 1725 ; l'un s'est particulièrement distingué dans la médecine, l'autre dans l'astronomie; le chirurgien Valentin, né en 1735, et le capitaine de vaisseau Tourneur, né en 1762, et qui, par son seul mérite, arriva à ce grade; il était directeur du port de Rochefort lorsqu'il mourut en 1820.

Saint-Jean-d'Angely est desservi par une station du chemin de fer de Niort à Saintes.

TERNANT.

Population : 175 habitants.

Superficie territoriale : 560 hectares.

Cette très petite commune, située à 6 kilomètres de Saint-Jean-d'Angely, sur la rive gauche de la Boutonne, est seulement à mentionner, car elle n'a ni commerce, ni industrie; son territoire, peu étendu, produit quelques céréales, des fourrages et du vin.

ARCHINGEAY.

Population : 932 habitants.

Superficie territoriale : 1,639 hectares.

L'origine d'Archingeay paraît être très ancienne, comme semblent le prouver les ruines d'un monastère, remontant, disent les chroniques, à la plus haute antiquité, et que l'on voit entre l'église de cette commune et le château de la Vallée, qui est sur son territoire. Ce territoire est formé de terres hautes qui bordent la rive gauche de la Boutonne.

Archingeay a des eaux minérales très efficaces, dit-on, pour les maladies de l'estomac et des voies urinaires; elles sont distribuées par une fontaine, qui semble être de construction romaine, et est de forme carrée; le bassin a près de 3m de longueur, sur 2m environ de largeur; l'eau sort en bouillonnant d'entre les jointures du pavé, par deux petites sources, et dans une direction verticale. La vertu médicinale de cette eau, qui n'était pas inconnue des Romains, est restée depuis ignorée, pendant très longtemps.

LES NOUILLERS.

Population : 865 habitants.

Superficie territoriale : 2,341 hectares.

On ne connaît ni l'origine, ni l'étymologie du nom

de cette commune, que quelques auteurs font dériver du mot *Nou* qui, en langue celtique, veut dire lieu arrosé, parce qu'un ruisseau, qui prend sa source aux Nouillers, et dont les eaux sont abondantes, va se perdre, en serpentant, dans la Boutonne, après avoir baigné une partie de son territoire, qui est en partie composé de vignobles et de terres arables.

Cette localité n'a rien de remarquable.

CHAMPDOLENT.

Population : 480 habitants.

Superficie territoriale : 1,191 hectares.

Champdolent est situé sur la rive gauche de la Boutonne. C'est une petite commune sans importance, et dont l'origine n'est pas connue. A peu de distance du village chef-lieu, on voit, dans un bois, les restes d'un ancien château-fort qui, d'après la tradition, aurait été ruiné, par Charlemagne, en l'an 808.

AGONNAY.

Population : 175 habitants.

Superficie territoriale : 459 hectares.

Bornée au midi par la Charente, à l'E. et à l'O. par deux ruisseaux, dont les eaux vont s'écouler dans ce fleuve, la très petite commune d'Agonnay est à 20 kilomètres de Saint-Jean-d'Angely. On trouve sur son territoire des carrières de pierre.

En travaillant à l'excavation de quelques fossés, on a découvert, dans cette commune, une grande quantité de débris de briques romaines, ce qui donnerait à penser que ce lieu fut jadis habité par les Romains, et qu'ils y avaient établi des fours à briques.

BORDS.

Population ; 1,018 habitants.

Superficie territoriale : 1,547 hectares.

Cette commune doit son nom à sa situation entre la Charente et la Boutonne, qui bordent son territoire. De vastes prairies et des terres labourables forment la plus grande partie de sa superficie. Les prairies qui bordent la Charente sont généralement peu productives, mais celles qui sont sur la Boutonne fournissent d'excellents et d'abondants fourrages.

On remarque dans cette commune, et sur le sommet d'une colline, la tour de la Nipoutière, qui paraît avoir été autrefois une position militaire importante ; elle était entourée de fossés, de glacis et de retranchements ; on voit encore l'entrée des vastes souterrains qu'on y avait pratiqués.

SAINT-SAVINIEN.

Population : 2,931 habitants.

Superficie territoriale : 3,921 hectares.

La petite ville de Saint-Savinien, chef-lieu du syndicat et du canton du même nom, est située sur la rive droite de la Charente, dans une anse qui forme un port excellent, pouvant recevoir des bâtiments de mer de 150 tonneaux ; le territoire de cette commune est très étendu ; il se compose de terrains d'alluvions, convertis en prairies, de terres arables, de vignobles et de bois taillis. Un rocher crayeux, qui forme le sous-sol des trois quarts de la surface de la commune, a permis par sa coupe perpendiculaire, d'ouvrir, au chef-lieu, une vaste carrière horizontale, d'où l'on extrait, chaque année, de grandes quantités de pierres, très estimées, et auxquelles on donne la préférence pour la construction des ponts.

On voit, à Saint-Savinien, les restes d'un ancien couvent d'Augustins, qui fut détruit à l'époque des guerres de religion, et dont la façade, du xve siècle, est fort belle. L'église paroissiale, de construction gothique, est placée sur un rocher, à 20^m au-dessus du niveau de la rivière ; elle est sous le vocable du saint qui a donné son nom à la commune, et eut beaucoup à souffrir des guerres des religion ; depuis quelques années, on l'a restaurée. Il y a un temple desservi par le pasteur de Saint-Jean-d'Angely. Le chemin de fer de l'Etat, de Nantes à Bordeaux, dessert Saint-Savinien.

COULONGES.

Population : 185 habitants.

Superficie territoriale: 931 hectares.

La Charente borne à l'O. cette très petite commune, sur la rive de laquelle elle a un petit port d'où s'expédient les bois du pays, les vins et autres denrées ; sa faible population est répartie entre sept villages ou hameaux, dont l'un forme le chef-lieu.

ANNEPONT.

Population : 359 habitants.

Superficie territoriale : 881 hectares.

Le sol de cette commune est montueux et d'une nature assez variée ; il produit des céréales, des fourrages, du vin et du bois ; un petit ruisseau, appelé la Ruttelière, l'arrose avant de se jeter dans la Charente.

C'est dans le vallon d'Annepont, qu'en 890, Landry, comte de Saintonge, et Emenon, comte d'Angoumois, se livrèrent bataille au sujet de la propriété du château de Taillebourg, qu'ils se disputaient.

TAILLEBOURG.

Population : 965 habitants.

Superficie territoriale : 1,424 hectares.

Située au sommet et sur le penchant d'une colline, au pied de laquelle coule la Charente, la petite ville de Taillebourg se trouve dans une position agréable et pittoresque ; elle est à 16 kilomètres de Saint-Jean-d'Angely, et fut autrefois très fortifiée ; son château, d'abord détruit en 1179, par Richard Cœur de Lion, fut rebâti, dans la suite, sur des rochers très élevés ; ce château, dont il subsiste encore quelques parties, était environné de tous les côtés par la ville. Au XVIIe siècle, il appartenait aux La Tremoïlle, et fut vendu, comme bien national, pendant la Révolution.

Le duc de La Tremoïlle est membre de l'Institut et connu, dans toute la région, par l'obligeance avec laquelle il communique aux érudits les richesses historiques de son chartrier.

Taillebourg, qui a eu à soutenir plusieurs sièges, depuis 1179, est surtout célèbre par la victoire que Louis IX, à la tête d'une armée de 50,000 hommes, y remporta, en 1242, sur Hugues, comte de la Marche, soutenu par Henri III, roi d'Angleterre; ce fait d'armes n'est plus rappelé que par une pile de l'ancien pont de pierre, qui est restée debout, et par le monument commémoratif de cette victoire, que la Société des Archives historiques de Saintonge et d'Aunis, ayant son siège à Saintes, y a fait ériger en 1892.

Après quelques années de tranquillité, qui prirent fin en 1585, cette ville fut de nouveau attaquée au cours des guerres de religion, qui eurent pour elle un funeste résultat. Le duc d'Anjou, frère du roi Charles IX, s'en étant emparé, la démantela, afin de l'empêcher de se révolter jamais.

La seigneurie de Taillebourg a eu une grande importance, car, en 1364, elle étendait sa juridiction sur 40 paroisses.

Le principal commerce de cette commune porte sur les vins, les bois de chauffage et de construction.

Taillebourg est desservi par une station du chemin de fer de l'Etat de Nantes à Bordeaux.

LA VALLÉE.

Population : 675 habitants,

Superficie territoriale : 1,637 hectares.

Cette commune est située sur la rive gauche de la Charente; elle est formée par un grand nombre de villages ou hameaux et n'a pas d'importance. Sur un tertre, peu éloigné de son chef-lieu, on voit trois *dolmen*, le plus grand faisant face au N. ; c'est une pierre énorme, de forme quadrangulaire, ayant 2m60, en tous sens, sur une épaisseur de 1m.

GEAY.

Population : 797 habitants.

Superficie territoriale : 1,593 hectares.

La commune de ce nom est, comme la précédente, située sur la rive gauche de la Charente ; son territoire contient beaucoup de bois taillis, et de diverses espèces, pour le chauffage, et dont il s'exporte par eau, de grandes quantités, à destination de Rochefort, La Rochelle et l'Ile de Ré.

L'église de Geay est un monument du Moyen-Age, bien conservé, et ayant une belle abside romane ; c'était autrefois la chapelle d'un monastère auquel elle attenait. Le château de Geay, bâti en 1591, est, par sa solidité, un type des constructions du XVIe siècle.

La famille de La Tour de Geay est encore représentée aujourd'hui.

Dans la dite commune, au lieu de Civrac, est un *dolmen*, de forme plate, ayant une circonférence mal arrondie.

ROMEGOUX.

Population : 596 habitants.

Superficie territoriale : 1,324 hectares.

Limitée, dans sa partie N. par la Charente, et séparée à l'E. de Geay et de Saint-Porchaire, par un ruisseau, la commune de Romegoux n'a pas d'importance et n'offre rien d'intéressant ; sa population, peu considérable, est disséminée dans un grand nombre de villages ou hameaux. Les excellents pacages que possède cette commune permettent aux habitants de se livrer, avec succès, à l'élève des bêtes à corne et à laine.

LE MUNG.

Population : 313 habitants.

Superficie territoriale : 816 hectares.

Le Mung est une petite commune dont la moitié du territoire se compose de prairies ; elle est située dans un vallon profond, et borné au N. et au N.-E. par la Charente. Il existe dans cette commune un petit port par lequel se font quelques expéditions de pierres de Crazannes, pour Rochefort et La Rochelle.

Sur le territoire de la dite commune, on voit les ruines d'un château du XVe siècle.

CRAZANNES.

Population : 637 habitants.

Superficie territoriale : 412 hectares.

La Charente borne, à l'E., cette commune, et facilite le transport des pierres de tailles renommées que l'on extrait des belles et nombreuses carrières qui y sont en exploitation. Ces carrières ont fait la fortune du pays, dont le sol, par ailleurs, ne produit que des céréales.

Crazannes possède un beau château, qui se compose de trois édifices distincts, ayant chacun, dans leur construction, un style et un caractère particuliers ;

l'un, que l'on nomme le vieux Château, est des XIIIe et XIVe siècles; le second date de la Renaissance; le troisième est du règne de Louis XV. Le château de Crazannes a un parc spacieux; il est situé sur une colline, qui commande la rive gauche de la Charente; de là vient le nom de la commune, car le mot celtique *crazenn* signifie hauteur, colline, tertre.

Ce château, qu'habita autrefois Mgr de La Rochefoucauld, dernier évêque de Saintes, qui mourut en 1792, victime de la fureur révolutionnaire, appartient maintenant à la famille Joly d'Aussy.

PORT-D'ENVAUX.

Population : 1,245 habitants.

Superficie territoriale : 2,241 hectares.

Port-d'Envaux, qui était jadis une section de la commune de Saint-Saturnin-de-Séchaud, et dont l'érection en commune remonte à l'année 1853, s'élève, en pente douce, sur la rive gauche de la Charente, entre le vallon pittoresque des Chauvins et le château de Panloy.

Ce joli bourg a encore un peu de sa prospérité et de son activité maritime d'autrefois, car, il y a un demi-siècle, à peine, il sortait de ses chantiers de construction des navires d'un assez fort tonnage.

Actuellement, il ne vient à Port-d'Envaux que des caboteurs ou borneurs, qui y chargent des pierres de taille de Crazannes, et du bois de chauffage (fagots), ainsi que des bois de charronnage, pour les ports de La Rochelle, de l'Ile de Ré et de la Vendée.

SAINT-VAIZE.

Population : 350 habitants.

Superficie territoriale : 459 hectares.

La commune de ce nom se compose d'un très petit bourg et de plusieurs villages ou hameaux ; sa distance de Saintes est de 9 kilomètres ; le sol contient un grand nombre de carrières, qui fournissent des pierres de taille estimées ; il produit aussi des céréales.

Il y avait autrefois, dans cette commune, un prieuré de l'ordre de Chanceladais, dont les abbés étaient seigneurs du lieu, avec droit de haute, moyenne et basse justice, et n'étaient tenus à redevance qu'envers le Roi. On voit encore les ruines de la chapelle de ce prieuré où la tradition veut que saint Vaize, dont la paroisse porte le nom, ait souffert le martyre.

Dans la dite commune, et auprès du village appelé la Grande-Porte, sur le bord de la Charente, on remarque un mur romain, très épais, qui entre dans les terres ; les habitants disent que ce mur est le reste d'un ancien pont, qui traversait le fleuve ; ils prétendent qu'on en voit encore des vestiges, au fond de l'eau, dans les marées basses.

PRÉPOSAT DE SAINTES

Ce préposat (ancien quartier maritime) se compose des 17 communes de Saintes, Bussac, Chaniers, Les Gonds, Courcoury, La Jard, Colombiers, Chérac, Dompierre-sur-Charente, Saint-Sever, Rouffiac, Brives-sur-Charente, Montils, Saint-Seurin-de-Palène, Pérignac, Bougneau et Pons, dont les trois premières font partie du canton N. de Saintes, les quatre suivantes du canton S. de la même ville, les huitième et neuvième, du canton de Burie, et les huit dernières de celui de Pons.

Du préposat de Saintes dépendent encore 31 communes, dont je n'aurai pas à m'occuper, dans cette étude, parce qu'elles appartiennent au département de la Charente. En voici les noms: Merpins, Saint-Laurent, Croffin, Cognac, Château-Bernard, Boutiers, Saint-Brice, La Pallue, Gensac, Bourg, Gondeville, Jarnac, Triac, Bassac, Saint-Même, Saint-Amand-de-Graves, Saint-Simon, Vibrac, Aujac, Saint-Surin, Mosnac, Saint-Simeux, Châteauneuf, Champmillon, Sireuil, Trois-Palis, Nersac, Saint-Michel, Linars, Fléac et Angoulême.

En résumé, le préposat de Saintes, proprement dit, comprend 48 communes, dont 17 font partie du département de la Charente-Inférieure et 31 de celui de la Charente.

SAINTES.

Population : 18,204 habitants.

Superficie territoriale : 4,445 hectares.

La ville de Saintes, ancienne capitale de la province de Saintonge, est située sur la Charente où elle a un port, par lequel se font quelques opérations commerciales, tant pour l'exportation que pour l'importation.

L'origine de cette ville, dont le nom s'écrivait Xaintes, au Moyen-Age, remonte à la plus haute antiquité, et il en était déjà question au premier siècle de l'ère chrétienne, lorsque le pays de Santons fut évangélisé, en l'an 75, par saint Martial, et, en 95, par saint Eutrope, premier évêque de Saintes.

En 850, les Normands ruinèrent et saccagèrent Saintes, mais épargnèrent l'église, que Charlemagne, fils de Pépin, y avait fait élever quelques années auparavant. Depuis la prise de Saintes par Pépin, en l'an 768, cette ville fut administrée par des comtes, qui n'étaient que de simples gouverneurs.

Au commencement du XIe siècle, elle appartenait à la Maison d'Anjou ; mais, en 1061, la guerre s'étant rallumée entre cette maison et celle de Poitiers, au sujet de la Saintonge, cette province fut le théâtre de nouvelles luttes, et, l'année suivante, le duc d'Aquitaine vint mettre le siège sous les murs de Saintes, qui lui ouvrit ses portes, après une résistance courageuse.

Eléonore de Guyenne était en possession de Saintes lorsqu'elle épousa Henri II, roi d'Angleterre, dont Richard, l'un de ses fils, surnommé Cœur de Lion, se mit, en 1153, à la tête d'une troupe de rebelles, et s'enferma dans les murs de Saintes, avec l'élite de ses partisans. Résolu à l'en déloger, le roi d'Angleterre vint mettre le siège devant les remparts de la ville. Après un combat meurtrier qui dura plusieurs jours, il entra dans la place, à travers des monceaux de ruines.

Jean sans Terre, troisième fils de Henri et d'Eléonore, qui succéda à Richard en 1199, donna la Saintonge en douaire, à sa femme Isabelle d'Angoulême, laquelle épousa, en secondes noces, Hugues, comte de La Marche, à qui Louis VIII, roi de France, confirma la propriété de cette province; mais Louis IX et son frère Alphonse dépossédèrent Hugues, de Saintes et de plusieurs autres lieux, que ce comte fut obligé de leur céder, en 1242, après la bataille de Taillebourg.

Treize ans plus tard, Louis IX crut devoir faire à Henri III, roi d'Angleterre, la cession de Saintes et de toute la partie de la Saintonge, qui se trouvait en-deçà de la rive gauche de la Charente.

En 1330, le midi de la Saintonge était encore [illegible] par les Anglo-Gascons, et la paix régnait entre les couronnes de France et d'Angleterre; mais elle était mal observée et les rivalités nationales éclataient souvent d'une rive à l'autre de la Charente. La garnison anglaise de Saintes ayant fait irruption au N. du fleuve, Philippe de Valois, qui n'attendait qu'une occasion pour recommencer la guerre, fit passer en Saintonge une armée, commandée par son frère, Charles, comte d'Alençon. Ce prince vint mettre le siège devant Saintes, et emporta d'assaut la ville et la citadelle, malgré la résistance des assiégés.

Voulant porter un coup mortel à la puissance des Anglais en Saintonge, en anéantissant le principal boulevard de leur domination dans cette contrée, il ordonna la destruction du Capitole, cette ancienne forteresse, que treize siècles et de nombreux assauts avaient épargnée, qui fut la gloire de Saintes antique, et dont il ne reste guère que le souvenir, et quelques débris ayant servi à bâtir le mur d'enceinte de l'hôpital civil ; d'autres sont déposés et conservés précieusement au Musée des Antiques de la ville.

La Saintonge fut possédée encore quelque temps par les Anglais, jusqu'à ce que Charles V la reconquit et la réunit à la couronne de France, de laquelle elle n'a point été démembrée depuis.

Les guerres de religion firent naître dans l'Aunis et la Saintonge des événements graves, auxquels la ville de Saintes dut nécessairement prendre part et dont elle eut à souffrir, notamment en 1586, où les protestants l'assiégèrent. En 1609, Henri IV la fit fortifier ; mais en 1628, après la prise de La Rochelle, Louis XIII ordonna d'en raser les fortifications.

Depuis cette dernière époque, l'histoire n'a plus eu aucun fait militaire à enregistrer concernant l'ancienne capitale de la Saintonge et de l'Aunis.

La ville actuelle de Saintes n'occupe pas le même emplacement que l'ancienne, ruinée jadis par les barbares, qui traversèrent les Gaules pour aller en Espagne. D'après les vestiges qui existent encore, on pense que la vieille ville avait 1,200m de longueur sur 900m de largeur ; la nouvelle ville est une agréable cité où, depuis un certain nombre d'années, on a construit de très belles maisons et transformé d'anciens quartiers.

Saintes a de nombreux monuments, plus ou moins bien conservés, qui attestent son importance d'autrefois. Parmi ces monuments vient, en première ligne, l'Arc de Germanicus, qui fut élevé en l'honneur de Germanicus César, fils de Brutus et d'Antonia, entre le quatrième et le cinquième Consulat de Tibère, c'est-à-dire de l'an XXI à XXXI de Jésus-Christ. Démoli, pierre par pierre, lors de la destruction du pont à l'entrée duquel il s'élevait, il a été rétabli un peu en amont; sa hauteur totale, y compris son soubassement, était, avant sa translation, de 20m au-dessus du niveau moyen de la Charente. Les autres monuments sont :

1° L'Amphithéâtre (monument historique), qui paraît remonter à la première partie du IIe siècle de l'ère chrétienne; ce qu'il en reste suffit pour faire juger de sa première forme et de ses dimensions primitives; c'était une vaste ellipse dont les côtés s'appuyaient aux deux collines parallèles qui bordent le vallon où il est situé; il avait une surface de 36 ares, et ses gradins pouvaient recevoir environ 22,000 spectateurs. L'Amphithéâtre servait non seulement à des combats de gladiateurs, mais encore à des joutes sur l'eau, ce qui semble résulter de son assiette au fond d'une vallée, de la découverte d'un pavé, en pierres de taille, à 1m50 au-dessus de l'aire, et surtout de l'existence d'une voûte d'aqueduc. A peu de distance de l'Amphithéâtre, on trouve dans une maison particulière, appelée le Coteau, de vastes substructions romaines, qui étaient une dépendance des arènes;

2° L'église Saint-Pierre ou ancienne Cathédrale (monument historique) dont, comme je l'ai dit plus haut, la fondation est attribuée à Charlemagne; il ne reste rien de cette première construction, que les historiens assurent avoir été magnifique. Incendié en 997, et ravagé plus tard par les Normands, cet édifice religieux fut restauré au XIIe siècle et entièrement reconstruit à la fin du XVe ; ruiné, en 1568, par l'effet des guerres de religion, ce monument fut, de nouveau, rétabli en 1583 par l'évêque Le Cornu, qui fit réédifier le chœur, en grande partie ; les voûtes n'ont été refaites qu'en 1743 ; elles sont en briques, et beaucoup moins hautes que dans l'église primitive ; on peut dire, par suite, que, dans son état actuel, l'ancienne Cathédrale de Saintes, ou église Saint-Pierre, est presque tout entière du XVIIe siècle ; quelques parties du chœur et le transept méridional offrent le style ogival de la fin du XIIe siècle ;

3° L'église Saint-Eutrope (monument historique), qui est, comme Saint-Pierre, un doyenné. Cette église est l'édifice religieux le plus intéressant que possède la ville de Saintes. Bâtie à la fin du VIe siècle, l'église Saint-Eutrope fut reconstruite au XIe, remaniée au XVe et détruite, en partie, en 1568. Le clocher, qui est du XVe siècle, est un ouvrage remarquable par son élévation et sa hardiesse ; il est surmonté d'une flèche octogonale, ayant 58m de hauteur. Sous l'église s'étend une vaste crypte qui, comme l'église supérieure, se compose d'un sanctuaire et d'une nef, avec bas-côtés. Derrière un autel moderne, on voit le tombeau de Saint Eutrope et celui de Sainte Eustelle. On remarque, dans l'intérieur de ce monument, qui eut beaucoup à souffrir du vandalisme révolutionnaire, plusieurs chapiteaux historiés, représentant divers symboles allégoriques ;

4° L'église Sainte-Marie ou Notre-Dame, splendide édifice des XIe, XIIe et XVIIe siècles, qui dépendait d'une ancienne abbaye de religieuses bénédictines, et que l'on a convertie en caserne ;

5° L'église Saint-Pallais, du XIIe siècle ; cette église, qui a été restaurée et remaniée, forme une des paroisses de la ville ; elle est à plein cintre, comme celle de Saint-Eutrope, mais elle n'a pas de crypte. Saintes a une quatrième paroisse : celle de Saint-Vivien.

Indépendamment des antiquités et monuments décrits ci-dessus, on remarque dans cette ville : le Palais de Justice du XIXe siècle, l'Hôtel de la Sous-Préfecture ; l'Hôpital civil ou de Saint-Louis ; l'Hôpital de la Marine, qui fut autrefois le Grand-Séminaire, et dont la façade est monumentale ; le Collège, fondé sous Henri IV, en 1608, et considérablement agrandi depuis ; l'Hôtel de Ville, près duquel est le Musée archéologique ; l'ancien Hôtel de Ville où est la Bibliothèque qui se compose de 32,000 volumes et d'intéressants manuscrits ; le Marché-Couvert du quai Reverseaux, les Casernes, le Haras, la Prison, construite en 1833 ; la statue de Bernard Palissy érigée en 1868, à la mémoire de ce célèbre faïencier, qui demeura vingt années à Saintes, vers le milieu du XVIe siècle.

M. Charles Dangibeaud a consacré un ouvrage en six volumes aux monuments religieux de Saintes, y compris le temple qui va être reconstruit. Cette étude, aussi savante que complète, est accompagnée de nombreuses photogravures, faites avec le plus grand soin Mgr Julien Laferrière a publié l'*Art en Saintonge*, av la collaboration de M. Musset, président de la Commission des Monuments historiques.

Saintes est le chef-lieu judiciaire du département de

la Charente-Inférieure, le siège de deux justices de paix et d'un tribunal de commerce; elle possède plusieurs Sociétés savantes parmi lesquelles figure, au premier rang, l'importante Société des Archives historiques de Saintonge et d'Aunis, qui est subventionnée par l'Etat. A l'exemple de ce qui s'est fait à Angoulême, pour M. E. Castaigne, il serait à souhaiter que le buste de M. Louis Audiat fût placé dans la bibliothèque de la Société, par les soins de la dite Société, dont il est le fondateur.

Cette ville est desservie par le chemin de fer de Nantes à Bordeaux, qui y a une gare et des ateliers considérables.

BUSSAC.

Population : 516 habitants.

Superficie territoriale : 968 hectares.

Située sur les bords de la Charente, à 5 kilomètres de Saintes, Bussac a deux petits ports qui servent d'entrepôt aux produits des communes voisines, et où il se charge beaucoup de pierres de taille et de bois, pour Rochefort, La Rochelle et les localités voisines.

On remarque, dans cette commune, le château, du XVIIe siècle, qui porte son nom.

CHANIERS.

Population : 2,019 habitants.

Superficie territoriale : 2,557 hectares.

Cette grande et importante commune, qui est à 7 kilomètres de Saintes, est bornée au S.-E. par la Charente, sur laquelle elle a plusieurs petits ports, pour l'embarquement des produits du pays, et un bac de passage qui met en communication les deux rives du fleuve ; on y cultive la vigne et des céréales. Le crû de Sénouches est réputé pour fournir le meilleur vin rouge de la contrée.

LES GONDS.

Population : 634 habitants.

Superficie territoriale : 974 hectares.

Bornée au N. par la Charente, arrosée au S. par la Seugne, et traversée, du S. au N., par le ruisseau des Arènes, la commune des Gonds n'a aucune importance ; son territoire se compose de terres labourables, de vignes et de quelques bois de haute futaie. L'instituteur de cette commune a formé une collection préhistorique très intéressante.

COURCOURY.

Population : 703 habitants.

Superficie territoriale : 1,223 hectares.

Cette commune, située à 8 kilomètres de Saintes, forme une sorte d'île, bornée au N. par la Charente et dans ses parties E. et S.-O. par la Seugne, qui se divise en plusieurs bras dont deux traversent Courcoury. Les débordements fréquents de ces deux cours d'eau ont vraisemblablement occasionné cette disposition des lieux. On remarque, à Courcoury, un tumulus appelé *le Terrier de la Fade ou de la Fée*, dans lequel on a trouvé autrefois des armes antiques, à demi rongées par la rouille, et des médailles; sur le territoire de la même commune, on a découvert également plusieurs constructions antiques, paraissant être de l'époque romaine, et un grand nombre de monnaies de différents métaux et modules.

LA JARD.

Population : 299 habitants.

Superficie territoriale : 835 hectares.

Un ruisseau, connu sous le nom d'Etier de Fond-Roman, traverse cette commune du S. au N. et va se jeter dans la rivière la Seugne, qui la délimite, dans ses parties N. et N.-E. Huit villages ou hameaux composent la petite commune de La Jard. On voit, au chef-lieu, les ruines d'un ancien monastère du XIIIe siècle, et dont la destruction a été amenée par les guerres de religion. On a trouvé, aux environs de ces ruines, plusieurs pièces de monnaies, frappées à l'effigie de Charles IX.

COLOMBIERS.

Population : 422 habitants.

Superficie territoriale : 722 hectares.

La commune de Colombiers est traversée du S. au N.-O. par la rivière la Seugne, qui, dans ces parages, est très poissonneuse; aussi les habitants se sont-ils créé une industrie et une ressource par l'exercice de la pêche.

Cette commune, composée de 8 villages et 5 hameaux,

est à 16 kilomètres de Saintes et n'a rien de remarquable.

CHÉRAC.

Population : 1,230 habitants.

Superficie territoriale : 2,955 hectares.

La commune de ce nom est limitée au S. par la Charente, ce qui lui facilite l'exportation des eaux-de-vie, qu'elle fournit à Cognac ; le sol produit, à peu près, toutes les espèces de céréales, du foin, du bois et des vins, que l'on convertit en eaux-de-vie, par la distillation ; cette commune a une certaine importance, en raison de son commerce ; elle a quatre grandes foires annuelles, et il s'y tient, le jeudi de chaque semaine, un marché de denrées diverses, très bien approvisionné.

L'église de Chérac est du XVe siècle.

DOMPIERRE-SUR-CHARENTE.

Population : 571 habitants.

Superficie territoriale : 818 hectares.

La commune de Dompierre, qui tire son nom d'un banc de pierres calcaires, formant la base de son sol, est située sur un coteau, baigné par la Charente, qui la borne au S.-E. ; on y récolte des blés et des vins d'une excellente qualité ; les rouges s'envoient à Rochefort et les blancs sont convertis en eaux-de-vie.

Cette commune n'a aucun souvenir historique à rappeler.

SAINT-SEVER.

Population : 604 habitants.

Superficie territoriale : 814 hectares.

La Charente borde la commune de Saint-Sever, au N. ; à l'O., elle est limitée par la Seugne ; les prairies naturelles qu'elle a sur les rives de ces deux cours d'eau sont d'une vaste étendue et produisent de très bons fourrages avec lesquels on élève beaucoup de bestiaux ; le sol produit aussi du vin et du froment.

ROUFFIAC.

Population : 461 habitants.

Superficie territoriale : 583 hectares.

La commune de Rouffiac est, comme la précédente, bordée par la Charente, mais dans sa partie N.-E. ; le sol est cultivé en vigne et en céréales. Cette commune, qui est environnée de bois, parmi lesquels il y a beaucoup de chênes, tire probablement son nom du mot *Rou*, qui, en dialecte celtique, désigne le chêne.

Le bourg de Rouffiac était anciennement le siège d'un bailliage.

BRIVES-S/-CHARENTE.

Population : 330 habitants.

Superficie territoriale : 595 hectares.

Située à la limite du département de la Charente, cette commune possède un petit port sur le fleuve ; elle est l'entrepôt de presque toutes les eaux-de-vie achetées dans les environs, et qui sont ensuite envoyées à Cognac, d'où on les expédie sur diverses destinations.

MONTILS.

Population : 1,014 habitants.
Superficie territoriale : 2,391 hectares.

La commune de Montils se compose de 18 villages et de son chef-lieu qui réunit, à lui seul, la moitié de la population ; elle est bornée au N. par la Charente et à l'O. par la Seugne ; sa distance de Saintes est de 17 kilomètres. Cette commune offre ceci de curieux : que l'on y trouve plusieurs caves, creusées dans le roc, sous les maisons du bourg, et dont les habitants ne font aucun usage ; il est évident qu'elles ont été autrefois habitées, car on y aperçoit des traces de foyers, et des bancs ou sièges, en pierre.

SAINT-SEURIN-DE-PALENNE.

Population : 232 habitants.
Superficie territoriale : 403 hectares.

Cette petite commune, que limite la Seugne, n'a rien de remarquable ; son église, de construction très ancienne, fut renversée pendant les guerres de religion ; les habitants la reconstruisirent après la révocation de l'Edit de Nantes.

PÉRIGNAC.

Population : 1,366 habitants.

Superficie territoriale : 2,699 hectares.

Cette commune étendue est bornée au N. par la Charente qui, sur ce point, offre un lieu d'embarquement commode, près duquel sont des magasins servant d'entrepôt pour les vins et eaux-de-vie de la contrée ; le sol se divise en terres labourables, vignes, prés et bois ; il se fait dans cette importante commune un grand commerce sur les grains et les eaux-de-vie.

BOUGNEAU.

Population : 536 habitants.

Superficie territoriale : 1,479 habitants.

La Seugne, qui limite cette commune à l'O., arrose plusieurs prairies où les habitants élèvent du bétail dont ils font un commerce lucratif. La commune, outre le chef-lieu, comprend 2 villages et 6 hameaux ; elle produit des vins, que la distillation convertit en eaux-de-vie excellentes, ainsi que du froment, de l'orge, de l'avoine, du maïs et des fèves.

PONS.

Population : 4,403 habitants.

Superficie territoriale : 2,745 habitants.

La ville de Pons, chef-lieu du canton de ce nom, est située à 21 kilomètres de Saintes, sur le versant d'une colline de la rive gauche de la Seugne, qui se partage en plusieurs branches, et que l'on passe sur trois ponts, dans un de ses faubourgs ; c'est à ces ponts qu'elle devrait, dit-on, son nom ; elle se divise en haute ville, qu'on appelle Saint-Vivien, et en basse, que l'on nomme Saint-Martin.

Pons était le chef-lieu d'une seigneurie, qui, sous le nom de Sirerie, ne relevait que de la Couronne ; elle étendait sa juridiction sur 52 paroisses et 250 fiefs nobles, et jouissait de tous les droits de suzeraineté, comme de battre monnaie, d'avoir haute, moyenne et basse justice, etc. L'origine de ses premiers seigneurs se perd dans la nuit des temps, et leur généalogie ne commence, d'une manière certaine, qu'en 1160. Avant cette époque, un sire de Pons, du nom de Geoffroy, avait fondé, pour les malades et les pèlerins, un hospice, qui fut confié aux Templiers, et dont on voit encore les restes ; ces chevaliers y bâtirent une église et des servitudes considérables, qu'ils occupèrent jusqu'à l'abolition de leur Ordre ; l'hospice et les divers bâtiments furent cédés alors aux chevaliers religieux de Saint-Jean de Jérusalem ; la Révolution détruisit cet établissement.

La plupart des sires de Pons se sont distingués par une grande valeur, et plusieurs de leurs faits d'armes sont rapportés dans l'histoire.

La ville de Pons était environnée de fortes murailles et commandée par un bon château, le tout fortifié à l'antique. Les huguenots, qui s'en étaient rendus maîtres, y avaient ajouté des fortifications à la moderne, qui la faisaient passer pour une position très défensive ; mais, en 1621, après la reddition de Saint-Jean-d'Angely, ils la rendirent à Louis XIII, qui la fit démanteler. Cette ville conserve à peine quelques vestiges de ses anciens monuments ; on y voit encore notamment la voûte gothique (monument historique) servant de communication entre les salles de l'hospice et la chapelle de cet établissement.

Le château des anciens sires de Pons est situé au milieu de la ville ; il servit longtemps de résidence aux seigneurs ; le maréchal d'Albret l'habita, pendant son gouvernement de Guyenne. L'Hôtel de Ville occupe l'emplacement de cet édifice, dont il ne reste que le donjon (monument historique) du XIIe siècle, et quelques débris du mur d'enceinte, au pied du rocher qui le supporte.

Il y a, dans l'intérieur du château, deux promenades, dont on a fait un jardin public, d'où l'on domine toute la Seugne, et une chapelle gothique (monument historique) autrefois dédiée à saint Gilles.

L'ancienne église Saint-Martin, du IXe siècle, ayant été entièrement ruinée, en 1574, durant les guerres de religion, une nouvelle église, placée également sous le vocable de Saint-Martin, a été rebâtie, dans la première moitié du XIXe siècle ; son clocher, de forme quadrangulaire, est de la même époque. Saint-Martin est la première paroisse, ou le doyenné, car il existe une seconde paroisse, dédiée à Saint-Vivien, vieille église, de style roman, ayant subi de profondes mutilations pendant les guerres de religion, et dont la façade est remarquable.

Cette ville possède un Établissement ecclésiastique

important, connu sous le nom de Petit Séminaire, et qui reçoit, chaque année, un nombre considérable de pensionnaires laïques, qui y font les meilleures études, sous la direction de professeurs distingués.

Pons a plusieurs tanneries et mégisseries, très en renom, ainsi que des filatures de laines, pour la fabrication des étoffes communes ; on y exploite aussi beaucoup de carrières ; le sol produit d'excellents vins, rouges et blancs, des céréales de toute espèce, et beaucoup de bois, dont les principales essences sont : le chêne, le frêne, l'orme et le peuplier ; les prairies que baigne la Seugne donnent de très bons fourrages.

Il se tient, dans cette localité, douze foires annuelles, et un grand nombre de marchés très importants.

Pons est desservi par le chemin de fer de Nantes à Bordeaux, qui y a une station. On remarque, aux environs de cette ville, et sur la rive droite de la Seugne, le beau château d'Usson, bâti de 1535 à 1545, et que son propriétaire actuel a fait transporter, pierre par pierre, en 1885, de son emplacement primitif, près d'Echebrune, pour le faire réédifier au sommet d'un coteau très pittoresque, lui faisant faire ainsi un voyage d'environ 8 kilomètres.

Ce château, de l'époque de la Renaissance, est fort remarquable. La cour d'honneur, dont la galerie est ornée de médaillons et de devises, en latin, avec un colombier richement sculpté, est magnifique.

QUARTIER DE MARENNES

Ce quartier a pour limites : au N., le *thalweg* du hâvre de Brouage ; au S., celui du canal du Clapet, commune des Mathes. Il est formé par les trois syndicats de Marennes, La Tremblade et l'Eguille, qui comprennent ensemble 15 communes, dont 14 font partie de l'arrondissement géographique de Marennes, et une de celui de Saintes.

Au 1er janvier 1900, la population maritime de ce quartier se composait de 2,061 inscrits, classés comme suit : capitaines au long-cours, 9 ; maîtres au cabotage, 23 ; pilotes, 25 ; officiers mariniers, 5 ; quartiers-maîtres, 20 ; matelots des trois classes, 916 ; novices, 86 ; mousses, 74 ; impropres au service, 169 ; hors de service (cinquantenaires), 566 ; marins au service de l'Etat, 168 ; demi-soldiers, 212 ; retraités, 11 ; veuves et orphelins de retraités et de demi-soldiers, 113.

Les secours alloués, en 1899, aux nécessiteux du quartier, sur la Caisse des Invalides de la Marine, se sont élevés à la somme de 1,400 francs, répartie entre 35 personnes.

Pendant l'année 1899, 531 bateaux, jaugeant ensemble 1,160 tonneaux, et montés par 1,062 hommes d'équipage, ont fait la pêche côtière sur divers points du quartier. Cette pêche, et celle à pied, ont produit en argent : 1,034,364 francs, somme dans laquelle les amendements marins figurent pour 2,870 francs.

Le quartier de Marennes a fait, en 1899, 10 armements

pour le cabotage, 29 pour le bornage et 531 pour la pêche côtière.

Les paiements qu'il a effectués, pendant la même année, sur la Caisse des Gens de mer, se sont élevés à la somme de 5,191 fr. 39 c., et ceux sur la Caisse des Invalides, à 135,586 fr. 42 c.

Sont attachés à ce quartier : 5 navires, 750 bateaux et 2 yachts de plaisance.

31 navires et bateaux ont été construits, pendant l'année 1899.

Il existait au quartier de Marennes, à la date du 1er janvier 1900, 20,915 parcs à huîtres, et 689 établissements de pêche, consistant en fossés à poissons, réservoirs, etc.

SYNDICAT DE MARENNES

Ce syndicat se compose des quatre communes de Hiers-Brouage, Marennes, Saint-Just et Saint-Sornin, qui font partie du canton de Marennes.

HIERS-BROUAGE.

Population : 715 habitants.

Superficie territoriale : 3,113 hectares.

C'est sous cette double dénomination, que les deux communes de Hiers et de Brouage ont été réunies par une ordonnance royale du 31 mars 1825. On a voulu que dans cette réunion, que semblaient commander la disposition des lieux et des intérêts locaux, le nom de Brouage, qui rappelle tant de souvenirs historiques, ne fût pas perdu.

Brouage n'était, à son origine, qui est ancienne, qu'un simple hameau situé sur le bord d'un chenal par lequel remontaient les bâtiments de mer, jusqu'au pied d'une montagne, à l'extrémité de l'Ile de Hiers; ce hameau s'appelait alors Jacopolis, du nom de son propriétaire, le seigneur Jacques de Pons, baron de Mirambeau.

Quand le hameau devint une ville, il changea son nom de Jacopolis en celui de Brouage, tiré, on le croit, de l'antique tour de Broue, qui domine toute la plaine à l'extrémité du promontoire des Santons, et dont on voit encore les vestiges dans la commune de Saint-Sornin.

Brouage, par sa situation avantageuse, avait déjà fixé l'attention du Gouvernement, puisque, en 1495, Charles VIII forma le projet d'avoir, en ce lieu, un certain nombre de bâtiments de guerre, destinés à son service; mais ce projet échoua par l'opposition des Rochelais, qui prétendirent qu'un Établissement de la Marine, sur ce point, gênerait le commerce, et qu'il était préférable d'abandonner exclusivement le port de cette localité, aux navigateurs du Nord, qui venaient y prendre des cargaisons de sels.

Sous Charles IX, on résolut de fortifier Brouage, dont on fit une place de premier ordre. Pendant les guerres de religion, son port, auquel on avait précédemment apporté toutes les améliorations que comportait la situation, était un point important pour les deux partis.

En 1570, il fut enlevé, après huit jours de siège, par les réformés, que commandait le comte de La Rochefoucault. En 1577, la place fut investie par les catholiques sous les ordres du duc de Mayenne, qui la contraignit à capituler. En 1585, Brouage fut, de nouveau, assiégé par le prince de Condé, qui échoua dans ses tentatives; mais, les confédérés, n'ayant pu s'en emparer, résolurent, l'année suivante, d'en ruiner le port; on fit, dans ce but, partir de La Rochelle, vingt bâtiments chargés de terre et de cailloutage, qui furent coulés à l'entrée du hâvre; on essaya, dans la suite, de relever ces bâtiments, opération qui n'eut qu'un succès partiel.

Lorsque Richelieu songea à réduire La Rochelle, Brouage fut le centre de ses armements maritimes, et il le fit entourer de murailles et de fortifications, qui subsistent encore, en partie, à l'époque actuelle. Une brillante destinée semblait donc se préparer pour Brouage quand Louis XIV jeta les yeux sur son port, pour y former le grand arsenal maritime qu'il avait projeté sur les côtes de l'Océan; mais Colbert, qui, en sa qualité d'Intendant de l'Aunis et îles adjacentes, avait été chargé d'étudier ce projet, et d'en préparer l'exécution, allégua l'impossibilité de faire quelque chose de ce port, à raison des bâtiments qui avaient été coulés en 1586, à son entrée, et Brouage fut abandonné, comme l'avait été la Seudre, pour songer à Soubise, que le prince refusa de vendre, puis à Tonnay-Charente, également refusé par le duc de

Mortemart, et enfin à Rochefort, où l'on se fixa définitivement.

On attribua à diverses causes la ruine de Brouage; mais les plus vraies consistèrent dans la difficulté de retirer les navires coulés à l'entrée du port, et aussi dans la rapidité avec laquelle ce port se comblait par les grandes quantités de vases que le mouvement des eaux limoneuses, provenant de la Charente, y poussait chaque jour.

Pendant la période révolutionnaire de 1793, Brouage fut désigné comme le lieu de dépôt et de détention des prêtres, des religieuses et des suspects, qui furent, en partie, décimés par l'insalubrité du climat et le traitement inhumain qu'on leur infligea.

Brouage est situé entre l'embouchure de la Charente et celle de la Seudre, sur le vaste marais qui, sous la domination romaine, formait la partie N. du golfe des Santons, et n'offre plus que l'aspect d'une place forte abandonnée et en ruines, après avoir été, au Moyen-Age, une puissante cité, centre d'un commerce considérable, et dont le port fut, pendant longtemps, très en renom.

Accessible aux plus grands navires de l'époque, ce port devint, par son importance militaire, un point stratégique de premier ordre, pendant l'occupation anglaise et la lutte de l'indépendance rochelaise, lors des guerres de religion.

Jadis, le dit port était formé par un bassin demi-circulaire qui s'étendait du lit actuel du hâvre jusqu'au canal qui longe les fortifications; il est maintenant complètement envasé et transformé en pacages et en terres labourables. C'est à l'envahissement des alluvions marines qu'il faut attribuer principalement la perte de ce port. Ces alluvions, qui se produisent sur les côtes de la Saintonge, en éloignent, peu à peu, la mer et rétrécissent le lit des cours d'eau.

Brouage est actuellement un désert plutôt qu'une ville, et l'on ressent un sentiment de tristesse à la vue de ces remparts, plantés d'ormeaux séculaires, flanqués de sept bastions et percés de nombreuses embrasures.

L'impression est plus pénible encore quand, pénétrant dans l'intérieur par la brèche pratiquée dans le bastion central du fronton N., on a devant soi une ville sans animation, des bâtiments militaires considérables, tombant en ruines, et autour desquels se groupent des maisons également en ruines, pour la plupart, et dont quelques-unes abritent encore de rares habitants ayant pu résister aux fièvres intermittentes qui déciment cette contrée marécageuse.

Cette localité n'a plus qu'une bien petite partie de ses importantes salines d'autrefois, et qui, au XVIe siècle, occupaient environ 8,000 hectares de son territoire; ses murs, jadis baignés par l'Océan, sont aujourd'hui à trois milles de distance des vases que la mer couvre constamment.

Un chenal, ayant quatre milles de longueur, et qui communique avec l'Océan, d'une part, et, de l'autre, avec le canal de la Charente à la Seudre, permet pourtant aux caboteurs, calant 2^{m}50 d'eau, de remonter jusque près de la ville, dans les plus grandes marées, pour y charger des sels. Ce chenal est entretenu par les chasses du canal qui s'embranche sur la Charente à la Bridoire, et conduit à Pont-l'Abbé ; on y accoste le long d'un appontement en charpente.

Au S. et à un mille environ de ce chenal est celui de Mérignac, qui est très sinueux, mais peut recevoir des navires d'un tirant d'eau de 3m ; il communique à l'intérieur par un canal éclusé, qui rejoint, à Saint-Just, le canal entre la Charente et la Seudre. La jonction du chenal de Mérignac au hâvre de Brouage, par le chenal de Reux, fait une île de la portion de territoire renfermée entre ces chenaux et la mer. Cette île, appelée Hiers, est le chef-lieu de la commune ; son sol consiste, presque entièrement, en marais salants et en marais gâts.

En 1407, l'emplacement de Hiers était inculte et couvert de bois ; plus tard, on y construisit un prieuré, qui devint une paroisse, laquelle fut presque entièrement détruite lors des guerres de religion ; une galerie joignait cette église à l'ancien et vaste château des seigneurs de Hiers, dont il ne reste que des vestiges.

Dans des fouilles faites à l'église de Brouage, en mai 1835, on a trouvé les tombeaux, bien conservés, de plusieurs des gouverneurs de cette place.

Sur le territoire de la dite commune, il existe un tumulus, composé d'un amas de terre considérable, et qui fut élevé probablement après un combat livré par les Romains.

Brouage est la patrie du célèbre voyageur Champlain, fondateur de Québec, et mort en 1635.

MARENNES.

Population : 6,213 habitants.

Superficie territoriale : 3,020 hectares.

La ville et commune de Marennes est située sur la rive droite de La Seudre et sur la presqu'île qui porte son nom, laquelle a une largeur moyenne de 2 kilomètres et une longueur de 18 kilomètres, comprise entre la pointe du Chapus et Saint-Sornin ; elle est traversée par les routes départementales n°s 3, de La Rochelle à La Seudre, et 7, de Saintes à la Tour de Chassiron. Son nom lui vient du mot italien *Maremma*, qui s'applique aux terrains marécageux et fertiles du rivage de la mer. Son passé historique présente peu d'intérêt ; elle était possédée, anciennement, à titre de Comté, par l'illustre Maison des Martel, et était le siège d'un Présidial et d'une Chambre d'élection ; elle avait un hôpital, un couvent de Récollets et un collège de Jésuites, et fut comprise, en 1259, dans le traité conclu entre Louis IX et Henri III, roi d'Angleterre ; elle prit une part importante aux luttes sanglantes qui marquèrent l'occupation anglaise et les guerres de religion.

Depuis les premières années du règne de Louis XIV, l'histoire ne dit rien de Marennes, dont le commerce tomba en décadence, vers cette époque, par l'envasement progressif des chenaux de La Seudre, qui transformèrent, peu à peu, les magnifiques salines du pays en marécages insalubres, source des fièvres paludéennes qui commencèrent à ravager la contrée. Cet état de choses se prolongea sous les règnes suivants et jusqu'au commencement du XIXe siècle, où en 1818,

M. Le Terme, alors sous-préfet de Marennes, entreprit de retirer ce pays de l'état déplorable où il croupissait, par la régénération de son sol ; il y parvint, non sans peine, et, après avoir amené les divers propriétaires des marais à se syndiquer entre eux, ce qui produisit, dans la situation agricole et sanitaire de la contrée, des améliorations inespérées.

Le port de Marennes n'est pas dans la ville ; il est situé à 4 kilomètres du bras de mer de La Seudre, avec lequel il communique par un canal de 2,241^{m} de longueur, sur 25^{m} de largeur et 3^{m}30 de profondeur moyenne. Ce canal maritime, appelé Canal de Marennes, conduit à une écluse de 70^{m}40 de longueur sur 8^{m} de largeur, donnant accès à un bassin à flot de 641^{m} de longueur sur 27^{m}70 de largeur ; un sas éclusé permet aux navires ayant trouvé assez d'eau pour monter jusqu'à l'écluse, de pénétrer, quelle que soit l'heure de la marée, dans ce bassin, qui a été approfondi, il y a peu d'années, de manière à offrir, en tout temps, un tirant d'eau supérieur à 3^{m}. Un quai de 140^{m} de longueur, desservi par des voies ferrées, a été construit devant l'usine de la Compagnie de Saint-Gobain, dont les produits chimiques alimentent, en partie, le trafic du port.

A 300^{m} de l'embouchure du canal de Marennes, dans La Seudre, et en aval, se trouve le chenal du Lindron, ancien chenal de Marennes, terminé par une écluse de chasse ; il a été conservé à la navigation et reçoit des navires de 50 à 100 tonneaux, qui viennent y charger des sels.

Entre le canal maritime et le chenal du Lindron débouche un troisième chenal, dit Chenal de Délestage, ayant 200m de longueur, 30m de largeur et 4m60 de profondeur; un gril de carénage a été ménagé au fond.

En résumé, les navires d'un tirant d'eau de 4m peuvent remonter, en malines, dans le canal maritime de Marennes; en mortes eaux, ce canal n'est accessible qu'à ceux dont le tirant d'eau n'excède pas 3m.

Le commerce de Marennes fut jadis important, et le trafic des sels y était considérable; en France, il s'étendait de Bayonne à Dunkerque et de Paris à Montauban. A l'étranger, il comprenait la Belgique, la Hollande et une partie du nord de l'Europe; mais, à présent, les sels de Marennes, comme ceux des Iles de Ré et d'Oleron, ont été expulsés des principaux marchés par les sels du Midi (sels gemmes) et ceux d'Angleterre. La grande pêche même qui, autrefois, s'approvisionnait presque exclusivement en France, a maintenant recours aux sels étrangers et ne prend plus qu'accidentellement des nôtres, qui alimentent seulement le commerce local dans les départements de l'Ouest et du Nord.

Indépendamment de l'industrie salicole, Marennes est un de nos principaux centres d'ostréiculture; les huîtres y sont l'objet d'un commerce très actif; elles sont engraissées dans des réservoirs spéciaux, où, grâce à la nature du fond, elles prennent cette couleur verdâtre si recherchée.

On remarque dans cette ville, l'église (monument historique) et son clocher. L'église actuelle, qui date de 1635, et a été, plusieurs fois, remaniée ou restaurée, notamment en 1750, 1769 et 1770, en a remplacé une autre, du XIe siècle, dont il ne reste plus de traces; elle a 48^m de longueur, 23^m50 de largeur, avec une hauteur de voûte de 14^m. Le clocher, accolé à l'église, et dont la construction est du XVe siècle, a 85^m de hauteur; il consiste dans une tour quadrangulaire, en maçonnerie, et est surmonté d'une très belle flèche octogone. Ce clocher sert d'amer aux navigateurs pour l'entrée des Pertuis.

De la commune de Marennes dépendent le village et le port du Chapus, situés à son extrémité O. Ce port étant, pour l'île d'Oleron, qu'il regarde, le point le plus rapproché du continent, a, avec cette île, des communications fréquentes, faciles et sûres; il comprend deux parties: le vieux port et le port neuf. Le premier est formé par une jetée circulaire de 48^m de développement, ayant deux cales, de 46^m de largeur; le port neuf est constitué par une jetée de 42^m avec une petite cale de 3^m de largeur, abritée de la mer et des vents du N. par un brise-lames, de construction récente; une voie ferrée dessert les quais, qui sont accostables, en malines, au moment de la pleine mer, pour les navires d'un tirant d'eau de 3^m30, et, en morte eau, pour ceux de 2^m; le fond est de sable rouge, couvert d'une couche de vase d'environ 1^m.

Lorsque les navires ne peuvent accoster, ils mouillent en rade, sur un fond de vase, de bonne tenue. L'exploitation des huîtrières alimente le mouvement maritime du port du Chapus. C'est par ce port, près duquel vient aboutir le chemin de fer de l'État, de Bordeaux à Nantes, avec embranchement sur Marennes et les localités voisines, qu'ont lieu les communications entre le continent et l'île d'Oleron, par trois bateaux à vapeur, qui font, plusieurs fois par jour, un service régulier du Chapus au Château-d'Oleron, et *vice-versâ.*

Sur la pointe faisant face à celle d'Ors (Ile d'Oleron), s'élève le fort du Chapus, donjon, de forme octogonale, ayant 24[m] de hauteur, et flanqué d'une tourelle, à poivrière ; ce fort fut bâti en 1691, d'après les plans qu'en donna le célèbre Louvois ; mais, à la mort de ce grand ministre, survenue avant l'achèvement des travaux, un nouveau plan fut adopté, qui modifia la construction primitive ; on y accède, quand la mer est basse, par une chaussée qui le relie à la terre ferme, d'où 440 mètres le séparent ; mais, à marée haute, les flots l'entourent complètement.

Quatre autres grands villages font également partie de la commune de Marennes ; ils portent les noms de L'Aumône, Le Grand-Breuil, La Boirie et Bourcefranc. Dans ce dernier, qui a une certaine importance, il existe un bureau de poste et un service télégraphique.

Marennes fut la patrie d'adoption du marquis Prosper de Chasseloup-Laubat, qui s'est illustré comme ministre de la Marine et des Colonies, né le 29 mars 1805, décédé en 1873 ; bien que né en Piémont, il était, par sa famille, originaire de l'arrondissement géographique de Marennes, dont il fut longtemps le député ; on lui a élevé, par souscription nationale, le 13 septembre 1874, une statue, sur celle des places de la ville qui porte son nom.

C'est la patrie du célèbre Etienne Lucas, le héros de Trafalgar, né en 1764, mort en 1819.

SAINT-JUST.

Population : 1,689 habitants.

Superficie territoriale : 4,669 hectares.

Distante de Marennes de 6 kilomètres, la commune de Saint-Just se compose, outre le chef-lieu, de six villages, parmi lesquels celui de Luzac mérite une mention, comme étant habité par presque tous les huîtriers, qui élèvent et font un commerce étendu des excellentes huîtres vertes connues sous le nom d'huîtres de Marennes. Le bourg était autrefois considérable ; mais, depuis la ruine de Brouage et des salines qui environnaient cette ville, il a perdu de son importance.

Le territoire de cette commune produit du sel, du vin, des céréales et des plantes légumineuses de bonne qualité.

Saint-Just possède un temple protestant et une église du XVe siècle, qui est l'une des plus belles de la Charente-Inférieure ; cette paroisse a le titre de cure de 2e classe, et elle a pour patron le saint qui a donné son nom à la commune.

Le grand village de Mauzac dépend de la dite commune.

NIEULLE-SAINT-SORNIN.

Population : 1,282 habitants.

Superficie territoriale : 3,489 hectares.

Cette commune, qui s'appelait primitivement Saint-Saturnin, et dont la corruption du langage a changé le nom en Saint-Sorlain, puis en Saint-Sornin, et qui a pris récemment celui de Nieulle-Saint-Sornin, est très ancienne; on y exploitait autrefois des carrières qui fournissaient des pierres de bonne qualité, et c'est de ce lieu qu'on a tiré celles ayant servi à bâtir Brouage ; mais ces carrières ont été abandonnées depuis que le chenal de cette dernière ville a cessé d'être navigable.

C'est dans la dite commune qu'est placée la fameuse tour de Broue, au pied de laquelle aboutissait le grand canal qui formait, avec celui de Saint-Agnant, le havre de Brouage, Il est fait mention de cette tour ou château dans une charte de 1068, où elle était désignée comme la forteresce du gouvernement de l'Ile de Marennes et Hiers.

Il était difficile, en effet, de trouver une plus belle position militaire que celle de ce fort. Placé sur un promontoire qui dominait tous les alentours, et s'élevait, presque à pic, de 30m au-dessus du grand golfe, devenu depuis platin de Brouage, par la retraite de la mer ; entouré, en grande partie, et défendu, par les eaux de ce même golfe, fortifié, en outre, par l'art, comme par la nature, ce château était alors considéré comme imprenable. L'histoire apprend qu'en 1372, les Anglais, poursuivis, de tous côtés, par les armées victorieuses du connétable Duguesclin, abandonnèrent toutes leurs places dans la Saintonge, et vinrent se réfugier dans le fort de Broue.

Malgré la solidité de sa construction, il ne reste plus que quelques remparts et fossés, à demi comblés, et une partie du donjon. En creusant un fossé au pied de la hauteur sur laquelle la tour a été bâtie, on découvrit, en 1727, la quille d'un navire d'environ 50 tonneaux; au-delà de la tour, des ouvriers, en fouillant la terre, trouvèrent également des débris de navire et une ancre.

De la commune de Nieulle-Saint-Sornin font partie le village de Nieulle, dont le nom précède maintenant celui de Saint-Sornin, et le petit port de Recoulaine, situé sur le chenal de ce nom, à 4 kilomètres de son embouchure dans la Seudre (rive droite); il sert à l'expédition des produits des communes de Saint-Sornin et de Saint-Just, et est formé par une partie du chenal, de 75^{m} de longueur, dans laquelle il existe un appontement en charpente, de 10^{m} de longueur, sur 3 de largeur, qui est utilisé pour les chargements de sels.

L'église de cette localité est des XIIe et XIIIe siècles.

Saint-Sornin est la patrie du général marquis de Chasseloup-Laubat, né le 18 août 1754, mort le 6 octobre 1833, et qui fut célèbre par ses travaux, comme ingénieur militaire. Son nom est inscrit sur l'Arc de Triomphe de l'Etoile.

SYNDICAT DE LA TREMBLADE

Ce syndicat est composé des cinq communes de La Tremblade, Arvert, Etaules, Les Mathes et Chaillevette, qui font partie du canton de La Tremblade.

LA TREMBLADE.

Population : 3,657 habitants.

Superficie territoriale : 7,089 hectares.

L'origine de La Tremblade, chef-lieu du syndicat et du canton de ce nom, paraît remonter à l'époque où les salines de la Seudre furent créées dans cette partie du littoral, c'est-à-dire vers l'année 650. La pêche et l'industrie huîtrière vinrent, plus tard, se joindre à celle des sels, pour favoriser son développement.

Située sur la rive gauche de la Seudre, la petite ville de La Tremblade, qui n'apparaît dans l'histoire que sous le règne de Charles IX, n'a guère commencé à prendre une certaine importance que vers l'an 1665, où les vaisseaux du roi ne pouvant plus se retirer à Brouage, au retour de la campagne de Gigery, on les fit entrer dans la Seudre, et l'on établit, à la Tremblade, des magasins et autres établissements, qui n'y restèrent pas longtemps, et furent ensuite transférés à Tonnay-Charente.

Sous Louis XIV, en 1685, le canton dépendait du gouvernement militaire de l'Aunis.

Du N. à l'O., La Tremblade n'est séparée de l'Océan et du Pertuis de Maumusson que par d'immenses dunes dont on a arrêté la marche destructive, au moyen de l'ensemencement, D'après la tradition, ces sables mouvants auraient autrefois englouti deux localités importantes, connues sous les noms de : Anchoisne et Notre-Dame-de-Buze. La première de ces localités était située sur la rive gauche de la Seudre, au N.-O. et à l'angle saillant de l'embouchure de cette rivière ; dans un espace très restreint, il existe quelques traces d'habitations, et l'on appelle encore fond d'Anchoisne un petit banc de sable, qui est couvert par les hautes marées.

Une dune de sable, déplacée jadis par les vents violents qui soufflent sur cette côte, mirent à découvert, en 1698, quelques restes de Notre-Dame-de-Buze, notamment une pierre d'autel qui fut placée dans l'église de La Tremblade; mais une autre dune a recouvert ces restes, qui sont maintenant entièrement cachés.

Le port de la Tremblade était primitivement formé par un chenal sinueux, qui ne pouvait recevoir que des embarcations d'un faible tonnage, portant le nom d'*allèges*, et par lesquelles s'effectuait le transport des sels à bord des navires stationnant en Seudre; il se compose maintenant d'un chenal courbe, dit de l'Atelier, qui a 350^{m} de longueur, et est le port proprement dit, et d'un grand chenal rectiligne, de 1,900^{m} de longueur sur 25 de largeur moyenne, y faisant suite, lequel débouche, sur la rive gauche de cette rivière, à 700^{m} en amont de celui de Marennes, se dirige vers le S.-O. et est creusé en ligne droite, au milieu de terrains vaseux; il monte 5^{m} d'eau à l'embouchure du chenal, dans les grandes marées; les navires échouent sur un fond de vase; leur chargement s'effectue, dans le chenal, à la cale dite de la Grande-Ronde, qui est reliée au chemin de fer de la Seudre; il se fait aussi des chargements dans le port, où des navires de 200 tonneaux peuvent pénétrer en malines; mais le chenal de l'Atelier, qui a un mur de quai, de 110^{m} de longueur, et une cale d'embarquement, ne peut recevoir que des bâtiments de 80 tonneaux. Le chenal d'accès est pourvu de deux cales de 15 et 45^{m}. On trouve, en outre, dans ce port, un chantier de construction et une cale de carénage.

Les opérations commerciales et maritimes du dit port consistent dans l'importation de bois du Nord, moëllons, chaux, charbons de terre, huîtres d'élevage, et dans l'exportation de sels, vins, vinaigres, huîtres marchandes, moules, poissons, bois de chauffage, etc.

Près de La Tremblade est la jolie station balnéaire de Ronce-les-Bains.

Il n'y avait anciennement, dans cette ville, qu'une chapelle qui dépendait de Saint-Etienne d'Arvert; on l'érigea en paroisse en 1687. En 1833, on a construit, dans la dite ville, où le nombre des familles protestantes est assez considérable, un très beau temple du culte réformé.

Une chronique de l'époque rapporte que Fénelon vint prêcher l'Évangile à La Tremblade, après la révocation de l'Édit de Nantes. Cette commune est desservie par le chemin de fer de Saujon à La Grève-Marennes.

La Tremblade est la patrie du célèbre marin Foran, qui fut lieutenant-général des armées navales.

ARVERT.

Population : 2,421 habitants.

Superficie territoriale : 2,967 hectares.

Arvert, qui s'appelait autrefois Ile d'Armotte, forme une péninsule et est distant de Marennes de 20 kilomètres. La forêt l'avoisinant, et qui produit une grande quantité de pins, lui a fait donner le nom d'*Ard-Vert*, mot signifiant bois-vert, dans la langue celtique.

Arvert a une origine ancienne : c'était jadis une seigneurie, et l'on trouve dans une vieille chronique qu'Archambaud, comte de Périgord, rendit foi et hommage de sa terre d'Arvert au prince de Galles, duc d'Aquitaine, le 18 septembre 1365.

L'île d'Armotte ou d'Arvert dut avoir autrefois une grande étendue, mais la mer, qui la mine, et les sables, qui l'envahissent insensiblement, semblent menacer son existence. Son territoire est coupé par plusieurs chenaux, dont l'un aboutit au port dit de la Jument, qui, avant la guerre de 1756, armait et expédiait, chaque année, plusieurs navires, de 150 tonneaux, pour le grand banc de Terre-Neuve; ce port n'existe plus, et l'écoulement des divers produits, provenant des communes voisines, se fait maintenant par le chenal de l'Aiguillate, situé sur la rive gauche de la Seudre, à 3 kilomètres du port de La Tremblade, et qui est navigable sur une longueur de 500m ; on a construit, sur la rive droite de ce chenal, une chaussée empierrée et un appontement en charpente, pour faciliter les opérations des bateaux et embarcations qui y viennent quelquefois.

Il se fait un commerce d'huîtres considérable, à Arvert, où l'on remarque les ruines d'une église du XIe siècle.

De cette commune, dépendent les villages d'Avallon et Le Fouilloux.

ETAULES.

Population : 1,098 habitants.

Superficie territoriale : 905 hectares.

La mer a jadis baigné le territoire de cette commune, dont elle est maintenant éloignée de 8 kilomètres environ ; on en trouve la preuve indéniable dans ce fait qu'en creusant, à moins de 3m de profondeur, on a découvert des parties d'ancres, enfouies dans la terre, et des morceaux de bordages de navires, sur divers points de la commune, que la Seudre limite au N.-O. ; la rive gauche est couverte de marais salants et de réservoirs à poissons, dont les habitants expédient les produits à Bordeaux.

L'église d'Etaules était anciennement placée dans un lieu appelé le Paradis, îlot situé dans le marais. Démolie en 1722, les matériaux furent transportés à Etaules, où on l'a rebâtie, en 1733.

Cette commune possède un temple du culte réformé.

LES MATHES.

Population : 878 habitants.

Superficie territoriale : 3,993 hectares.

Cette commune tire son nom des Mathes, pâturages d'une certaine étendue, formant une chaîne de collines et de monticules ; elle est bornée au S.-O. par la Gironde, à l'endroit où ce fleuve se jette dans l'Océan. La forêt d'Arvert et des dunes de sable composent la plus grande partie de son territoire ; ces dunes, dont la surface est de plus de 2,000 hectares, bordent le rivage.

On prétend qu'à une époque reculée, une partie de la commune était couverte par la mer, et qu'en creusant des écours, pour le dessèchement, on y a trouvé des débris de navires.

Le phare de Bonne-Anse éclaire la côte des Mathes.

CHAILLEVETTE.

Population : 1,089 habitants.

Superficie territoriale : 932 hectares.

La commune de ce nom est située sur la rive gauche de la Seudre, à 14 kilomètres de Marennes ; son territoire se divise en marais salants, terres labourables et vignes ; elle a deux chenaux sur la Seudre ; le chenal de Chaillevette, et celui de Chatressac ; le premier a une profondeur d'eau très faible (2m en eau vive et 1m 20 en morte eau), aussi ne peut-il recevoir que des bateaux et embarcations d'un petit tonnage ; quant à celui de Chatressac, qui est à 300m du précédent, et sur la même rive, il est plus considérable : on y trouve 3m 30 en vive eau ordinaire, et 2m 50 en morte eau ; il est pourvu de deux appontements en charpente et d'une cale en maçonnerie.

Le port ou chenal de Chatressac recevait autrefois des navires de 400 tonneaux ; il avait alors un chantier de construction renommé, et, vers la fin du XVIIIe siècle, on y faisait des armements pour la pêche de la morue ; actuellement, il admettrait à peine des bâtiments de 100 tonneaux, dans les grandes marées, car, depuis assez long temps, le commerce s'est déplacé de cette localité, où il ne se fait plus que des opérations peu importantes.

Chatressac, qui a donné son nom au chenal, est un village de 200 habitants environ, dépendant de la commune de Chaillevette, laquelle est desservie par le chemin de fer de Saujon à La Grève-Marennes.

SYNDICAT DE L'EGUILLE

Ce syndicat est composé des six communes de Mornac, l'Eguille, Breuillet, Saint-Sulpice-de-Royan, Le Gua et Saujon, dont les quatre premières font partie du canton de Royan, la cinquième de celui de Marennes, et la dernière du canton de Saujon, arrondissement géographique de Saintes.

MORNAC.

Population : 931 habitants.

Superficie totale : 460 hectares.

Le bourg de Mornac s'élève sur le penchant d'un coteau baigné par la Seudre ; c'est de cette position qu'il a tiré son nom, formé de deux mots celtes : *Mor* et *Ac*, signifiant, le premier, eau, et le second, lieu élevé.

Mornac, qui avait autrefois le titre de ville, était fortifié de tours bastionnées, qui défendaient l'entrée de son port, et protégé, en outre, par un château-fort, entouré de larges douves, avec ponts-levis et vastes souterrains ; il soutint, en 1533, un siège qui fut un épisode intéressant de l'histoire de l'Aunis et de la Saintonge.

La commune de Mornac, dont la population ne forme qu'une seule agglomération, a un port situé sur la rive gauche de la Seudre, à 12 kilomètres de son embouchure, et à 3 kilomètres en amont de celui de Chaillevette ; le chenal y donnant accès a 1,300m de longueur, sur 12 de largeur ; il est sinueux, à l'entrée, du côté de la Seudre ; mais, par grandes marées, il peut admettre des navires de 100 tonneaux, si leur tirant d'eau ne dépasse pas 3m 33 ; ce port est constitué par un quai de 30m de longeur, et une cale en développement de 40m ; il assèche à toutes les marées.

Mornac, que dessert le chemin de fer de La Tremblade à Saujon, expédie, chaque année, beaucoup de sels, récoltés dans les marais salants des environs ; il s'y fait aussi un commerce d'huîtres important.

L'EGUILLE.

Population : 724 habitants.

Superficie territoriale : 549 hectares.

Le bourg de l'Eguille, chef-lieu du syndicat et de la commune de ce nom, doit sa création, comme les quelques villages épars dans le marais de la Seudre, à l'industrie salicole qui commença à se développer, dans cette contrée, vers le milieu du VIIe siècle. Les habitants se livrèrent, de bonne heure, à la navigation et à la pêche; ils approvisionnent, en huîtres, une grande partie des claires de la rivière.

Le port de l'Eguille est situé sur la rive gauche de la Seudre, à 15 kilomètres de son embouchure; il consiste en un chenal, de 30m de largeur sur 200 de longueur, dont 100 utilisables seulement pour les petits bateaux de commerce qu'il peut recevoir, en raison de son faible tirant d'eau, qui est de 2m 30 en morte eau et de 3m 20 en malines; ce chenal est ouvert dans la direction du S.-S.-O. au N.-N.-E. et fermé, à sa partie supérieure, par une écluse, servant à écouler les eaux d'une retenue, située en amont. Le bourg est bâti dans le voisinage de la partie supérieure du chenal.

Il y a, devant l'Eguille, deux appontements en charpente, et une cale, en maçonnerie, de 60m de longueur, pour les bateaux de pêche, ainsi qu'une cale basse empierrée, qui est utilisée par le bac servant à traverser la Seudre. On remarque, près du port, les restes d'un ancien château du XIe siècle.

Il se fait dans cette localité, où il existe un chantier de construction, des chargements de sels, vins et bois, pour diverses destinations.

Le chemin de fer de la Seudre a une station à Fonbedeau, village que 2 kilomètres séparent de l'Eguille, dont il fait partie.

BREUILLET.

Population : 923 habitants.

Superficie territoriale : 2,488 hectares.

Deux petits ruisseaux, appelés le Dugua et le Peyrat,

traversent la commune de Breuillet, qui est à 20 kilomètres de Marennes, et dont les habitants se livrent, en partie, à l'exploitation des marais salants. Il existe dans cette commune, un chenal, débouchant dans la Seudre, et qui, par sa profondeur et sa largeur, permet à des bâtiments de 100 tonneaux, de venir faire des chargements de sels au lieu dit le Plordonnier.

SAINT-SULPICE-DE-ROYAN.

Population : 676 habitants.

Superficie territoriale : 2,082 hectares.

Cette commune, située à 23 kilomètres de Marennes, est formée, y compris son chef-lieu, par 22 villages ou hameaux; son territoire est divisé en terres labourables, vignes, prés, bois et marais salants; elle n'a rien de remarquable.

LE GUA.

Population : 1,616 habitants.

Superficie territoriale : 3,620 hectares.

Le Gua s'appelait originairement Saint-Laurent, du nom du patron de la paroisse; plus tard, il fut désigné sous celui de Saint-Laurent-du-Gué, à cause d'un cours d'eau, dit le Monard, que l'on passait jadis à gué; mais, à la Révolution, on supprima le nom de Saint-Laurent et il ne lui resta plus que celui du Gué, que, par corruption, on a changé en Gua.

Cette localité fait un commerce important de vins, eaux-de-vie, bois de construction, de charpente et à brûler, et de chaux hydraulique, par le chenal de Chalons, qui se trouve sur son territoire et est situé sur la rive droite de la Seudre, presque en face du chenal de l'Eguille, et à 3 kilomètres, en amont, de celui de Mornac; il est navigable jusqu'au village de Chalons, pour les bateaux jaugeant, au plus, 50 tonneaux, et qui effectuent leurs opérations dans le petit port du même nom, dont le tirant d'eau est de 3m en malines, et de 1m 65 aux marées ordinaires.

Le village de Chalons, qui est bâti dans le marais, a une centaine d'habitants; il dépend de la commune du Gua, ainsi que ceux de Dercie, de Saint-Martin et de Faveaux. On voit, près de ce dernier village, les vestiges d'un camp que les Anglais y avaient placé en 1757 lorsqu'ils s'emparèrent de l'Ile d'Aix. La tradition rapporte qu'il y avait anciennement, au même lieu, un port de mer où abordaient beaucoup de navires marchands; il y avait aussi, aux Faveaux, deux châteaux défensifs, dont l'un se nommait Montglin.

Deux autres châteaux, ceux de Dercie et de Chervaise, se trouvaient également dans la commune du Gua; le premier, qui était primitivement entouré de remparts et défendu par un pont-levis, a été reconstruit, en 1812, dans le genre moderne; quant au second, qui était pareillement fortifié, il fut ruiné, lors des guerres de religion, et il n'en reste plus de traces.

L'église du Gua est sous le vocable de Saint-Laurent.

Il existe, dans cette localité, un temple du culte réformé.

SAUJON.

Population : 3,202 habitants.

Superficie territoriale : 1,842 hectares.

Saujon a une origine fort ancienne, et fut autrefois un point important que Charlemagne donna à garder à Taillefer-de-Léon, comte d'Angoulême. Dans les cinq siècles qui suivirent le règne de Charlemagne, cette localité passa successivement aux mains de plusieurs seigneurs ; l'un de ceux-ci, Olivier de Cœtivy, obtint du Roi, en 1475, l'autorisation de fermer la ville de murailles et d'en faire une place forte. En 1630, Richelieu y fit bâtir un château, entouré de larges fossés, et conçut le projet de relier la Gironde à la Seudre par un canal qui devait aboutir à Saujon ; mais ce projet fut abandonné.

Cette commune, située à 26 kilomètres de Saintes, son chef-lieu d'arrondissement géographique, est traversée par la Seudre ; sur son territoire sont répandus un grand nombre de villages et de hameaux.

De la petite ville de Saujon, chef-lieu du canton de ce nom, dépend le centre commercial et maritime de Ribérou, où a lieu un mouvement de navigation très actif.

Ribérou est placé au fond et sur la rive gauche de la Seudre, au point où cette rivière devient navigable ; la marée s'y fait sentir, et la profondeur d'eau y est de 3m 55 aux pleines mers d'équinoxe, de 2m 90 aux vives eaux ordinaires, et de 1m 70 en morte eau. Divers travaux de construction et d'amélioration ont fait du port de Ribérou ce qu'il est actuellement ; ce port occupe le lit même de la Seudre ; les navires échouent sur un fond vaseux, recouvrant la banche ou roche calcaire ; il a 220m de longueur, sur 40 de largeur, et possède trois cales hautes et trois cales basses, pour la manutention des marchandises ; une écluse, formant la partie supérieure du port, transforme le lit de la Seudre, non navigable, en un bassin de retenue d'une longueur de 700m, et de 30m environ de largeur, qui s'étend jusqu'à Saujon.

Au moyen de cette retenue, et des eaux douces de la partie supérieure de la Seudre, qui contribuent à l'alimentation de ce bassin, on est parvenu à faire des chasses régulières et assez puissantes pour combattre, avec quelque efficacité, l'envasement très rapide du port.

Le port de Ribérou reçoit des bois du Nord, des charbons anglais, des matériaux de construction, et exporte des vins, eaux-de-vie, farines, bois de chauffage, etc. Il y a, à Ribérou, un important marché de poissons et de coquillages, qui est approvisionné par un grand nombre de bateaux de pêche, tant de la localité que des ports voisins.

Saujon est la patrie de l'ancien ministre Dufaure, membre de l'Académie française, né en 1798, mort en 1881.

QUARTIER DE L'ILE D'OLERON

Le quartier de l'Ile d'Oleron a pour limites tout le littoral de l'île. Il est formé par les deux syndicats du Château et de Saint-Pierre, lesquels comprennent six communes de l'arrondissement géographique de Marennes.

Au 1er janvier 1900, la population maritime de ce quartier se composait de 886 inscrits, classés comme suit : capitaines au long-cours, 6 ; maîtres au cabotage, 52 ; quartiers-maîtres, 12 ; matelots des trois classes, 368 ; novices, 28 ; mousses, 19 ; impropres au service, 44 ; hors de service (cinquantenaires), 304 ; marins au service de l'Etat, 53 ; retraités, 12 ; demi-soldiers, 140 ; veuves et orphelins de retraités et de demi-soldiers, 82.

Les secours alloués, en 1899, aux nécessiteux du quartier, sur la Caisse des Invalides, se sont élevés à la somme de 960 francs, répartie entre 23 personnes.

Pendant l'année 1899, 123 bateaux, jaugeant ensemble 459 tonneaux 63, et montés par 185 hommes d'équipage, ont fait la pêche côtière sur divers points du quartier. Cette pêche et celle à pied ont produit, en argent, 270,980 francs, somme dans laquelle les amendements marins figurent pour 53,820 francs.

Le quartier de l'Ile d'Oleron a fait, pendant la même année, 10 armements pour le cabotage, 121 pour le bornage, et 123 pour la pêche côtière.

Les paiements qu'il a effectués, en 1899, sur la Caisse des Gens de mer, se sont élevés à 13,735 fr. 61 c., et ceux sur la Caisse des Invalides, à 84,791 fr. 50 c.

Sont attachés à ce quartier : 10 navires et 371 bateaux.

Le quartier de l'Ile d'Oleron est un centre ostréicole important ; au 1er janvier 1900, il possédait 10,095 parcs à huîtres exploités, et produisant, pour l'exportation, des huîtres vertes, blanches et portugaises, dont il s'est expédié, en 1899, 78,128,000, savoir 29,000 d'huîtres indigènes, ayant une valeur de 874,560 francs, et 49,628,000 d'huîtres portugaises, valant 666,800 francs.

Le même quartier possède également 257 écluses ou réservoirs à poissons, et autres Établissements de pêche.

SYNDICAT DU CHATEAU

Ce syndicat se compose des trois communes de Le Château, Dolus et Saint-Trojan-les-Bains, qui forment le canton du Château.

LE CHATEAU.

Population : 3,159 habitants.

Superficie territoriale : 1,529 hectares.

La ville du Château est située dans la partie S.-E. de l'Ile d'Oleron, sur une petite élévation près de la mer ; elle se compose de deux parties : l'ancienne, qui était autrefois le bourg de Notre-Dame, et la neuve, bâtie sur un plan plus régulier. Son nom lui vient de l'ancien château-fort, appelé le Château d'Oleron, et qui était placé sur la côte, attenant au bourg d'alors.

C'est dans ce château qu'Eléonore, duchesse de Guyenne, fit rédiger, sous ses yeux, les lois et ordonnances de la Marine, qui portaient le nom de Lois et Jugements d'Oleron. Le Château ne devint réellement place forte que longtemps après leur apparition, et c'est seulement en 1630 que fut construite, par les ordres de Louis XIII et de Richelieu, la citadelle actuelle, non pas sur les ruines de l'ancien château-fort primitif, mais un peu plus à l'E. Le célèbre ingénieur d'Argenson en dirigea les travaux.

En 1673, le chevalier de Clairville, gouverneur de l'île, fit exécuter une seconde enveloppe, que continua ensuite, après y avoir apporté des modifications, M. de Ferry, ingénieur-directeur des fortifications de l'Aunis; un ouvrage à corne et une demi-lune furent ajoutés, du côté du bourg; ces constructions, élevées avec précipitation, parce que l'on redoutait alors une descente dans l'île du prince d'Orange, s'écroulèrent. A la gorge de cet ouvrage à corne ruiné, on bâtit, en 1690, une demi-lune, revêtue de maçonnerie et entourée de fossés ; les chemins couverts et les glacis ne furent finis qu'en 1695 ; quelque temps après, on forma une enceinte où fut comprise la partie conservée de l'ancien bourg, et l'on traça les rues d'une nouvelle ville.

Dans son état actuel, la citadelle est un pentagone irrégulier, couvert, du côté de la ville, par un ouvrage à corne, et l'enceinte de la ville est un camp retranché inachevé.

La ville du Château, qui n'a été achevée que dans le courant du XVIIIe siècle, renferme peu de monuments ;

on y remarque la citadelle où est le dépôt de la compagnie des disciplinaires des colonies, une jolie place, des halles assez spacieuses, l'hôpital militaire, qui contient 300 lits; le clocher moderne de l'église catholique, surmonté d'une très belle flèche, en pierre, et le temple protestant; on y remarque aussi le port, dont les ouvrages maritimes se composent: d'une petite rade, d'un chenal, d'un avant-port, d'un port d'échouage et d'un bassin à flot.

La rade n'a que 500^{m} de longueur, sur 300 de largeur; le chenal qui donne accès au port, et est en ligne droite, vient aboutir au milieu de la rade; il a 1,150^{m} de longueur sur une largeur de 15 à 20^{m}; il est rectiligne, creusé sur 950^{m}, à partir des jetées, dans un platin vaseux, et sur les 200^{m} suivants dans le rocher de la Grande-Mortanne. Deux feux fixes, ayant une hauteur de 10 et de 23^{m}50, et dont la portée est de 5 milles, éclairent l'entrée du Château. L'avant-port, qui a une longueur de 110^{m}, est protégée, au N., par une jetée. Le port, où il existe une cale de construction et un gril de carénage, a 124^{m} de longueur sur 35 de largeur; il est bordé, d'un côté, par des quais en pierre, et de l'autre, par les murs de la citadelle; la profondeur d'eau y est de 3^{m}30 en morte eau ordinaire, et de 5^{m} dans les grandes marées. Le bassin à flot a 90^{m} de longueur sur 55^{m} de largeur moyenne; deux de ses côtés sont bordés d'un quai, en pierre; les fortifications de la place entourent les autres côtés. Les écluses de ce bassin ont 20^{m} de longueur sur 10^{m} de largeur; il monte 5^{m} d'eau sur leur busc, dans les malines, et 3^{m}30 en morte eau. Les murs de quais de l'avant-port et du port d'échouage, ainsi que la jetée du N., ont été refaits de 1861 à 1875.

Un bateau à vapeur, spécialement affecté au transport des voyageurs, fait, trois fois par jour, la traversée entre le port du Château et la pointe du Chapus où vient aboutir la voie ferrée desservant Marennes et les environs; la durée de la traversée est de 15' ; un autre bateau à vapeur transporte, trois fois par jour également, les marchandises, les voitures, et les animaux. A cet effet, l'Administration des chemins de fer de l'État a créé, au Château, un bureau-gare, ou station. Enfin il existe un service de bateaux à vapeur entre Le Château et Rochefort.

Le port du Château reçoit des charbons anglais, des bois de construction, et expédie des vins, eaux-de-vie et sels. Le littoral de la commune est couvert de parcs à huîtres, d'un grand rapport. De septembre à avril, pendant les malines, plusieurs bateaux à vapeur effectuent le transport des jeunes huîtres du Château à Arcachon. De grandes quantités de naissains, recueillis au moyen de collecteurs, s'expédient aussi, des parcs du Château, à Auray et dans d'autres localités de la Bretagne où l'on pratique l'ostréiculture.

De la commune du Château dépendent les trois grands village d'Ors, de la Chevalerie et de la Gâconnière. Bans le premier, il existe, au fond d'un chenal de 1,800^{m} de longueur sur 17^{m} de largeur, un petit port où l'on trouve 3^{m} d'eau, par grandes marées, et 2^{m} en eau morte. Ce petit port, qui consiste en une jetée, n'est guère utilisé que pour le commerce des huîtres et du sel.

Le Château est la patrie du général Boilève, de l'infanterie de marine, né en 1837, mort en 1899, et du peintre Omer Charlet.

DOLUS.

Population : 2,058 habitants.

Superficie territoriale : 2,712 hectares.

La commune de ce nom est formée par un très grand nombre de villages et hameaux ; le bourg, chef-lieu, a une population agglomérée d'environ 500 habitants ; il n'a pas d'importance. Le territoire de cette commune produit du froment, de l'avoine, du vin, et surtout de très bon sel ; il est traversé par les chenaux d'Arceau et de La Brande, très utiles pour cette partie de l'île. Ces chenaux, qui sont navigables, fournissent les eaux salées nécessaires à la saunaison, et c'est par eux que s'écoulent à la mer les eaux douces des marais. Il existe encore deux autres chenaux, nommés Le Douhet du Marais-Doux et La Baudissière, mais ils n'ont qu'une importance secondaire.

Comme presque toutes les communes de l'île d'Oleron, Dolus a été, pendant les guerres de religion, le théâtre de scènes sanglantes entre les catholiques et les protestants. Dans une invasion que firent ces derniers, en 1570, son église, appelée Saint-André-de-Dolus, fut complètement ruinée ; il n'en reste plus que quelques vestiges, près du bourg ; l'église actuelle n'a rien de remarquable.

SAINT-TROJAN-LES-BAINS.

Population : 1,129 habitants.

Superficie territoriale : 1,546 hectares.

Il y a moins d'un siècle, la commune de Saint-Trojan-les-Bains avait l'aspect d'une vaste plaine de sable, et les dunes que forment la mer et les vents, dans cette partie méridionale de l'Ile d'Oleron, étaient poussées, par les vagues, vers le rivage, où les sables dont elles sont composées se réunissaient en un grand nombre de monticules.

De même que les alluvions des fleuves avancent dans la mer, de même les dunes envahissaient alors le littoral de Saint-Trojan-les-Bains où elles couvrirent successivement une partie de la commune, et ont fait disparaître l'ancien bourg, l'église et son clocher.

Justement préoccupée de cet état de choses fâcheux, l'Administration s'occupa, avec beaucoup de soin, de remédier à ce désastreux inconvénient, en fixant la mobilité des sables par des plantations de tamaris et de pins, qui ont été employées, avec succès, au même usage, dans les pays voisins. C'est ainsi que ces plantations, en arrêtant la marche des sables, sont devenues de vastes forêts de pins, qui couvrent actuellement une certaine étendue de la commune ; elles ont contribué à faire un séjour agréable de Saint-Trojan-les-Bains où se rendent maintenant, chaque année, de nombreux baigneurs, qui y apportent l'aisance, et ont transformé le bourg chef-lieu en une sorte de petite ville, offrant aux étrangers les ressources matérielles et les distractions que l'on ne trouve d'habitude que dans des stations balnéaires plus importantes.

En face de Saint-Trojan-les-Bains, dont la plage est très belle, se déroule la presqu'île d'Arvert, qui forme un joli panorama.

Saint-Trojan-les-Bains possède un Sanatorium, que l'on a inauguré, il y a quelques années; il possède également un petit port, constitué par un chenal de 1,200m de longueur sur 17m de largeur moyenne, et sur la rive gauche duquel il existe un mur de quai, de 20m de longueur, et une cale d'embarquement de 30m; ce port est utilisé pour le commerce des huîtres, du bois, des sels, des vins, des matériaux de construction, et des autres produits de la commune, parmi lesquels figurent d'excellents petits oignons, très renommés dans le pays.

De Saint-Trojan-les-Bains dépend le Petit-Village, qui est à 3 kilomètres du bourg, et forme une agglomération composée d'une quarantaine de maisons, dont les habitants sont tous pêcheurs et sauniers.

SYNDICAT DE SAINT-PIERRE

Ce syndicat se compose des trois communes de Saint-Pierre, Saint-Georges et Saint-Denis, qui forment le canton de Saint-Pierre.

SAINT-PIERRE.

Population : 4,419 habitants.

Superficie territoriale : 3,901 hectares.

Par son commerce et le chiffre de sa population, Saint-Pierre est la plus considérable des six communes de l'Ile d'Oleron ; mais, comme étendue de territoire, elle ne vient qu'après celle de Saint-Georges, qui occupe le premier rang, avec 5,511 hectares. Saint-Pierre a aussi l'avantage d'être au centre de l'Ile, et bien qu'il soit à une certaine distance de la mer, on peut dire qu'il a son port, puisque celui de La Perrotine, que l'on a toujours considéré comme étant le sien, est navigable jusqu'à La Sorine, village que quelques centaines de mètres seulement séparent de la petite ville, chef-lieu de la commune, et qui est un centre commercial et industriel important.

Cette commune, dont le sol produit des sels et des vins, réputés les meilleurs de l'île, est bornée à l'O. par la Côte-Sauvage, bordée de rochers et de dunes, dont on est parvenu à fixer une partie, par la plantation de tamaris et de pins ; à l'E., on trouve beaucoup de marais salants ; au N. et au S., le terrain est propre à la culture de la vigne et du froment ; on trouve, sur divers points de son territoire, plusieurs bouquets d'arbres, dont les principales essences sont le chêne, l'ormeau et le frêne.

Quoique Saint-Pierre soit peu cité dans l'histoire, son origine est ancienne, et la tradition rapporte que sa première église servait de refuge habituel à la population au temps des invasions normandes. Les guerres de religion lui furent funestes. C'est ainsi qu'en 1557 les protestants, étant devenus les plus forts, dans l'Ile d'Oleron, ruinèrent l'église catholique dont ils enlevèrent la grosse cloche qu'ils firent transporter à La Rochelle pour être convertie en canons. L'Edit de Nantes ayant ramené la paix, les catholiques rétablirent leurs églises; celle de Saint-Pierre et son clocher le furent en 1606; la même année, les protestants firent de leur côté, bâtir un temple.

La guerre s'étant rallumée, en 1621, entre catholiques et protestants, les troupes rochelaises, sous les ordres du prince de Soubise, s'emparèrent de l'Ile, dont les églises furent renversées et pillées; on rétablit celle de Saint-Pierre en 1623, mais le clocher n'a été terminé qu'en 1776.

Le port de La Perrotine ou de Saint-Pierre est situé sur la côte E. de l'Ile d'Oleron, à 2,300m de la point des Saumonards; on y accède par un chenal, ayant 3,800m de longueur, et 30 de largeur, à l'entrée; sur la rive droite du chenal, il existe une jetée, en maçonneri de 556m de longueur, et sur la rive gauche, mais faisant partie de la commune de Saint-Georges, la petite agglomération de Boyardville, comprenant les locaux et bâtiments de l'ancienne école des torpilles, près desquels se trouve le port, dit de la Marine, formé par une digue de 30m, un quai de 60m, et un appontement en charpente, de 30m de longueur.

En remontant le chenal, on rencontre le quai de la Cayenne, qui a 30m de longueur, un autre quai, de 107 appelé quai de la Vieille-Perrotine, puis, le quai Thomassin, d'une longueur de 111m, et enfin, après u parcours navigable de 3,800m depuis l'entrée, le point terminus de la Sorine, composé d'un quai vertical de 76m et d'une cale à deux rampes, de 56m de longueur.

C'est de la Sorine, petit village très animé, que les négociants de Saint-Pierre expédient par navires caboteurs et borneurs, leurs denrées et marchandises.

Les navires trouvent 3m 80 d'eau, en malines, à l'entrée du chenal de la Perrotine qui est éclairée par un feu fixe blanc, d'une portée de 5 milles, et placé à l'extrémité N.-E. de la jetée. A la Sorine, le tirant d'eau est de 2m 70, en malines.

En 1881, on avait commencé, à la Perrotine, divers travaux d'amélioration de cette voie navigable, qui consistaient dans la construction d'une écluse de chasse et de navigation, en travers du chenal, à 925m en amont du musoir de la jetée, et dans celle, sur la rive gauche, en amont du port de la Marine, d'un bassin à flot, de 200m de longueur sur 70 de largeur; mais, depuis quelques années, ces travaux ont été interrompus.

On remarque, au milieu de l'ancien cimetière de Saint-Pierre, un monument appelé *La Flèche* ou *Lanterne des Morts*, et qui est classé comme monument historique. Bâti en gros moëllons smillés, il est d'une forme pyramidale; sa base est octogone et le sommet hexagone; il était surmonté d'une croix que la foudre renversa, au mois de novembre 1793; ce monument, qui sert d'amer aux pilotes, et dont la hauteur est de 23m, est rempli par un escalier; on présume que le terrain sur lequel il a été construit couvre le corps de quelque grand personnage; son architecture paraît appartenir au XIVe siècle, époque où les Anglais possédaient l'Ile d'Oleron.

Il y a, à Saint-Pierre, un tribunal de commerce, dont la juridiction s'étend à toute l'Ile.

SAINT-GEORGES.

Population : 4,112 habitants.

Superficie territoriale : 5,511 hectares.

La grande commune de Saint-Georges qui, dès le XIe siècle, était déjà un lieu important, comme le fait connaître une chronique de l'époque, est bordée au N. et au S. par des dunes de sable ; son sol est très fertile ; il produit du froment et de l'orge de bonne qualité ; la vigne donne d'excellents vins rouges et blancs ; ces derniers sont partiellement convertis en eaux-de-vie et en vinaigres, dans la localité même ; les marais salants donnent également des sels estimés ; aussi, cette commune a-t-elle de l'importance par son étendue, sa population et son commerce, dont les produits s'exportent par le port du Douhet, qui fait partie de son territoire. Ce port, situé à 1 mille dans le S.-E. de la pointe des Boulassiers, et au N. de l'anse de la Malconche, est entouré de roches plates, asséchant à marée basse, et dont la plus haute tête, appelée le *Gros-Roc*, gît à 300m au N. de l'entrée du port, qui assèche à mer basse et a la forme d'un quadrilatère dont les deux côtés intérieurs sont bordés de quais inclinés ; les deux côtés extérieurs sont constitués par deux jetées en maçonnerie, presque rectangulaires, qui laissent entre elles, à l'angle E. du quadrilatère, une entrée de 20m de largeur ; la jetée du N.-E. a une longueur de 200^m sur 4^m 50 de largeur ; celle du S. est longue de 144^m, mais n'a que 2^m de largeur, au sommet.

Le chenal, de 200^m de longueur, sur 20 de largeur, que limitent les jetées, est quelquefois, à la suite de mauvais temps, obstrué par un banc de galets et de sables, qu'il faut enlever à bras d'homme.

Les navires fréquentant le port du Douhet s'échouent en dedans des jetées, sur un plateau rocheux recouvert de sable, et découvrant de 3^m en grandes marées. Pour protéger le port contre les ensablements, on a construit dans le N. un épi dit de la Tourelle, partant de la naissance de la jetée du N.-E. et s'étendant sur une longueur de 125^m, perpendiculairement à la côte.

Au milieu du quai O. du port, il existe une écluse donnant accès dans un canal de $1,350^m$ de longueur, qui va jusqu'au bourg de Saint-Georges ; cette écluse, munie d'une paire de portes, busquées contre l'amont, sert à transformer ce canal en un long bassin à flot, et à donner des chasses dans le port, chasses qui sont la condition essentielle de son existence, et se font à toutes les marées, de jour et de nuit. A $1,100^m$ de l'écluse, sur laquelle il y a 3^m 50 d'eau en malines, et 2^m 50 en marée ordinaire, on a construit un quai de 52^m de longueur, appelé *Gare de l'Heau*, et où se fait presque tout le mouvement des navires.

De la commune de Saint-Georges dépendent, comme il a été dit ci-dessus, au chapitre ayant pour titre : *Ile d'Oleron*, les six grands villages de Boyardville, Chéray, Sauzelles, Chaucre, Domineau et La Brée.

SAINT-DENIS.

Population : 1,320 habitants.

Superficie territoriale : 1,176 hectares.

La commune de Saint-Denis diffère des autres communes de l'Ile d'Oleron, en ce qu'elle est la seule qui n'ait pas de salines ; elle est bordée à l'E. et à l'O. par les dunes qui avoisinent la Côte-Sauvage ; son étendue est de 4 kilomètres, en longueur, sur une largeur de 2 ; son sol produit diverses céréales ; mais la culture la plus répandue est celle de la vigne, dont les produits forment la principale branche de commerce de cette localité.

Au XVIe siècle, Saint-Denis eut à supporter, comme les autres communes de l'Ile, les désastres des guerres de religion ; son église, bâtie en 1152, fut pillée et détruite, après l'Edit de Nantes ; rétablie par les catholiques, elle fut détruite, de nouveau, par la chute du clocher, et reconstruite quelques années plus tard.

Le bourg de Saint-Denis est traversé par la route départementale dite de Saintes à la Tour de Chassiron ; son port n'est qu'un hâvre d'échouage, situé à 2 milles dans l'E. de la pointe de Chassiron ; il est formé par un brise-lames, à claire-voie, de 130[m] de longueur, orienté N.-O. et S.-E., et une jetée, en maçonnerie, qui s'avance vers le N.-E. à une centaine de mètres en dehors du port. Ces deux ouvrages ont été construits, autant pour lutter contre l'envahissement des sables, qu'apportent les coups de vent du large, que pour protéger les navires, amarrés dans le port, où il monte 3[m] d'eau, dans les grandes marées, et 2m environ en morte eau.

Malgré l'abri qu'on y a créé, le port de Saint-Denis est mauvais pour les navires qui s'y trouvent, quand les vents soufflent de l'E. au S.-E.

Une station de sauvetage, munie d'un canot et d'un fusil porte-amarre, est établie à Saint-Denis.

L'église de cette localité, qui est de plusieurs époques, dont la dernière remonte au XVIIIe siècle, est classée comme monument historique. Il existe, dans une maison du bourg, une cheminée de 1588.

Sur la pointe de Chassiron s'élève le feu à éclats de premier ordre, décrit au chapitre *Hydrographie maritime*. L'agglomération, qui s'est formée autour et porte le nom de village de Chassiron, dépend de la commune de Saint-Denis.

SOUS-ARRONDISSEMENT DE BORDEAUX

Le sous-arrondissement de Bordeaux a pour limites au N. le *thalweg* du canal du clapet de Bréjat, situé à 3 kilomètres dans le N.-O. du commencement de la commune de Saint-Palais (Charente-Inférieure), au S. la frontière d'Espagne (*thalweg* de la Bidassoa). Il est formé par les six quartiers d'inscription maritime de Royan, Pauillac, Libourne, Bordeaux, Arcachon et Bayonne, et par les quatre préposats de Blaye, Langon (anciens quartiers maritimes), Peyrehorade, qui a remplacé le quartier de Dax, supprimé, et Saint-Jean-de-Luz (ancien quartier maritime).

De ce sous-arrondissement, je ne retiendrai que les 32 communes maritimes de la Charente-Inférieure qui composent le quartier de Royan, et les six communes du même département, qui font partie du préposat de Blaye (quartier de Pauillac).

QUARTIER DE ROYAN

Le quartier de Royan a pour limites, au N., le *thalweg* du canal du clapet de Bréjat, situé à 3 kilomètres dans le N.-O. du commencement de la commune de Saint-Palais (Charente-Inférieure). Au S., sur la rive droite de la Gironde, la ligne de démarcation des communes de Saint-Dizant-du-Gua et de Saint-Thomas-de-Cosnac. Il se compose des deux syndicats de Royan et de Mortagne-sur-Gironde, qui comprennent ensemble 32 communes, dont 4 font partie de l'arrondissement géographique de Marennes, 24 de celui de Saintes, et 4 de celui de Jonzac.

Au 1er janvier 1900, la population maritime de ce quartier se composait de 778 inscrits, classés comme suit : capitaines au long-cours, 30 ; maîtres au cabotage, 15 ; pilotes et aspirants, 60 ; officiers-mariniers, 1 ; quartiers-maîtres, 17 ; matelots des trois classes, 391 ; novices, 60 ; mousses, 52 ; impropres au service, 14 ; hors de service (cinquantenaires), 275 ; marins au service de l'Etat, 69 ; demi-soldiers, 159 ; retraités, 6 ; veuves et orphelins de retraités et de demi-soldiers, 115.

Les sommes allouées, en 1899, aux nécessiteux du quartier, sur la Caisse des Invalides, se sont élevées à 2,590 francs, répartie entre 44 personnes.

Pendant la même année, 118 bateaux, jaugeant ensemble 2,192 tonneaux, et montés par 312 hommes d'équipage, ont fait la pêche sur divers points du quartier. Cette pêche et celle à pied ont produit en argent 45,364 francs.

Le quartier de Royan a fait, en 1899, 2 armements pour le bornage et 74 pour la pêche côtière.

Les paiements qu'il a effectués sur la Caisse des gens de mer se sont élevés à 2,236 fr. 95 c., et ceux sur la Caisse des Invalides à 131,034 fr. 56 c.

Sont attachés à ce quartier : 180 bateaux.

Nombre de navires et de bateaux construits pendant l'année 1899 : 5.

Il n'existe pas, dans le quartier de Royan, d'établissements de pêche proprement dits, mais seulement 16 réservoirs à poissons, situés dans des propriétés privées, et 9 bas parcs, dont les produits sont peu importants.

SYNDICAT DE ROYAN

Ce syndicat est composé des 12 communes de Royan, Saint-Palais-sur-Mer, Vaux-sur-Mer, Saint-Augustin, Thézac, Le Chai-de-Corme, Saint-Georges-de-Didonne, Médis, Corme-Ecluse, Meursac, Semussac et Meschers, dont les trois premières sont du canton de Royan, la quatrième de celui de La Tremblade ; les cinquième, sixième, septième, huitième et neuvième du canton de Saujon, la dixième de celui de Gémozac; et les deux dernières du canton de Cozes, arrondissement géographique de Saintes.

ROYAN.

Population : 8,258 habitants.

Superficie territoriale : 1,906 hectares.

Aucune des archives du Moyen-Age ne renseigne sur l'origine de Royan, qui est pourtant ancienne. Tout ce que l'on sait, à cet égard, c'est que ce fut dans son port qu'aborda Henri III, roi d'Angleterre, qui s'était ligué, avec le Comte de la Marche, contre Louis IX; sa position à l'embouchure de la Gironde, faisait de cette ville un poste très important; elle était entourée d'un double fossé, et défendue par un château.

C'est seulement à partir du XVIIe siècle que le nom de cette ville commença à figurer dans l'histoire qui apprend qu'en 1622, les guerres de religion ayant conduit la population de Royan à se soulever, Louis XIII vint l'assiéger en personne; ce siège fut marqué par une longue résistance des assiégés, commandés par le maire Gombaud, et qui, réduits à la dernière extrémité, se rendirent, le 11 mai, au Roi, lequel leur fit grâce, à des conditions qu'ils acceptèrent; mais les habitants oublièrent vite la clémence de ce monarque, car, à peine s'était-il retiré, pour se porter devant La Rochelle, dont l'armée royale avait fait le blocus, qu'ils surprirent la garnison catholique, laissée dans leurs murs, et arborèrent, de nouveau, l'étendard de la rébellion ; mais, l'année suivante, le duc d'Epernon, à la suite d'un corps de troupes de 8,000 hommes, vint mettre le siège devant la place de Royan, et l'emporta d'assaut. Tous les habitants, pris les armes à la main, furent massacrés, et leurs maisons détruites ; la forteresse fut rasée et les fortifications démantelées.

Il fallut bien des années à cette ville, pour se relever d'un tel désastre. Plus tard, Royan devint marquisat. Vers la fin du XVIIIe siècle, on y construisit un fort dont les Anglais s'emparèrent, en 1814, et que l'on a reconstruit depuis.

C'est seulement sous la Restauration que Royan commença à devenir station balnéaire, et à prendre un développement qui s'accroît chaque année. Avant le siège de 1622, Royan possédait un port qui pouvait recevoir des navires d'un certain tonnage ; mais, à cette époque, la jetée qui l'abritait fut détruite en même temps que la ville ; pendant de nombreuses années, il ne resta que le port, proprement dit, complètement à découvert.

Sous le Premier Empire, commencèrent les ouvrages sérieux, destinés à remplacer ceux détruits sous Louis XIII ; ces ouvrages furent augmentés, plus tard, notamment de 1828 à 1830, puis, de 1832 à 1836. Enfin, à partir de 1861, et en présence de l'importance qu'avait pris le mouvement commercial et maritime de Royan, on se décida à exécuter de nouveaux travaux qui ont constitué le port actuel, lequel est situé à l'embouchure et sur la rive droite de la Gironde, vis-à-vis de la pointe de Grave; ce port a quelque importance, non seulement par son commerce local, mais encore comme station de bateaux de pêche et de pilotage, et aussi au point de vue de la grande navigation ; mais il a l'inconvénient d'assécher, à marée basse, et de n'admettre que des navires de 2m50 à 3m d'eau, et qui, par des vents de S. et de S.-O., y sont exposés à un ressac très violent.

Ce port comprend une jetée de 145m de longueur, terminé par un musoir de 35m de largeur, une cale d'embarquement et des quais s'étendant sur une longueur de 400m. A l'E. de l'anse de Foncillon, on a élevé un mur de quai de 235m de longueur, et à la pointe O. de la même anse, on a créé un chantier, pour la construction et la réparation des bateaux de pêche et des chaloupes de pilotes. On a enfin construit récemment une jetée débarcadère, permettant l'embarquement et le débarquement des passagers et des marchandises, à toute heure de marée. Cet ouvrage se compose d'un môle plein, de 90m, le long duquel peuvent accoster les paquebots et les bateaux qui y trouvent constamment de 2m20 à 2m50 d'eau ; ce môle est relié au port par une passerelle métallique, de 130m de longueur.

Le développement que Royan a pris, dans ces dernières années, comme station balnéaire, a favorisé considérablement l'accroissement maritime de son port, qui est toutefois insuffisant au point de vue du tirant d'eau, car il ne peut recevoir que des caboteurs de 100 à 150 tonneaux.

Outre les feux de Saint-Georges et de Suzac, qui éclairent l'entrée de Royan, on allume, sur le musoir de la jetée, dans une tour en maçonnerie cylindrique, à 13m au-dessus des hautes mers, un feu fixe blanc, dont la portée lumineuse moyenne est de 9 milles 1/2. Un remorqueur, à bord duquel est placée une baleinière de sauvetage, est mouillé en rade de Royan, et toujours prêt à appareiller en cas de mauvais temps. Depuis le 3 décembre 1900, on a mis en service, au phare de Saint-Georges, un brûleur à incandescence, par la vapeur de pétrole comprimée. La puissance lumineuse du feu a par suite été portée à 8,000 becs Carcel, en même temps que l'amplitude du secteur s'est trouvée réduite de 15° à 7°. Les portées lumineuses correspondantes sont actuellement de 29 milles, par temps moyen, et de 9 milles 5, par temps brumeux.

Les marchandises importées par mer, dans cette ville, consistent principalement en pierres de taille, ciments, bois de construction, fers, charbons, etc. Les exportations, empruntant la même voie, comprennent des vins, eaux-de-vie, beaucoup d'huîtres, et du poisson frais, dont, depuis 1875, date de la création d'un marché à la criée, il s'expédie des quantités considérables. Ce marché est approvisionné, en grande partie, par des pêcheurs bretons, qui fréquentent le port de Royan, pour y vendre le produit de leur industrie, dont ils trouvent généralement des prix rémunérateurs.

Un décret du 4 juillet 1896 a établi, pour ce port, et au profit de la commune, un droit de péage, fixé par des tarifs spéciaux, sur tout navire français ou étranger, venant y faire des opérations commerciales et y débarquer ou prendre des passagers.

Célèbre, comme station balnéaire, Royan est remarquable par ses quatre belles plages ou conches, qui portent les noms de : Conche de Royan ou du Port, Conche de Fôncillon, Conche du Chai, Conche de Pontaillac. Un boulevard, planté de jolis arbres, s'étend d'une extrémité à l'autre de la première ; deux beaux casinos, avec parcs, et d'élégantes villas complètent cet ensemble agréable qui a fait, de Royan, une station balnéaire en vogue, et recevant, chaque année, de très grands personnages.

L'escadre de la Méditerranée est venue, en août 1900, sur sa rade, où elle a séjourné une semaine.

On remarque encore, dans cette ville, l'ancien fort et son donjon, l'église Saint-Pierre, l'église neuve, à flèche gothique, qui date de 1879, et deux temples protestants.

Royan est desservi, non-seulement par des voies de terre, bien entretenues, qui rayonnent sur Rochefort, Marennes, Saintes et Jonzac, mais encore par des voies maritimes ne laissant rien à désirer ; enfin, le chemin de fer de la Seudre et celui du Médoc y assurent des communications, aussi régulières que commodes, avec l'extérieur.

C'est la patrie d'Eugène Pelletan, littérateur et homme politique, né en 1813, mort en 1884, et qui a sa statue sur l'une des places de la ville. Au nombre de ses ouvrages figure *La Naissance d'une Ville*, qui est l'histoire même de Royan.

SAINT-PALAIS-SUR-MER.

Population : 880 habitants.

Superficie territoriale : 1,218 hectares.

L'Océan limite au S. la commune de ce nom, dont le

sol est plat et exposé à l'envahissement des sables qui ont été arrêtés dans leur marche par des plantations de pins, faites il y a quelques années, car, auparavant ils avaient englouti entièrement le village de Maine-Gaudin, et, à une époque très éloignée, l'ancien chef-lieu de la commune.

Saint-Palais est à 26 kilomètres de Marennes; sa population se livre à l'industrie de la pêche, ainsi qu'à la culture de la vigne et des céréales.

En 1810, on avait établi, dans cette commune, pour la défense de son littoral, une redoute appelée le *Fort Terre-Nègre*, avec un corps de garde.

VAUX.

Population : 531 habitants.

Superficie territoriale : 592 hectares.

La commune de Vaux est limitée au S. par la mer, qui dépose constamment des sables dans les conches dont la côte est bordée; son territoire présente deux coteaux élevés de 25^{m} environ, et d'où l'on aperçoit la pointe de Grave, située à l'extrémité du département de la Gironde.

A l'époque de la Révolution de 1789, il existait à Vaux une abbaye royale, avec justice. De cette abbaye dépendait une chapelle, dédiée à Saint-Saturnin, et placée à peu de distance du rivage, près d'une anse à laquelle elle a laissé son nom: dans les basses marées de vives eaux, on aperçoit les ruines d'une digue qui était probablement destinée à fermer cette anse, ce qui ferait présumer que le terrain aurait été envahi, dans cette partie, par les eaux de la mer.

Cette commune a une église du XIe siècle et un temple du culte réformé.

SAINT-AUGUSTIN.

Population : 469 habitants.

Superficie territoriale : 2,037 hectares.

Indépendamment de son chef-lieu, la commune de Saint-Augustin comprend sept villages ou hameaux; elle est limitée à l'O. par la forêt d'Arvert; le sol est en partie sablonneux et produit des grains, du vin et du bois; les semis faits dans les dunes qui forment une partie de son territoire ont produit quelques bois-taillis.

On remarque, dans cette commune, plusieurs dolmens et tombelles.

THÉZAC.

Population : 430 habitants.

Superficie territoriale : 1,241 hectares.

Cette commune faisait autrefois partie du canton de Cozes dont elle fut distraite par une ordonnance royale du 20 janvier 1830, pour être réunie à celui de Saujon; son sol produit des vins de bonne qualité, qui s'expédient par le port de Ribérou. Elle n'a rien de remarquable.

LE CHAY-DE-CORME.

Population : 460 habitants.

Superficie territoriale : 1,201 hectares.

La commune de ce nom est simplement à mentionner, car elle est sans importance, et n'a rien de remarquable.

SAINT-GEORGES-DE-DIDONNE.

Population : 1,350 habitants.

Superficie territoriale : 1,038 hectares.

Saint-Georges-de-Didonne est situé à l'embouchure de la Gironde ; la commune se compose de son chef-lieu, placé sur le bord de la côte, et de deux villages ; elle a un port, mais qui est à 800m du chef-lieu, au village de Didonne, et dont les abords sont mauvais, par grosses mers ; ce port, qui présente une superficie d'environ un hectare, se compose d'une jetée de 80m de longueur, allant de l'O.-N.-O. à l'E.-S.-E. et d'un quai de 62m, perpendiculaire à cette jetée, et dont 20m sont utilisables pour l'amarrage des navires ; c'est plutôt un abri servant aux chaloupes de pilotes et de pêche, qu'un port, dans la véritable acception de ce mot ; par des vents d'O. le ressac y est très violent ; le fond y est de roche, recouvert d'une légère couche de sable et de vase.

Le mouvement commercial est nul dans ce port-abri où l'on trouve des profondeurs d'eau de 3m 40 à 5m 20. Un feu fixe rouge, d'une portée lumineuse de 2 milles 1/2, est allumé à l'extrémité de la jetée, au sommet d'une potence élevée de 5m au-dessus des hautes mers; mais ce feu n'est visible que dans l'intérieur de la baie.

Le bourg de Saint-Georges, rebâti presque entièrement il y a une trentaine d'années, s'est transformé en station balnéaire; de nombreux et jolis châlets y ont été élevés, près de la plage, pour les familles des baigneurs qui viennent, chaque année, y passer la saison estivale.

Au village de Didonne, qui dépend de cette commune, on voit les vestiges d'un ancien château-fort. Sur une partie de la côte, appelée Pointe de Vaillers, qui est très élevée, et dont les bords sont formés de hauts rochers escarpés, on voit également des fragments de fortifications remontant au XVIe siècle. Ces fortifications auraient été élevées, dit-on, pour garantir cette partie du littoral des attaques des Anglais.

Au S. de la Conche de Saint-Georges, est une autre pointe, nommée Pointe de Suzac, fort élevée aussi, et protégée par un escarpement de rochers de 20m environ de hauteur; vers son milieu, et dans la partie la plus avancée dans la mer, sont quelques vestiges de gros murs, bâtis en briques, lesquels seraient, d'après la tradition, tout ce qu'il resterait d'une ancienne ville s'appelant *Geriost*, qui aurait existé là, autrefois.

Pendant les guerres du Premier Empire, on avait établi, à la Pointe de Suzac, une batterie de 12 pièces de canon.

MÉDIS.

Population : 735 habitants.

Superficie territoriale : 2,345 hectares.

Cette commune, dont le nom vient du mot celte *Med*,

qui signifie fertile, abondant, produit, en effet, d'excellent froment et d'assez bons vins, dont les blancs sont recherchés; elle n'a pas d'autre importance et n'offre rien de remarquable.

CORME-ÉCLUSE.

Population : 833 habitants.

Superficie territoriale : 1,749 hectares.

La commune de Corme-Écluse est traversée par la Seudre, qui se divise en trois branches, sur lesquelles il existe trois ponts, appelés les Grands Ponts de Corme; son territoire a beaucoup de bois-taillis et produit du froment.

A 1,600m du bourg chef-lieu, sont les restes de l'ancienne maison seigneuriale, qui portait le nom de Brienne.

MEURSAC.

Population : 1,381 habitants.

Superficie territoriale : 2,617 hectares.

Meursac semble avoir une origine très ancienne, car, dans plusieurs parties de la commune, on remarque de profondes cavités formant des sortes de retranchements, et, au lieu appelé le Bois du Château, des restes des fortifications, dont la maçonnerie fut faite avec un ciment très dur; on attribue ces divers ouvrages aux Romains.

Le territoire de cette commune est arrosé par plusieurs ruisseaux qui vont se jeter dans la Seudre; la culture de la vigne est la principale de celles qui sont pratiquées à Meursac, dont l'église, ruinée pendant les guerres de religion, a été reconstruite depuis, à deux ou trois reprises.

SEMUSSAC.

Population : 688 habitants.

Superficie territoriale : 2,481 hectares.

Cette commune, qui n'est qu'à 5 kilomètres de Gironde, est arrosée par un ruisseau qui pren source au village de Chez-la-Reine, dont il po nom. C'est au moyen de ce cours d'eau, qui a la Gironde, que Vauban avait conçu le pro e réunir ce fleuve à la Seudre, par un canal de nication.

Semussac fut anciennement le siége de la baronnie de Didonne, dont le maréchal de Senecterre était seigneur suzerain. Le château de ce nom, où le maréchal est mort, est du XVIe siècle.

MESCHERS.

Population : 954 habitants.

Superficie territoriale : 1,598 hectares.

Meschers est situé sur la Gironde ; son territoire produit des vins rouges et blancs d'une bonne qualité ; il contient, outre des terres propres à la culture, quelques marais salants qui donnent des sels renommés.

Le commerce de cette localité a une certaine importance, quoiqu'il ne soit plus aussi considérable qu'en

1666, où son port possédait 30 bâtiments de commerce, dont quelques-uns étaient de 90 à 100 tonneaux.

Placé au pied de la falaise, dans l'E. de la pointe du même nom, et à 5 milles dans le S.-E. de Royan, le port de Meschers comprend un avant-chenal de 230^{m} de longueur, sur 10 mètres de largeur moyenne ; un chenal de 225^{m} de longueur, sur 26^{m} de largeur, et enfin un bassin de retenue de 80^{m} de longueur, sur 20^{m} de largeur moyenne, et dont l'eau sert aux chasses de dévasement ; il possède trois cales sur la rive droite du fleuve, dont deux hautes, et est accessible aux navires de 100 à 200 tonneaux ; la mer s'élève à 4^{m} 15 en marées d'équinoxe, à 3^{m} 50 en malines ordinaires, et à 2^{m} 35 en morte eau ; mais ces profondeurs ne sont plus guère atteintes maintenant, par suite de l'accumulation des vases dans le dit port, où quelques bateaux de pêche viennent se réfugier, sous l'abri de la pointe. Les grands navires trouvent, dans le voisinage du port, entre le banc de Talmont et la côte, un mouillage ayant des fonds de sable vasard de bonne tenue, et des profondeurs d'eau de 12 à 25^{m} ; mais ce mouillage est ouvert aux vents du large, et quand ils sont frais, la mer y est dure, surtout en jusant.

Le mouvement maritime et commercial du port de Meschers consiste, à l'importation : en bois du nord, tuiles, briques, pierres dures et tendres, farines, etc. ; et à l'exportation : en céréales, bestiaux, volailles, vins, eaux-de-vie, poissons, coquillages, et en poteaux de mines à destination de l'Angleterre.

SYNDICAT DE MORTAGNE-SUR-GIRONDE

Ce syndicat est composé des 20 communes de Grézac, Cozes, Arces, Talmont-sur-Gironde, Epargnes, Barzan, Chenac, Mortagne-sur-Gironde, Saint-Seurin-d'Uzet, Boutenac, Brie-sous-Mortagne, Floirac, Saint-Romain-de-Beaumont, Thaims, Saint-André-de-Lidon, Viroll Saint-Germain-du-Seudre, Saint-Fort-sur-Girond rignac et Saint-Dizant-du-Gua, dont les treize pre appartiennent au canton de Cozes, les trois suiv à celui de Gémozac, arrondissement géograph Saintes, et les quatre dernières au canton de Saint arrondissement géographique de Jonzac.

GRÉZAC.

Population : 783 habitants.

Superficie territoriale : 2,006 hectares.

La Seudre limite cette commune au N., et la sépare d'avec celle de Meursac. Le principal commerce de Grézac consiste dans la vente des grains que produit son territoire, et qui s'expédient à destination de Bordeaux.

On remarque, dans la dite commune, et près de la Seudre, les ruines d'un ancien monastère.

COZES.

Population : 1,592 habitants.

Superficie territoriale : 1,655 hectares.

La commune de Cozes est composée d'un très grand

nombre de villages et hameaux ; elle a des foires et marchés importants. Le bourg de Cozes, chef-lieu du canton du même nom, est traversé par la route de Rochefort à Périgueux ; sa distance de Saintes est de 26 kilomètres.

Dans les champs situés aux environs de ce bourg, on a trouvé, en labourant la terre, beaucoup de briques romaines, et cette partie de la commune porte, depuis longtemps, le nom de voie romaine.

ARCES.

Population : 681 habitants.

Superficie territoriale : 2,193 hectares.

Le territoire de cette commune est accidenté ; du N.-O. au S.-E., il est coupé par une suite de collines, d'où l'on découvre au S.-O. une plaine très variée en culture, la Gironde et la côte du Médoc, et au N.-E. des terrains, entrecoupés de bois-taillis ; il est arrosé par deux ruisseaux, qui vont se jeter dans la Gironde, après s'être réunis, et produit du froment, du vin et des fourrages.

Arces est la patrie du comte de Vaudreuil, qui, durant la guerre de 1778, était chef d'escadre.

TALMONT-SUR-GIRONDE.

Population : 183 habitants.

Superficie territoriale : 444 hectares.

Talmont est situé sur la côte S.-O. de la Gironde, dans une sorte de presqu'île qui s'avance dans le fleuve, entre Mortagne, au S., et Royan, au N.; il fut ainsi nommé à cause de sa position sur le talon ou frontière de la Saintonge; quelques auteurs prétendent qu'il était le promontoire des *Pictones*.

Talmont fut autrefois fortifié, et sa citadelle était défendue par des tours avancées, dont il existe encore quelques ruines.

Le sol de cette petite commune est composé de terres sablonneuses et de terres-marais; ses principales productions consistent en grains et fourrages.

Le port de Talmont est situé sur la rive droite de la Gironde, à 14 kilomètres de son embouchure. Le chenal qui y conduit a une longueur de 320m, dont 150m forment le port proprement dit; on y trouve 3m d'eau en grandes marées et 1m80 en morte eau. Une cale, en maçonnerie, un appontement, en charpente, et un quai de 120m, constituent les seuls ouvrages de ce port, dont le commerce consiste en vins, bois, pierres et autres matériaux de construction.

Le mouillage de Talmont est ouvert à la lame d'O.

Cette commune a une église romane, de trois époques différentes, et qui est classée comme monument historique; elle est située sur le bord de la falaise baignée par la Gironde.

ÉPARGNES.

Population : 1,166 habitants.

Superficie territoriale : 2,340 hectares.

Cette commune, dont le sol est très productif en céréales, mais principalement en froment et en maïs, n'offre rien d'intéressant ; sa population est répartie entre un grand nombre de villages ou hameaux.

BARZAN.

Population : 571 habitants.

Superficie territoriale : 807 hectares.

La commune de Barzan est bornée au S. par la Gironde, fleuve auquel aboutissent un ruisseau et un chenal, qui servent à l'évacuation des eaux des parties basses de cette commune ; elle produit des céréales et des vins, et n'a rien de remarquable.

CHENAC.

Population : 628 habitants.

Superficie territoriale : 1,315 hectares.

Le territoire de la commune de ce nom est coupé, dans sa partie O., par des vallons et des côteaux, dont plusieurs ont de 30 à 40^{m} d'élévation ; tous sont couverts de vignes ; de ces hauteurs, on a des points de vue très agréables, qui s'étendent sur le Médoc, le phare de Cordouan, la forteresse de Blaye, le clocher de Royan, la flèche de celui de Marennes, etc. Le fleuve la Gironde, qui coule non loin de là, développe encore davantage la perspective.

Il existe à Chenac une minoterie importante dont les produits s'exportent par le port voisin des Monards.

Les Monards furent jadis une seigneurie dont le port a pris le nom ; cette seigneurie dépendait de la châtellenie de Saint-Seurin. Ce port, qui existait au XVIe siècle, comme en témoignent des documents de 1681, dessert, non seulement la commune de Chenac, dont il dépend, mais aussi les communes voisines ; il est situé sur la rive droite de la Gironde, à 16 kilomètres de son embouchure, et à 5 milles dans le S.-E. du port de Meschers. La profondeur d'eau, à l'entrée du chenal extérieur, est de 5m en grande marée ordinaire, et de 3m70 en morte eau. Le port des Monards s'envase facilement ; il est pourvu de cinq appontements, en charpente, destinés à la manutention des marchandises.

Le commerce de cette localité consiste dans l'importation de froments de la Vendée et de houille d'Angleterre, et dans l'exportation de farines, vins, eaux-de-vie, céréales, etc.

MORTAGNE-SUR-GIRONDE.

Population : 1,657 habitants.

Superficie territoriale : 1,887 hectares.

Mortagne, dont l'origine est très ancienne, ti nom de sa situation sur une montagne. L'an ville, qui était placée au N.-O. du chef-lieu, paraît avoir occupé un vaste emplacement. L' n où elle était bâtie a conservé le nom de Vieille-M tagne, et un hameau, près de la forêt de Valère est à plus de 4 kilomètres de la ville, conserve encore le nom de rue des Ballets, ce qui ferait présumer que les faubourgs s'étendaient assez loin. En creusant ces terrains, on a découvert des caves et des fours, construits en briques.

Mortagne fut autrefois érigé en principauté, en

faveur de la maison de Montbron ; cette localité possédait deux abbayes, l'une, sous le nom de Notre-Dame, et l'autre, sous celui de Sainte-Catherine.

Au S.-E. du chef-lieu de la commune, et sur un rocher escarpé, sont les ruines d'un vieux château, qui était entouré de remparts, de fossés profonds, de chemins couverts et de souterrains. Le territoire de cette commune est très accidenté, surtout dans la partie qui domine le fleuve la Gironde, où il n'est composé que de montagnes et de vallées ; de ces hauteurs, plantées en vignes, on a un panorama magnifique, qui embrasse les eaux du fleuve et celles de l'Océan, Blaye et la presqu'île du Médoc.

Le port de Mortagne était autrefois le centre d'un commerce considérable ; on y construisait des navires, d'un assez fort tonnage, qui allaient prendre leur gréement à Bordeaux. Situé sur la rive droite de la Gironde, à 24 kilomètres de son embouchure, ce port est, après ceux de Bordeaux et de Blaye, le plus important de la région ; il est formé par un chenal de 200m de longueur, conduisant à un quai vertical de 90m, et à trois appontements en bois ; deux cales, de 25m de longueur chacune, l'une parallèle, l'autre perpendiculaire à l'axe du chenal, sont établies dans la longueur de ce quai ; une écluse de 18m de longueur, sur 10m de largeur, donne accès dans un bassin de 200m de longueur, pouvant recevoir des navires de 3m50 de tirant d'eau. Le mouillage, en amont du port, offre des profondeurs de 6m aux basses mers ; en vive eau, il y a 4m75, dans le chenal, ce qui permet la remonte aux navires de 250 à 300 tonneaux.

Un gril de carénage, pouvant recevoir des bâtiments de 300 tonneaux, et un débarcadère submersible, en charpente, de 230m de longueur, complètent les ouvrages de ce port, sur les quais duquel la Compagnie des chemins de fer économiques des Charentes a établi des voies de service reliant le port au réseau des chemins de fer de l'Etat, et permettant le transbordement direct, dans les wagons, des marchandises destinées à Saintes, Gémozac, Pons et Jonzac.

C'est par ce débarcadère que communiquent, au moyen d'embarcations, les bateaux à vapeur faisant le service de Bordeaux à Royan, et *vice-versa*, avec escale à Mortagne.

Il s'exporte, par le port de cette localité, des farines, vins, eaux-de-vie, et des poteaux de mines, à destination de l'Angleterre.

Il existe à Mortagne une station de torpilleurs, du port de Rochefort, avec caserne, pour le service des défenses sous-marines.

SAINT-SEURIN-D'UZET.

Population : 518 habitants.
Superficie territoriale : 590 hectares.

La commune de Saint-Seurin-d'Uzet, dont la seconde partie du nom lui vient des chênes verts qui couvraient jadis les falaises de son territoire, est limitée au N. par le chenal des Monards, qui la sépare de celle de Barzan, et, dans ses autres parties, par deux ruisseaux, descendant des collines de la Saintonge, et dont l'un, après avoir traversé le bourg, chef-lieu, va se perdre dans la Gironde dont elle est séparée par quatre hauts rochers.

L'histoire ne cite cette localité qu'à partir de 1460, époque à laquelle les seigneurs du lieu, voulant embellir leur résidence, et la mettre à l'abri d'une attaque, firent construire un château sur le rocher, à l'entrée du hâvre de Saint-Seurin ; ils l'entourèrent de murailles épaisses et de larges fossés, ayant 15m de profondeur et 30m de largeur, et y établirent un pont, à trois grandes arcades, conduisant à la cour principale. Les eaux de la Gironde baignent le pied de cet ancien château, que sa position rendait naturellement défensif.

Au xve siècle, la seigneurie d'Uzet appartenait à la maison de Sainte-Maure ; elle passa ensuite en diverses mains ; en 1630, elle était possédée par Jean Bretinauld, qui était, en outre, seigneur du Banchereau, autre terre dépendant de Saint-Seurin.

Le petit port ou hâvre, que cette commune possède, sur la rive droite de la Gironde, près de l'ancien château seigneurial, et auquel donne accès un chenal de 300m de longueur, sur 25m de largeur, est constitué par un quai, en maçonnerie, de 43m de longueur, et 5 appontements en charpente ; une jetée de 80m de longueur abrite, dans sa partie N., le port de Saint-Seurin où les navires trouvent une profondeur d'eau de 4m40, en grandes marées, et de 3m20, en eau morte.

Le commerce de ce port consiste, à l'importation, en charbons anglais, matériaux de construction et denrées diverses, et à l'exportation, en farines, provenant d'une grande minoterie, établie dans la localité, céréales, vins, eaux-de-vie, bestiaux, volailles, et en poteaux de mines, pour l'Angleterre.

Quelques bateaux, non pontés, du pays, font la pêche de l'esturgeon.

BOUTENAC.

Population : 384 habitants.

Superficie territoriale : 311 hectares.

Cette très petite commune n'offre rien d'intéressant ; son territoire, qu'arrose un ruisseau qui va se perdre dans la Gironde, est divisé en terres labourables et en terres sablonneuses ; il produit du vin et quelques céréales.

BRIE-SOUS-MORTAGNE.

Population : 381 habitants.

Superficie territoriale : 722 hectares.

Aussi peu importante que celle de Boutenac, la commune de Brie-sous-Mortagne n'a rien qui puisse attirer l'attention ; son territoire produit des céréales et du vin.

FLOIRAC.

Population : 637 habitants.

Superficie territoriale : 1,292 hectares.

Cette commune, que forment 22 villages ou hameaux, est limitée au S. par la Gironde ; un petit ruisseau la traverse et va se jeter dans le fleuve ; son sol produit du vin et des céréales.

Aux extrémités N. et S. de la commune, il existe plusieurs souterrains, creusés dans le roc, et qui ont dû servir de refuges aux habitants du pays, lors des guerres de religion.

SAINT-ROMAIN-DE-BEAUMONT.

Population : 95 habitants.
Superficie territoriale: 316 hectares.

La très petite commune de ce nom est bornée au S.-O. par la Gironde ; elle forme, dans sa partie S., la limite du canton de Cozes et de l'arrondissement géographique de Saintes ; elle n'a qu'une seule agglomération ; son sol, composé de terres sablonneuses et argileuses, produit des céréales.

THAIMS.

Population: 338 habitants.
Superficie territoriale : 874 hectares.

La petite commune de Thaims, que traverse la Seudre, a son sol généralement sablonneux ; les principales cultures sont : celles du froment, de la vigne, et de l'ail.

Ce que l'on appelle le marais de Thaims était autrefois une rivière navigable qui aboutissait à un ancien port, nommé port de Cranvans, et qui, à la longue, aura été comblé faute d'entretien. En creusant des fossés, dans ce marais, on a souvent découvert des bancs de coquillages.

A 100m environ du chef-lieu de la commune, qui est formée par un grand nombre de villages et hameaux, on voit une tombelle dont l'origine est inconnue.

SAINT-ANDRÉ-DE-LIDON.

Population ; 1,184 habitants.

Superficie territoriale : 2,383 hectares.

Saint-André-de-Lidon est situé sur la Seudre, qui, dans cette partie, n'est pas encore navigable ; la nature du sol est sablonneuse et caillouteuse ; on y trouve quelques prés-marais ; les productions de cette commune consistent en céréales et chanvres ; on y cultive aussi la vigne ; les vins que l'on récolte sont de bonne qualité, et on les convertit en eaux-de-vie, qui s'expédient à Cognac.

On remarque dans cette localité les restes d'un château, entouré de fossés pleins d'eau, et d'une construction très ancienne.

VIROLLET.

Population : 492 habitants.

Superficie territoriale : 1,001 hectares.

La commune de Virollet est située sur un petit cours d'eau qui forme sa limite avec celle de Gémozac, chef-lieu du canton, et se jette dans la Seudre. Cette rivière traverse également Virollet, dont les principales productions consistent en grains, vins, bois et fourrages.

On voit, dans cette commune, sur les bords de la Seudre, les ruines de l'ancienne abbaye de Madiou, qui, suivant un pouillé de 1461, avait des revenus considérables.

SAINT-GERMAIN-DU-SEUDRE.

Population : 667 habitants.

Superficie territoriale : 1,609 hectares.

Cette commune, qui est de l'arrondissement géographique de Jonzac, prend son nom du Saint de la paroisse et du ruisseau le Seudre, qui la traverse dans toute son étendue ; la vigne y est cultivée avec succès.

Dans un vallon de la commune, et sur la rive droite de la Seudre, on aperçoit les ruines de l'ancienne abbaye de Corneille, de l'Ordre de Cîteaux, dont les bâtiments furent construits au XIIe siècle. En fouillant aux environs de ces ruines, on a trouvé des tombeaux en pierre, des urnes sépulcrales et diverses pièces de monnaie. On remarque aussi, sur le même point, un tertre, appelé le Terrier de la Motte, et qui n'est autre qu'un tumulus du temps des Romains.

SAINT-FORT-SUR-GIRONDE.

Population : 1,933 habitants.

Superficie territoriale : 2,422 hectares.

La commune de Saint-Fort doit son nom à saint Fortunat, évêque de Poitiers, au VIIe siècle, lequel en est le patron, ce qui prouve l'origine ancienne de cette commune, que le fleuve la Gironde borde dans la partie

S. de son territoire, qui est montueux, et d'où, du tertre portant le nom de Civrac, on embrasse un immense horizon, et l'on découvre le phare de Cordouan, bien qu'il soit à une distance de 30 kilomètres de ce point élevé.

De Saint-Fort dépend le village de Port-Maubert, où se trouve un chenal qui a permis d'établir à cet endroit, un petit port d'échouage, pour faciliter, par la voie de mer, quelques-unes des opérations commerciales de la dite commune.

Le port ainsi créé est situé sur la rive droite de la Gironde, à 30 kilomètres en amont de son embouchure, et à 5 kilomètres du bourg de Saint-Fort ; il se compose de deux digues, de chaque côté du chenal ; de cinq appontements en charpente, sur la rive droite de ce chenal ; d'un quai, en charpente, de 45^{m} de développement ; d'un bassin de chasses de 200^{m} de longueur, sur 30 de largeur ; d'un débarcadère submersible, ayant 260^{m} de longueur et 2 de largeur, établi sur la rive droite de la Gironde, et disposé comme celui de Mortagne.

Ce port, dont la profondeur d'eau est de 4^{m} 70 en malines, et de 3^{m} 35 en morte eau, est relié au réseau du chemin de fer de l'Etat par des lignes à voies étroites qui rayonnent de Mortagne vers Gémozac, Saintes, Pons et Jonzac.

Cette commune a une belle église des XIIe et XVe siècles.

Durant les guerres de religion, le château de Saint-Fort fut visité par Henri IV et Louis XIII.

Le chemin de fer, de Saintes à Port-Maubert, dessert Saint-Fort-sur-Gironde.

LORIGNAC.

Population : 963 habitants.

Superficie territoriale : 1,753 hectares.

La commune de Lorignac est située dans une contrée de plaines et de coteaux de l'aspect le plus varié et le plus pittoresque; le bourg s'élève sur un coteau, d'où l'on découvre la Gironde et la côte du Médoc; son territoire produit beaucoup de céréales et de vins. Cette commune fait, par le port Maubert qui en est voisin, des expéditions considérables, consistant en farines, maïs, volailles et bestiaux.

On remarque, à Lorignac, les ruines de l'ancien château de Bardine, qui était flanqué de tours, et entouré de douves, et le château de Tirac, du XVIIIe siècle.

SAINT-DIZANT-DU-GUA.

Population : 1,184 habitants.

Superficie territoriale : 1,844 hectares.

Saint-Dizant-du-Gua est une commune qui a quelque importance; elle est située sur la rive droite de la Gironde; son territoire est traversé par deux ruisseaux dont les eaux se jettent dans le chenal de Chassillac, qui reçoit des bateaux de 20 à 30 tonneaux, lesquels chargent divers produits du pays, à destination de Bordeaux et de Blaye. Le sol, composé d'alluvions, est coupé de bosquets et de plaines, dont l'une forme une plage magnifique, du côté du fleuve.

On remarque, à Saint-Dizant-du-Gua, un château gothique, qui était autrefois dans la dépendance féodale de l'évêque de Bayeux.

Du sommet des collines qui dominent au N. et au S. la Gironde, on découvre la citadelle de Blaye, les côtes de Royan, celles du Médoc, et les sables de l'Océan.

C'est sur le territoire de cette commune que sont les belles sources de Beaulon.

Comme je l'ai indiqué, dans l'une des pages précédentes, six communes de la Charente-Inférieure, lesquelles appartiennent au canton de Mirambeau, de l'arrondissement géographique de Jonzac, font partie du préposat de Blaye, quartier maritime de Pauillac (Gironde).

Il m'a paru utile de consacrer une notice descriptive à chacune de ces communes, dont voici les noms : Saint-Ciers-du-Taillon, Saint-Bonnet, Saint-Thomas-de-Cosnac, Mirambeau, Saint-Sorlin-de-Cosnac et Saint-Georges-des-Agoûts.

SAINT-CIERS-DU-TAILLON.

Population : 996 habitants.

Superficie territoriale : 2,182 hectares.

Saint-Ciers-du-Taillon est borné à l'O. par la Gironde. La seconde partie de son nom lui vient du petit ruisseau de Taillon, ainsi appelé parce que, suivant la tradition, un criminel y aurait subi la peine du talion. Ce ruisseau traverse la commune où il existe plusieurs fabriques d'étoffes de serge.

Saint-Ciers a des foires mensuelles où se traitent des achats importants de volailles et de bestiaux pour la consommation de la ville de Bordeaux.

SAINT-BONNET.

Population : 1,437 habitants.

Superficie territoriale : 3,061 hectares.

Située sur la rive droite de la Gironde, cette commune est séparée au S. du département de ce nom par petit ruisseau qui se jette dans le fleuve. La plus nde partie du territoire de Saint-Bonnet se compose le collines, qui jadis étaient couvertes de bois, et que l'on a défrichées, pour les planter en vignes.

Sur les bords d'un marais desséché, qui confine au leuve, est un champ, appelé Pampelune. La tradition pporte qu'il existait là, anciennement, une ville port ce nom, et dont les ruines ont servi à bâtir les villages voisins.

A 5 kilomètres du bourg chef-lieu, on trouve un petit port dépendant de la commune, et qui est à 40 kilomètres en amont de l'embouchure de la Gironde; il se compose de trois appontements, en charpente, au bas lesquels il y a 3m 40 d'eau, en malines, et 2m 10, en morte eau. Le chenal qui y conduit a 760m de longueur et 20m de largeur, jusqu'à l'écluse du village de Vitrezay.

Les bois du Nord, la houille et les matériaux de construction sont les principales marchandises importées dans ce petit port, dont l'exportation consiste en fourrages, pommes de terre et bestiaux.

SAINT-THOMAS-DE-COSNAC.

Population : 1,350 habitants.

Superficie territoriale : 2,973 hectares.

La commune de ce nom est située sur la rive droite de la Gironde qui lui sert de limite à l'O. ; sa population est répartie entre un grand nombre de villages ou hameaux, le sol est montueux ; on y trouve des coteaux à pic, à côté de ravins profonds et marécageux ; ses productions consistent en vins, froment, maïs et fourrages.

Près de Saint-Thomas est le village de Cosnac, seul reste d'une grande ville qui, selon la tradition, s'est appelée Arpadelle ou Harpadène, *Castrum Harpadenum*, et où l'on trouve les vestiges d'un vieux château-fort, qui était garni de remparts, flanqué de tours, et entouré d'un très large fossé ; on n'y entrait que par un double pont-levis.

Cosnac vient du mot celte *Condat*, qui veut dire lieu situé au confluent des rivières ; il paraît certain que les eaux du fleuve la Gironde, qui sont actuellement éloignées de plus de 4 kilomètres, baignaient autrefois les murs de ce château, près duquel on a trouvé des débris de navires.

Une voie romaine, qui allait de Blaye à Saintes, se reconnaît au village de Fonclair, près Cosnac ; au même village, on remarque une pierre druidique, que les habitants du pays nomment *la Pierre-Grise*.

Saint-Thomas a, sur la Gironde, un petit port, sans importance.

MIRAMBEAU.

Population : 1,969 habitants.

Superficie territoriale : 2,644 hectares.

Cette commune tire, dit-on, son nom des trois mots : *mire en beau*, parce que, du coteau où elle est placée, on découvre un immense horizon et un pays qui est l'un des plus variés et des plus pittoresques de la contrée ; elle est située à l'extrémité S. du département de la Charente-Inférieure, et à 14 kilomètres de Jonzac, son chef-lieu d'arrondissement géographique. C'est une localité commerçante, et dont le sol produit du froment, des légumes et des fourrages ; on y cultive la vigne, et l'on fait, avec le vin en provenant, de très bonnes eaux-de-vie.

Mirambeau est cité dans l'histoire de la Saintonge et de l'Aunis ; elle rapporte qu'en 1345, Lancastre, comte de Derby, qui commandait les troupes anglaises, vint mettre le siège devant le château de Mirambeau, dont il ne s'empara qu'avec beaucoup de peine, et après avoir fait donner plusieurs assauts.

Ce vieux castel, des XIVe et XVIIe siècles, a été habilement restauré.

SAINT-SORLIN-DE-COSNAC.

Population : 465 habitants.

Superficie territoriale : 1,537 hectares.

Cette commune, qui s'est primitivement appelée

Saint-Saturnin, est située sur la rive droite de la Gironde ; elle est composée de marais desséchés, bois, vignes et terres arables, qui sont entrecoupés de coteaux, formant un agréable paysage ; ses vignobles donnent de très bons vins, avec lesquels on fabrique des eaux-de-vie renommées. Un chenal, communiquant avec la Gironde, facilite l'exportation, par bateaux, des produits de la commune sur quelques-uns des petits ports du fleuve.

Il existe à Saint-Sorlin plusieurs carrières de pierres qui ont beaucoup de dureté.

SAINT-GEORGES-DES-AGOUTS.

Population : 510 habitants.

Superficie territoriale : 631 hectares.

Le territoire de la petite commune de ce nom a été formé par les alluvions de la Gironde et les dépôts successifs des marais dont il se compose. Saint-Georges-des-Agoûts, ou plutôt des Egoûts, justifie son étymologie par sa situation dans un bassin qui reçoit les eaux de plusieurs communes. C'est une localité sans importance.

FIN

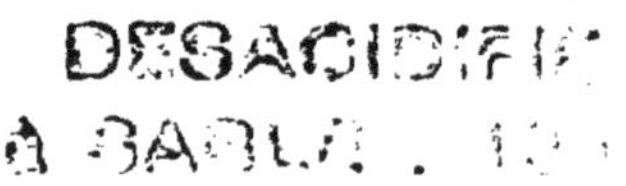
DESACIDIFIÉ
À SABLÉ . 19..

TABLE DES MATIÈRES

TABLE ALPHABÉTIQUE DES COMMUNES

R.F.

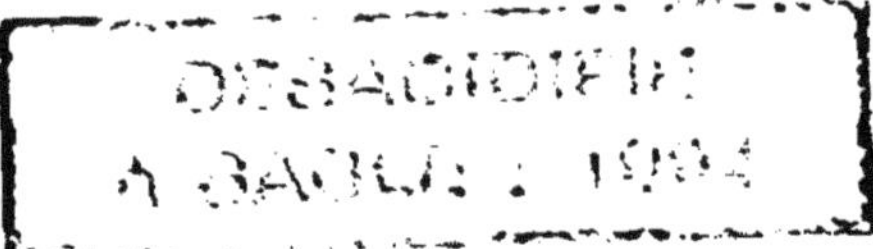

Niort. — Imprimerie Niortaise

www.ingramcontent.com/pod-product-compliance
Ingram Content Group UK Ltd.
Pitfield, Milton Keynes, MK11 3LW, UK
UKHW012011240726
13965UKWH00001B/295

9 782012 893559